职业院校汽车类"十三五"微课版创新教材

汽车
保险与理赔

第2版

曾鑫／编著

人民邮电出版社

北京

图书在版编目（CIP）数据

汽车保险与理赔 / 曾鑫编著. -- 2版. -- 北京：
人民邮电出版社，2016.8（2020.1重印）
职业院校汽车类"十三五"微课版创新教材
ISBN 978-7-115-42182-1

Ⅰ. ①汽… Ⅱ. ①曾… Ⅲ. ①汽车保险－理赔－中国
－高等职业教育－教材 Ⅳ. ①F842.63

中国版本图书馆CIP数据核字(2016)第076379号

内 容 提 要

本书内容包括汽车保险的基本概念原则、国内外险种、投保与续保、核保与承保、事故索赔与理赔、定损与核损等具体内容，对我国常见险种理赔的计算进行阐述。本书还针对各险种提供了大量的汽车保险典型事故理赔实例。

本书可作为高等职院校汽车类专业的教材，也可作为机动车保险从业人员的培训用书，对从事汽车保险、理赔、查勘、定损、公估等汽车服务一线的技术人员也具有参考价值。

♦ 编 著 曾 鑫
  责任编辑 刘盛平
  执行编辑 王丽美
  责任印制 焦志炜

♦ 人民邮电出版社出版发行　北京市丰台区成寿寺路 11 号
  邮编 100164　电子邮件 315@ptpress.com.cn
  网址 http://www.ptpress.com.cn
  三河市君旺印务有限公司印刷

♦ 开本 787×1092　1/16
  印张 14.5　　　　　　　　2016 年 8 月第 2 版
  字数 370 千字　　　　　　2020 年 1 月河北第 10 次印刷

定价：36.00 元

读者服务热线：(010)81055256　印装质量热线：(010)81055316
反盗版热线：(010)81055315

21世纪以来，我国汽车产业高速发展，汽车保有量快速增加，汽车保险业蓬勃发展。保险公司和维修企业急需大量具有专业知识的汽车保险与理赔人才。高职高专院校的汽车类专业纷纷开设了相关课程，以满足人才培养需要。

本课程是汽车类专业的一门主干课程，为了使汽车类专业的学生能够胜任汽车保险公司、汽车维修企业、汽车公估企业等相关岗位的工作要求，便于教师能够全面、系统地讲授这门课程，适应新标准、新规范的要求，特编写了这本《汽车保险与理赔》。

我们根据高职汽车类专业毕业生保险类就业岗位的职业能力与素质要求，和国家汽车理赔师职业标准对从业人员的知识和能力要求，以能力为本位，依据当前我国最新的汽车保险与理赔政策法规，阐述了汽车保险、投保、承保、核保、理赔与车贷险等保险实务，同时列举了大量的汽车保险与理赔典型案例。

本书在再版的过程中吸收了许多使用者提供的意见，特别是根据《机动车综合商业保险示范条款（2014版）》（2016年1月1日起实施）新规中的条款变化，对全书内容进行了较大地修改，增加了部分附加险和代位求偿等内容。同时对学习的重难点和新知识内容配套 14 个微课程，以二维码的形式插入到书中相关知识处，学生可通过手机等移动设置扫描观看，实现数字化课程资源配套。

本书的参考学时为76学时，其中理论讲授为56学时，实训环节为20学时，各项目的参考学时参见下表。

学时分配表

章　节	课程内容	学 时 分 配	
		讲　授	实　训
第1章	汽车保险	16	2
第2章	汽车保险投保	10	6
第3章	汽车保险核保与承保	10	4
第4章	汽车保险事故理赔	16	6
第5章	汽车保险事故理赔实例	4	2
学时总计		56	20

本书由武汉软件工程职业学院汽车工程学院曾鑫编著，武汉航海职业技术学院杨春和王丽丽，黄冈职业技术学院薛明芳和李金艳，中华联合保险湖北分公司卫登科，中国人寿财险北京分公司陈小磊，武汉软件工程职业学院汽车工程学院杨时川、刘彦笈、王旭东等参与了编写。本书在编写过程中，还得到了中国人保财险等多家保险公司专家的大力支持与帮助，在此致以诚挚的谢意！

由于编者水平有限，书中难免存在不当之处，敬请广大读者批评指正。

编者
2016年2月

目　录

第 1 章
汽车保险

【学习目标】
- 了解风险的相关概念，掌握汽车保险的特征及分类情况
- 掌握汽车保险的要素、特征及分类
- 了解国内外汽车保险发展状况
- 掌握汽车保险原则及其应用
- 掌握我国主要汽车保险险种的相关内容

|1.1 风险与保险|

1.1.1 风险识别

风险是一种客观存在，是不以人的意志为转移的，它的存在与客观环境及一定的时空条件有关，并伴随着人类活动的开展而存在，没有人类的活动，也就不存在风险。

广义的风险一般是指某种事件发生的不确定性。只要某一事件的发生存在着两种或两种以上的可能性，那么该事件即存在着风险。从风险的一般含义可知，风险既可以指积极结果即赢利的不确定性，也可以指消极结果即损失发生的不确定性。狭义的风险是指损失发生的不确定性。

1. 风险的特性

（1）风险的客观性

自然界的地震、台风、瘟疫、洪水，社会领域的战争、冲突、恐怖活动、意外事故等，都不以人们的意志为转移，它们是独立于人的意识之外的客观存在。这是因为无论是自然界的物质运动，还是社会发展的规律，都是由事物的内部因素所决定的，是由超过人们主观意识所存在的客观规律所决定的。人们只能在一定的时间和空间内改变风险存在和发生的条件，降低风险发生的频率和损失程度，但是，从总体上看，风险是不可能彻底消除的。因此，风险是客观存在的。

（2）风险的普遍性

自从人类出现后，就面临着各种各样的风险，如自然灾害、意外事故、疾病、伤害、战争等。

随着科学技术的发展、生产力的提高、社会的进步以及人类的进化，又产生新的风险，且风险事故造成的损失也越来越大。在当今社会，个人面临生老病死、意外伤害等风险，企业则面临着自然风险、意外事故、市场风险、技术风险和政治风险等，甚至国家机关和政府机关也面临各种风险。总之，风险渗入到社会、企业和个人生活的方方面面，风险无处不在、无时不在。

（3）风险的社会性

风险与人类社会的利益密切相关，无论风险源于自然现象、社会现象，还是源于生理现象，它必须是相对于人身及其财产的危害而言的。就自然现象本身，无所谓风险，如地震对大自然来说只是自身运动的表现形式，也可能是自然界自我平衡的必要条件。只是由于地震会对人们的生命和财产造成危害或损失，所以才对人类形成一种风险。因此，风险是一个社会范畴。没有人，没有人类社会，就无风险可言。

（4）风险的不确定性

风险及其所造成的损失总体上来说是必然的、可知的，但在个体上却是偶然的、不可知的，具有不确定性。正是风险的这种总体上的必然性与个体上的偶然性（即风险存在的确定性和发生的不确定性）的统一，才构成了风险的不确定性，主要表现为以下三个方面。

一是空间上的不确定性。如火灾，就总体来说，所有的房屋都存在发生火灾的可能性，而且在一定时间内必然会有房屋发生火灾，并且必然会造成一定的经济损失。这种是客观存在的，但是具体到某一幢房屋来说，是否发生火灾，则是不一定的。又如，交通事故每年每月都会发生，但人们却无法预知何地发生交通事故。

二是时间上的不确定性。例如，人总是要死的，这是人生的必然现象，但是何时死亡，在健康的时候是不可能预知的。又如，交通事故每年每月都会发生，但人们却无法预知何时发生交通事故。

三是结果上的不确定性，即损失程度上的不确定性。例如，交通事故每年每月都会发生，但人们却无法预知交通事故的损失程度以及发生交通事故是否会造成财产损失或人身伤亡。

（5）风险的可测定性

个别风险的发生是偶然的，不可预知。但通过对大量风险事故的观察会发现，风险往往呈现出明显的规律性。运用统计方法去处理大量相互的偶发风险事故，其结果可以比较准确地反映风险的规律性。根据以往的资料，利用概率论和数理统计的方法可测算出风险事故发生的概率及损失程度，并且可建立损失分布的数理模型，成为风险估测的基础。

比如，死亡对于个别人来说是偶然的不幸事件，但是经过对某一地区人的各个年龄段死亡率的长期观察统计，就可以准确地编制出该地区的生命表，从而可测算出各个年龄段的人的死亡率。又如，交通事故对于每一个驾驶员来说是偶然的不幸事件，但是经过对某一地区发生各种交通事故的长期观察统计，就会发现驾驶员的驾龄、年龄、性别、婚否与交通事故发生率有一定的规律性，从而可以测算出各类驾驶员的交通事故率。

（6）风险的发展性

风险会因时间、空间因素的发展变化而变化。人类社会在自身进步和发展的同时，也创造和发展了风险。网络上的计算机有遭受黑客和计算机病毒攻击的风险，尤其是当代高新科学技术的发展和应用，使风险的发展性更加突出。

2. 风险的构成要素

风险主要由风险因素、风险事故和损失构成，这些要素的共同作用决定了风险的存在、发生和发展。

（1）风险因素

风险因素是指促使某一特定损失发生或增加其发生的可能性或扩大其损失程度的原因，包括引起或增加风险事故发生几率和加重损失程度的条件。它是风险事故发生的潜在原因，是造成损失的内在或间接原因。例如，对于建筑物而言，风险因素是指建筑材料和建筑结构；对于人体而言，则是指健康状况和年龄等；对于汽车而言，则是指汽车技术状况和驾驶人的技术水平。根据性质不同，风险因素可分为物质风险因素、道德风险因素和心理风险因素三种类型。

物质风险因素是指有形的、并能直接影响事物物理功能的因素，即某一标的本身所具有的足以引起或增加损失机会和加重损失程度的客观原因与条件，如汽车的制动性能、操纵性能等。

道德风险因素是与人的品德修养有关的无形的因素，即指由于不诚实、不正直、不轨企图或恶意行为故意促使风险事故发生，以及在事故发生时出于某种目的不努力施救甚至扩大损失，引起社会财富损毁和人身伤亡的主观原因或条件，如偷工减料引起的工程事故、人为制造的"交通事故""被盗事件"等。

心理风险因素也是与人的心理状态有关的无形的风险因素，即指由于人的不注意、不关心、侥幸或存在依赖心理，以致增加风险事故发生的机会和加大损失严重程度的因素。例如，由于汽车购买了盗抢险，晚上不再将汽车停在车库内，从而增加了汽车被盗窃的可能性；企业投保了财产保险后放松了对财物的保护，物品乱堆乱放，吸烟者随意丢弃烟蒂，加大了火灾发生的可能性；或者在火灾发生时不积极施救，心存侥幸，消极观望，任其损失扩大等，都属于心理风险因素。

（2）风险事故

风险事故是指造成生命财产损失的偶发事件，是造成损失的直接或外在的原因，是损失的媒介物，即风险只有通过风险事故的发生才能导致损失。例如，汽车制动失灵酿成车祸而导致车毁人亡，其中制动失灵是风险因素，车祸是风险事故。如果仅有制动失灵而无车祸，就不会造成人员伤亡。如果说风险因素还只是损失发生的一种可能性，那么，风险事故则意味着风险的可能性转化为现实性，即风险的发生。因此，它是直接引起损失后果的意外事件。

（3）损失

在风险管理中，损失是指非故意的、非预期的和非计划的经济价值的减少，这一定义是狭义损失的定义。显然，风险管理中的损失包括两个方面的条件：一为非故意的、非预期的和非计划的观念；二为经济价值的观念，即经济损失必须以货币来衡量，二者缺一不可。如有人因疾病使其智力下降，虽然符合第一个条件，但不符合第二个条件，不能把智力下降定为损失。

广义的损失既包括精神上的耗损，又包括物质上的损失。例如，记忆力减退、时间的耗费、车辆的折旧和报废等属于广义的损失，不能作为风险管理中所涉及的损失。因为，它们是必然发生的或是计划安排的。

在保险实务中，损失分为直接损失和间接损失。前者是直接的、实质的损失；后者包括额外费用损失、收入损失和责任损失。

（4）风险因素、风险事故和损失三者之间的关系

风险是由风险因素、风险事故和损失三者构成的统一体。它们之间存在着一种因果关系，简单表述如图1-1所示。

风险因素 —增加或产生→ 风险事件 —引起→ 损失 —形成→ 风险

图 1-1 风险要素之间的因果关系

1.1.2 风 险 管 理

风险管理是指个人或社会团体通过对风险进行识别与度量，选择合理的经济与技术手段主动地、有目的地、有计划地对风险加以处理，以最小成本去争取最大的安全保障和经济利益的行为。这一定义包括三层含义：一是指出风险管理的主体是个人或社会团体等经济单位；二是强调风险管理是通过对风险的认识、衡量与分析，从而选择最有效的方式，以最佳的风险管理技术主动对风险进行处理；三是明确风险管理的目标是以最小的成本获取最大的安全保障。

风险管理的主要内容包括识别风险、评估风险和处理风险等。

1. 识别风险

识别风险是风险管理工作的基础，包括感知风险与分析风险两方面内容。感知风险是通过对风险的调查、了解，对可能存在的风险做出判断；分析风险是通过对风险的分类、归纳，找出风险产生的原因和条件，确定风险的类别与性质，为进行风险估算与评价提供帮助。

2. 评估风险

评估风险包括风险估算和风险评价。风险估算即风险的衡量，是指对某特定风险的发生概率和损失程度进行估算，用以评价风险对预定目标的不利影响及其程度。其内容包括估计潜在的风险事件发生的频数和损失程度。风险频数是指一定时期内风险可能发生的次数。损失程度指每次风险发生可能带来的经济损失大小。风险估算使风险分析定量化，为风险管理者进行风险决策与选择最佳的风险处理方式提供科学依据。

在风险识别与风险估算的基础上，根据风险发生的概率、损失程度和处理风险的经济投入进行的综合分析与比较，称为风险评价。风险评价的主要目的是测算处理风险所需人力、物力与财力等各方面的投入，并与可能出现的风险损失相比较，以确定风险是否需要处理、在经济上是否合算、如何处理效果最佳等。

3. 处理风险

处理风险是指对付风险的办法。人们在同各种自然灾害、风险事件的抗争中，不断地总结经验教训，创造出了不少预防与处理风险的方法，归纳起来主要有以下几点。

（1）规避风险

规避风险即决策中直接设法避免风险事件的发生。例如，某路段因洪水冲毁了部分桥梁与路基，可以采用临时便道通行，但比较危险。为了安全起见，过往车辆完全可以选择其他路线绕道通行。绕道通行虽然增加了运行费用和时间，但达到了避免风险发生的目的，这就是规避风险的处理方法。又如，乘坐旅游缆车上山有一定安全风险，为了避免人身安全事故的发生，可以选择不乘缆车而步行上山，这同样也是规避风险的处理方法。这些处理方法虽然比较简单，但都是很有效的风险处理方式。通常，采用规避的方法处理风险虽然有效，但却容易给人们的生活与工作带来新的不便或困难。因此，规避的方法是消极的，是有局限性的。

（2）预防风险

多数风险事故都有一定的成因和规律。及时地、有针对性地采取各种预防措施，就会控制风险的发生。预防风险的目的就是要尽可能地采取各种控制风险发生的措施，以使发生风险的频率及其损失程度降到最低。预防风险通常分为防损和减损两类。防损是指通过对风险因素的分析，采取预防措施，以防止损失的发生。减损则是尽量减小风险造成的损失，并控制损失的扩大。防损的目的在于努力减少发生损失的可能性，而减损的目的则在于尽量减轻损失的程度。

（3）分散风险

分散风险是指联合存在同类风险的众多单位，建立风险分摊机制。当风险损失发生时，由众人共同承担，实现分散风险、分摊损失的目的。

（4）转移风险

转移风险是指通过一定的方式，将风险由一个主体转移给另一个主体。转移风险与规避风险有实质上的区别。规避风险意味着与有风险的事情保持距离，不涉及风险之地，也就是说人们规避风险就是要回避产生风险的行为或环境。但转移风险则不同，人们仍参与有风险的事情，只不过将可能的风险损失转移给他人来承担。

重点、难点提示

　　现代保险业实际上就是运用了分散和转移风险的方法，组织众多的单位和个人参保，将这些单位和个人的风险转移给保险公司。保险公司再通过建立收取保险费与损失补偿的办法，通过分摊损失达到分散风险的目的。

1.1.3 可 保 风 险

保险所承担的风险简称为可保风险。现实生活中，人们面临各种各样的风险，风险的类别、性质、成因、发生频率、损失的大小等千差万别。保险公司所能接受的风险是有限的，也就是说，并不是所有的风险保险公司都可以承保。一般而言，可保风险必须具备以下条件。

（1）可能性

风险发生必须具有客观上的可能性。保险的动机在于防患于未然，以求补偿。若已知没有发生风险的可能，就失去了投保的实际意义。我国《保险法》第二条关于"保险定义"的规定中所使用的"可能发生的事故"即为此含义。

重点、难点提示

　　风险发生的可能性是客观上的，并非人们的主观忧虑。

（2）偶然性

偶然性是指事先无法预知风险发生的时间、地点、损失程度等。事先可以预知的必然会发生的损失如自然损耗、折旧等，保险公司是不会承保的。

（3）意外性

意外性包含两方面的含义：一是风险的发生是不可预知的，可预知的风险带有必然性，保险人不予赔偿；二是风险的发生及损失后果的扩展不是被保险人的故意行为所致，即对于被保险人故意行为或不采取合理预防措施所造成的损失，保险人不予赔偿。

（4）纯粹性

保险人承保的风险只能是纯粹风险，而不可能是投机风险。因为承保投机风险有可能会引起道德风险，使被保险人因投保而获取额外收益而违反保险的基本原则。

（5）同质性

可保风险应该是大量存在的同质风险，即大量标的均有遭受同样或者近似损失的可能性。这一条件是为了满足保险经营大数法则的要求。保险依据大数律为保险人建立稳定的保险基金，来赔付少数实际出险的标的损失。因此，可保风险的一个重要条件是必须有某种同质风险的大量存在。同时，风险发生的概率和损失应该是可以计算的，这是保险人计算保险费率的依据。

以上条件相互之间是有关联的，确定可保风险时应综合分析，以免发生承保失误。

1.1.4 保险的概念及特征

1995年6月30日第八届全国人民代表大会常务委员会通过、2015年4月24日修正的《中华人民共和国保险法》（以下简称《保险法》）第二条规定："保险是投保人根据合同约定，向保险人支付保险费，保险人对于合同约定的可能发生的事故因其发生所造成的财产损失承担赔偿保险金责任，或者当被保险人死亡、伤残、疾病或者达到合同约定的年龄、期限等条件时承担给付保险金责任的商业保险行为"。"保险"包括的含义：一是指商业保险行为；二是指合同行为；三是指权利义务行为；四是指经济补偿或保险金给付以合同约定的保险事故发生为前提。

保险具有合法性、商业性、风险性和金融性四大特征。合法性即保险和被保险都必须依法进行，包括险种、险费、保险合同、投保、受益等，也包括某种程度的强制性等；商业性是指保险和被保险实质上是一种商业行为，双方当事人应当平等、自愿和诚实守信，需遵守行业行为准则；风险性是指从事商业保险具有一定的风险性，双方是一种风险转移和投资；金融性是指从事商业保险的保险公司实质上是金融业的组成部分，保险业市场是金融市场的一部分，应受到相应的金融监管。

除此之外，保险还具有比较特征，即通过与某特定行为（储蓄、赌博、保证）比较来阐述保险的特征。

1. 保险与储蓄的比较

保险和储蓄的共性是二者都是处理经济不稳定的善后措施。二者的区别表现为以下几点。

首先，两者实施的方法不同。储蓄可以单独地、个别地进行，保险则需依靠多数人的互助共济才能完成。可见，储蓄是自助行为，保险是互助协作行为。在原则上，存款人可以随时提取储蓄，而保险只有在具备一定的条件时才由特定的人使用。

其次，两者在给付和反给付的关系上，其条件也不同。储蓄在给付和反给付之间以成立个别均等关系为必要条件，因此储蓄可以利用的金额应以其存款的范围为限制；而保险在给付和反给付之间，不必建立个别均等关系，只要有综合的均等即可。因此在保险法律关系中，即使个别的均等关系已遭到破坏，亦无影响。正因为如此，保险对因意外事故造成的经济损失采取补偿对策是非常合理的。

再次，两者的目的也不相同。储蓄作为应付经济不稳定的一种措施，可以应付各种需要，包括补偿损失、应付教育费、丧葬费、婚姻支出等。如果事件可以预测、数量可以计算得出，一般都用储蓄的方法。而保险一般是针对意外事故所导致的损失而采取的措施，其优点是可以应付单位和个人难以预测的意外事故，可以用较少的支出取得较大的保障。

当然，保险多少也具有储蓄的性质，这在人身保险上表现尤为明显。但它与纯粹的储蓄是有原则区别的。

2. 保险与赌博的区别

无论是保险还是赌博，在给付和反给付之间，都不需要建立个别均等关系。因此从局部来看，经常出现只有给付并未接受反给付的情况，也经常出现接受比给付更多的反给付情况。从这一点上看，两者也有相似之处，即都带有偶然性。但是保险与赌博具有本质的区别。

保险与赌博的区别，首先表现在法律和道德上。保险是合法的，为法律所保护；而大多数国家法律禁止赌博并对违犯者进行惩罚。从道德上讲，保险是道德赞同的，而赌博是违反道德的，赌博行为受到道德的谴责。

保险与赌博的区别，还在于其目的和作用不同。保险是由保险人通过收取保险费的方式来建立专门的保险基金，用以在发生自然灾害或者人身事件时（包括因病、因伤、因年老而丧失劳力）对投保人或者收益人给予经济补偿或者给付保险金的一种法律制度。人们之所以需要保险制度，是因为它能分散风险、分摊损失，达到互助共济，从而实现社会生活安定的目的。因此，保险是一种安定社会生活的手段。而赌博在绝大多数情况下不是一种安定社会生活的手段，对于社会生活还有消极作用。

3. 保险与保证的区别

保险与保证在民商法上都是一种契约关系。保险人和保证人都有相应的义务，但是两者是性质不同的契约关系。

保险与保证的不同之一是，在保险关系中，保险人和投保人是契约的当事人，相互间负有义务。保险人的主要义务是，在保险事故发生后，负责赔偿保险事故给被保险人或者受益人所造成的经济损失和因施救等行为所付出的合理费用；投保人的主要义务是缴纳保险费。保证是一种从属于主契约的从契约，保证人虽然对债权人负有义务，但此义务的履行一般是有条件的，即当债务人不履行或者不能履行其义务时，保证人才有代为履行的义务。

保险与保证的不同之二是，在保证关系中，保证人代偿还债务从而取得求偿权和代位权；而保险人依约赔偿损失或者给付保险金，这是履行自己应尽的义务。除非保险事故的发生是由于第三者的过错所造成的，否则，保险人无追偿权。

1.1.5　保险的分类

通常可以根据保险经营的性质、目的、对象和保险法规要求以及历史习惯等划分保险类别。国际上对保险业务的分类没有固定的原则和统一的标准，各国通常根据各自需要采取不同的划分方法。我国目前保险种类很多，常见划分方式见表1-1。

微课程1：我国保险
常见类型

表 1-1 我国保险常见划分方式

分类方式	名称		简介
按保险的性质分类	商业保险	包含财产保险、人身保险、责任保险、保证保险等	指投保人与保险人订立保险合同，根据合同约定，投保人向保险人支付保险费，保险人对可能发生的事故发生时导致的损失承担赔偿责任，或者当被保险人死亡、疾病、伤残或者达到约定的年龄期限时承担给付保险金责任的保险
	社会保险	包含社会养老保险、职工医疗保险、失业保险等	指国家通过立法对社会劳动者暂时或永久丧失劳动能力或失业时，由政府指定的专门机构为其提供物质帮助，以保障其基本生活的社会保障制度
	政策保险	包含种植业保险、出口信用保险、生猪保险、林业保险等	指政府为了支持某项特定经济或社会政策要求，以商业保险的一般做法来开办的保险
按保险标的（业务保障对象）分类	财产保险	包含汽车险、火险、货物运输险、海上险、航空险、工程险、家庭财产险、盗窃险、营业中断险、农业险等	指以物质财富及其有关的利益为保险标的的险种
	责任保险	包含雇主责任险、职业责任险、产品责任险等	指以被保险人的民事损害赔偿责任为保险标的的险种
	信用保险	包含忠诚保证险、履约保险等	指以第三者对被保险人履约责任为标的的险种
	人身保险	包括人寿险、健康险、意外伤害险、死亡险、生存险、年金险、养老金保险等	指以人的身体为保险标的的险种
按保险实施方式分类	自愿险	指当事人在平等互利和自愿的基础上确立合同关系，被保险人可自行决定是否投保、保险标的种类、金额和期限等，保险人也可选择承保与否及其有关承保项目和内容	
	强制险	指政府以法令或政策形式强制规定被保险人与保险人的法律关系，在规定范围内，不管当事人双方自愿与否，必须按规定办理保险	
按保险人是否承担全部责任分类	原保险	指初始保险	
	再保险	又称分保，指保险人将承保的保险责任向另一个或若干保险人再一次投保，以分散风险，包括分出保险和分入保险等	
其他分类		新兴的如计算机综合险、信用卡盗窃险、一揽子合同险、原子能险、动物险、投资连结险、银邮险、分红险、万能险等	

1.2 汽车保险简介

1.2.1 汽车保险定义

汽车自诞生以来，一方面大大提高了工作效率，方便了人们的生活，但另一方面也使得交通事故数量急剧增加，造成社会公众的人身伤害和财产损失。"车祸猛于虎""车轮下的战争"就是人们对道路交通意外事故的形象描述。交通事故造成的死亡一直是我国安全事故死亡中最主要的部分。

从全国来看，大部分道路交通死亡事故是由于各种机动车和行人的违章行为所引起的。而这样的情况对于目前国内的交通状况来说，危害尤其明显。这是因为目前我国交通车辆混合行驶的现象还比较普遍，二轮摩托车、大型客车、汽车、自行车和行人等，大多在同一路面上运行。这

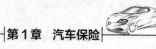

使得我国的交通死亡原因和伤害模式与发达国家不同。国外的交通事故大多是车撞车，而我国很多是车撞人。在这种情况下，如果驾驶员和行人的交通安全意识薄弱，出现交通事故和造成伤亡的隐患就非常大。所以说"人祸"是国内交通事故致死率居高不下的一个重要因素。

人民网《2014 年国民经济和社会发展统计公报》（下称《公报》）的统计数据显示，我国 2014 年年底全国民用汽车保有量达到历史新高，为 15 447 万辆，比 2013 年末增长了 12.4%。其中，民用轿车数量增长了 16.6%，达 8 307 万辆；私人轿车增长了 18.4%，达 7 590 万辆。《公报》指出，全国道路交通事故万车死亡人数为 2.22 人，比 2013 年底万车死亡人数 2.3 人下降了 3%，但通过 2014 年汽车保有量数据可得出 2014 年的交通事故死亡人数为 34 292.34 人，比 2013 年的死亡 31 604.3 人增加了 2 688.04 人，增长率为 8.5%；相比 2012 年的死亡 30 222.5 人，增加了 4 069.84 人，增长率为 13.46%；相比 2011 年的死亡 29 618 人，增加了 4 676.34 人，增长率为 15.78%。可见，近些年来，我国交通事故死亡人数呈逐年小幅度上升趋势，这与我国机动车数量的不断增加密切相关。

网上非官方公布数据显示，2014 年全年的涉及人员伤亡道路交通事故在 16 万起左右，直接财产损失在 8 亿元左右。另据相关数据显示，我国 2014 年底的机动车驾驶人数量突破历史性的 3 亿人，机动车快速的使用数量及驾驶人数，使得我国面临更为严峻的交通安全形势。

除道路交通事故外，汽车本身也面临着种种风险，与汽车有关的风险有两种。

① 汽车本身所面临的风险。与其他处于静止状态的财产一样，汽车本身也受自然灾害和意外事故的威胁。如汽车超速行驶、酒后驾车、疲劳驾驶等，有可能导致车辆自身损毁的直接损失以及车辆停驶引起的间接经济损失。

② 汽车本身所造成的风险。如车辆制动系统有故障等，也有可能导致车辆自身损毁的直接损失以及车辆停驶引起的间接经济损失。

汽车保险，即机动车辆保险，简称车险，是指对机动车辆由于自然灾害或意外事故所造成的人身伤亡或财产损失负赔偿责任的一种商业保险。

汽车保险是财产保险的一种，属于一个相对年轻的险种，这是由于汽车保险是伴随着汽车的出现和普及而产生和发展的。与现代机动车辆保险不同的是，初期的汽车保险是以汽车的第三者责任险为主险的，后逐步扩展到车身的碰撞损失等保险。

1. 汽车保险的职能

保险基本职能就是组织经济补偿和实现保险金的给付，这同样也是汽车保险的基本职能。生产力水平的提高、科学技术的发展使人类社会走向文明。汽车文明在给人类生活以交通便利的同时，也给人类带来了因汽车运输中的碰撞、倾覆等意外事故造成的财产损失和人身伤亡。不仅如此，随着生产力水平的提高、科学技术的进步，风险事故所造成的损失也越来越大，对人类社会的危害也越来越严重。汽车在使用过程中遭受自然灾害风险和发生意外事故的概率较大，特别是在发生第三者责任的事故中，其损失赔偿是难以通过自我补偿实现的。

汽车在使用过程中的各种风险及风险损失难以通过对风险的避免、预防、分散、抑制以及风险自留而解决，必须或最好通过保险转嫁方式将其中的风险及风险损失在全社会范围内分散和转移，从而最大限度地抵御风险。汽车用户以缴纳保险费为条件，将自己可能遭受的风险成本全部或部分转嫁给保险人。汽车保险是一种重要的风险转嫁方式，在大量的风险单位集合的基础上，将少数被保险人可能遭受的损失后果转嫁到全体被保险人身上，而保险人作为中介对少数人实行经济补偿。汽车保险可将拥有机动车辆的企业、家庭和个人所面临的种种风险及其损失后果得以在全社会范围内分散与转嫁。

汽车保险是现代社会处理风险的一种非常重要的手段，是风险转嫁中一种最重要、最有效的技术，是不可缺少的经济补偿制度。

2. 汽车保险的作用

我国自1980年国内保险业务恢复以来，汽车保险业务已经取得了长足的进步。尤其是伴随着汽车进入百姓的日常生活，汽车保险正逐步成为与人们生活密切相关的经济活动，其重要性和社会性也正逐步突现，作用越加明显。

（1）促进汽车工业的发展，扩大了对汽车的需求

从目前经济发展情况看，汽车工业已成为我国经济健康、稳定发展的重要动力之一，汽车产业政策在国家产业政策中的地位越来越重要。汽车产业政策要产生社会效益和经济效益，要成为中国经济发展的原动力，离不开汽车保险与之配套服务。汽车保险业务自身的发展对于汽车工业的发展起到了有力的推动作用。汽车保险的出现，减少了企业与个人对使用汽车过程中可能出现的风险的担心，一定程度上提高了消费者购买汽车的欲望，扩大了对汽车的需求。

（2）稳定了社会公共秩序

随着我国经济的发展和人民生活水平的提高，汽车作为重要的生产运输和代步的工具，成为社会经济及人民生活中不可缺少的一部分，其作用显得越来越重要。汽车作为一种保险标的，虽然单位保险金不是很高，但数量多而且分散。车辆所有者为了转嫁使用汽车带来的风险，大多愿意支付一定的保险费投保，在汽车出险后，从保险公司获得经济补偿。由此可以看出，开展汽车保险既有利于社会稳定，又有利于保障保险合同当事人的合法权益。

（3）促进了汽车安全性能的提高

汽车保险业务的经营管理与汽车维修行业及其价格水平密切相关。原因是在汽车保险的经营成本中，事故车辆的维修费用是其中重要的组成部分，同时车辆的维修质量在一定程度上体现了汽车保险产品的质量。保险公司出于有效控制经营成本和风险的需要，除了加强自身的经营业务管理外，必然会加大事故车辆修复工作的管理，在一定程度上提高汽车维修质量管理的水平。同时，汽车保险的保险人从自身和社会效益的角度出发，联合汽车生产厂家、汽车维修企业开展汽车事故原因的统计分析，研究汽车安全设计新技术，并为此投入大量的人力和财力，从而促进了汽车安全性能方面的提高。

（4）汽车保险业务在财产保险中占有重要的地位

目前，大多数发达国家的汽车保险业务在整个财产保险业务中占有十分重要的地位。美国汽车保险保费收入，占财产保险总保费的45%左右，占全部保费的20%左右。日本汽车保险的保费占整个财产保险总保费的比例更是高达58%。

从我国情况来看，随着积极的财政政策的实施，道路交通建设的投入越来越多，汽车保有量逐年递增。在过去的20年，汽车保险保费收入每年都以较快的速度增长。在国内各保险公司中，汽车保险保费收入占其财产保险总保费收入的50%以上，部分公司的汽车保险保费收入占其财产保险总保费收入的60%以上。汽车保险业务已经成为财产保险公司的"吃饭险种"，其经营的盈亏，直接关系到整个财产保险行业的经济效益。可以说，汽车保险业务的效益已成为财产保险公司效益的"晴雨表"。

1.2.2 汽车保险的要素

保险的要素亦称保险的要件，指保险得以成立的基本条件。在这一问题上，国内外均有不同

的见解。普遍认为，保险的要素有三，即前提要素、基础要素和功能要素。

1. 前提要素——危险存在是保险成立的前提

保险与危险同在，无危险则无保险可言。因此，特定的危险事故是保险成立的前提，是第一要素。

人类社会可能遭遇的危险很多，但大体上可以归纳为三大类，即人身危险、财产危险和法律责任的危险。所谓危险事故，是指上述人类三大危险中可能引起损失的偶然事件，它包含三层意思。第一，事件发生与否很难确定，即事件可能发生，也可能不发生，两种可能同时存在，缺一不可。比如车损险，汽车可能发生损失也可能不发生损失，所以车损险满足这个前提要素。如果约定的某一事件根本不可能发生，除非心术不正的人或精神疾病患者，否则是不会有人愿意花钱去买这种毫无意义的保险的。反之，如果能确定某一事件一定会发生，承保则意味必然赔偿。如无法集合危险，分散损失，也不会有哪家保险公司愿意承担这种无法承担的责任。第二，事件何时发生很难确定，即一些偶然事件虽然可以判断，但究竟何时发生，很难预料。例如，人的生老病死，这是自然规律，但人何时生病、何时死亡，谁都无法预知。所以，人的死亡、伤残和疾病均属可保事件。第三，事件发生的原因与结果很难确定，即事件的发生是意外的，排除当事人的故意行为及保险标的的必然现象。事件发生若系当事人或其利害关系人的故意行为所致，如谋杀被保险人，或被保险人的自杀、纵火等，或保险标的的自然灭失、消耗等，都不属偶然事件。由于偶然事件是"将来的事件"，所以事件发生与否无法预料，一旦发生将造成多大损失也很难预知。如房屋等财产都有遭受火灾等灾害破坏的可能，但这种潜在性的灾害发生时将造成多大的损失，灾前是任何人都无法准确知道的。倘若事前能准确地知道某一事件发生时所造成的损失额，保险人就很难维持其保险业务了。

2. 基础要素——众人协力是保险成立的基础

前文已经讲到，保险是建立在"我为人人，人人为我"这一社会互助基础之上的，其基本原理是集合危险，分散损失。这就要求参加保险者不只是几个人、几个单位，也不只是社会中的少部分人和少部分单位，而是要动员全社会力量，使众多社会成员参加保险。只有众多的社会成员参加保险，其所缴纳的保险费，才能积聚成为巨额的保险基金，从而确保少数人的意外损失获得足额且及时的补偿。因此，保险不仅与危险同在，更与众人协力同在。没有众人协力，就不可能有保险。众人协力即经济上的互助共济关系，其组织形式有两种，一是直接关系，二是间接关系。相互保险组织中的众人协力所体现的互助共济关系，就是一种直接的互助共济关系。因为这种保险组织的成员，是对同一危险产生忧虑的多数人组成的。他们中的每一成员，即是被保险者。

保险的众人协力，其人数虽然不可能具体地划定为几百人或几千人，但为了达到将巨大的损失尽量分散，变成微小的损失，就需要参加保险的人越多越好。无论是相互保险还是保险公司经营的保险都是如此。因为参加保险的人数越多，则损失分得越散，每个成员负担也就越轻；投保者越多，交的保险费就越多，所能积聚起来的保险基金数额就越大，对被保险者就越有保障。

保险需要众人协力，而且投保者越多越好。但是，在结成互助共济关系的每一成员中，特别是间接互助共济关系的成员中，他们所面临的风险是不同的。风险不同，损失的分担即应缴的保险费就应该不同。如果风险不同而损失分担无异，必然会引发如下后果：一部分风险较小的成员因感觉到吃亏而退出保险，剩下的那些风险较大的少数投保者也因无法负担巨额的保险费而支持不下去，原来所形成的互助共济关系就会受到破坏。此外，作为"出卖"保险的保险人，同样是有风险的，这种风险就是保险事故发生时所必须承担的赔偿责任。倘若保险人的风险大而赔付能力小，保险就难以为继。因此，保险要得以正常维持，一要使投保人有负担保险费的能力并乐于缴付保险费，以维持必要的互助关系；二要保证保险人的保险费收入与损失赔付总额大体相当，以保证保险人的赔付能力。要实现这一目的，就必须使保险的众人协力建立在科学方法基础之上，即必须根据概率论的科学方法，合理地计算出各种保险的保险费率。合理的保险费率，使每个参加投保者的负担相对公平合理。合理的保险费率是保险的众人协力得以长久维系的关键。

重点、难点提示

同一险种，汽车保险根据不同的被保险人及保险车辆收取不同的保险费用，就是在此基础上实现的。

3. 功能要素——损失赔付是保险成立的功能

保险的功能并非消灭危险。危险是客观存在的。从严格意义上说，保险本身也不可能消灭危险。虽然，在实际生活中，人们往往习惯将投保行为称为"买保险"，将投保人缴纳保险费，与保险人确立保险合同关系称为"付出一笔代价买进一个安全"；但谁都明白，投保人向保险公司缴了保险费，并非真正买到了一个安全，签订了保险合同，也不意味着保险公司就能保证被保险人不出事故。"买保险""花钱买安全"一类说法，其确切含义应该是：第一，投了保，由于双方当事人采取了切实有效的安全措施，加强了防灾能力，因而被保险人的安全会更有保障；第二，投了保，缴纳了保险费，在保险有效期间内，即使发生了意外事故，按照约定也会得到相应的损失补偿，迅速恢复原有的经济状况。事实上，投保人"付出一笔代价"（保险费）后，他所买到的只是一个机会，即将来发生保险事故时可能获得补偿的机会，而不是真正意义上的安全。由此可见，保险的直接功能就是补偿被保险人因意外所受的经济损失。如果投保人在投保后仅仅买到一个观念上的安全，危险事故发生时得不到相应的补偿，是不会有人愿意花钱去买一个毫无实际意义的观念上的安全的。

当然，人们花钱买保险，并不希望保险事故在其身上发生。对于每个投保人来说，宁可经常接受微小数目的损失，也不愿意在较长时间内遭受一次巨大的损失。所谓"经常微小数额"的损失，即投保人在保险期间安然无恙，他所缴纳的保险费。从这一意义也可以说，投保人这一期间的安全是花钱"买"来的。

应该注意的是，在损失赔付功能上，人身保险与财产保险并不完全一致。其原因就在于财产保险与人身保险的保险标的不同。财产保险的标的是财产或与财产有关的利益，这是能够用货币来准确衡量其价值的；当危险事故发生时，当然也能够用货币来准确衡量其损失额。

保险的直接功能是经济补偿。因此，财产保险除定值保险等个别例外，其损失赔偿均应遵循补偿原则，即当保险事故发生时，保险人给予被保险人的经济赔偿恰好填补被保险人因遭受保险事故所造成的经济损失。赔偿金额不应少于或多于实际损失。少于实际损失，说明被保险人的损失没有得到完全的填补；多于实际损失，则会造成被保险人的不当得利，这是有悖于保险制度本身的。

人身保险的标的是人的身体、健康和生命。人的身体、健康和生命是无法用货币来衡量的。

当发生保险事故时，究竟给被保险人造成多少损失，也难以用货币来准确衡量。因此，人身保险一般采用定额方式，一旦发生保险事故，则按合同约定的金额给付。人身保险的给付不适用保险法上的补偿原则，但并不意味着其给付不具有补偿性。人的死亡和伤残固然无法用金钱补回来，但人的死亡和伤残，其后果不仅是一个生命的结束或健康受到伤害，而且还必然给其亲人或本人带来直接的经济损失。换言之，危险事件在人身上可能造成的损害是两层意义上的损害，即人身损害和经济损害。人身保险的给付虽然不能填补前者却可以填补后者。因此，人身保险仍然具有补偿的性质。否认这种补偿性进而否认人身保险的经济功能是不对的。

1.2.3 汽车保险的特征

汽车保险的基本特征，可以概括为以下几点。

1. 保险标的出险率较高

汽车是陆地上的主要交通工具。由于其经常处于运动状态，总是载着人或货物不断地从一个地方开往另一个地方，很容易发生碰撞及意外事故，造成人身伤亡或财产损失。由于车辆数量的迅速增加，一些国家交通设施及管理水平跟不上车辆的发展速度，再加上驾驶人的疏忽、过失等人为原因，交通事故发生频繁，汽车出险率较高。

2. 业务量大，投保率高

由于汽车出险率较高，汽车的所有者需要以保险方式转嫁风险。各国政府在不断改善交通设施、严格制定交通规章的同时，为了保障受害人的利益，对第三者责任保险实施了强制保险。

保险人为适应投保人转嫁风险的不同需要，为被保险人提供了更全面的保障，在开展车辆损失险和第三者责任险的基础上，推出了一系列附加险，使汽车保险成为财产保险中业务量较大、投保率较高的一个险种。

3. 扩大保险利益

汽车保险中，针对汽车的所有者与使用者不同的特点，汽车保险条款一般规定，不仅被保险人本人使用车辆时发生保险事故保险人要承担赔偿责任，而且凡是被保险人允许的驾驶人使用车辆时，也视为其对保险标的具有保险利益。如果发生保险单上约定的事故，保险人要承担事故造成的损失，保险人须说明汽车保险的规定以从车为主。凡经被保险人允许的驾驶人驾驶被保险人的汽车造成保险事故的损失，保险人须对被保险人负赔偿责任。

此规定是为了给被保险人提供更充分的保障，并非违背保险利益原则。但如果在保险合同有效期内，被保险人将保险车辆转卖、转让、赠送他人，被保险人应当书面通知保险人并申请办理批改。否则，保险事故发生时，保险人对被保险人不承担赔偿责任。

4. 被保险人自负责任与无赔款优待

为了促使被保险人注意维护、养护车辆，使其保持安全行驶技术状态，并督促驾驶人注意安全行车，以减少交通事故，保险合同上一般规定：驾驶人在交通事故中所负责任，车辆损失险和第三者责任险在符合赔偿规定的金额内实行绝对免赔率；保险车辆在保险期限内无赔款，续保时可以按保险费的一定比例享受无赔款优待。以上两项规定，虽然分别是对被保险人的惩罚和优待，但要达到的目的是一致的。

1.2.4 汽车保险的分类

汽车保险是随着汽车的出现而产生的一项保险业务。它不仅是运输工具保险中最主要的险种，也是整个财产保险中最重要的业务来源。在各国非寿险业务中，汽车保险均占有举足轻重的地位，在我国财产保险中则属于第一大险种。

1. 汽车保险的风险

为了有效转移与汽车有关的两种风险，世界各国的汽车保险均设立了机动车损失险（简称为车损险）和第三者责任保险。车损险承保汽车因保险责任范围内的自然灾害和意外事故所造成的车辆本身损失；第三者责任保险承保车辆在使用过程中所创造的风险，即对于因车辆使用给他人造成的人身伤害和财产损失依法应由被保险人承担赔偿责任时，由保险人负责赔偿。其中车辆损失险属于财产保险范畴，而第三者责任保险则属于责任保险范畴。

过去我国的汽车保险一直实行统一颁布的条款和费率，但自2003年1月1日起由各家保险公司自主确定条款和费率的管理制度已经实行，各公司推出的车险产品也已纷纷面市。

2016年1月1日起汽车保险新规定正式实行。按照新的费率浮动规则，出险1次保费不打折；出险2次上浮25%；出险3次上浮50%；出险4次上浮75%；出险5次保费翻倍。1年内未出过险的打8.5折，2年未出过险的打7折，3年未出过险的才能打6折。

2. 车损险

（1）车损险的保险责任

车损险是我国汽车保险中的两个基本险别之一，承保保险车辆遭受保险责任范围内的自然灾害或意外事故造成车辆本身的损失。

微课程2：2016年
车险新政策

车损险的保险责任一般采用列明风险责任的方式，只有列明的自然灾害和意外事故造成的保险车辆的直接损失，保险人才承担赔偿责任。我国车损险的保险责任范围较为广泛，通常包括以下几种。

① 意外事故：包括碰撞、倾覆；火灾、爆炸、外界物体倒塌、空中运行物体坠落、保险车辆行驶中平行坠落等。在车损险中，碰撞、倾覆是最主要的承保风险。在国外，有的保险人专门设立了碰撞、倾覆险承保这两种风险造成的车辆损失。

> **重点、难点提示**
>
> 两轮摩托车在停放过程中翻倒并不是倾覆事故。

② 自然灾害：包括雷击、暴风、龙卷风、暴雨、洪水、海啸、地陷、崖崩、雪崩、雹灾、泥石流、滑坡或载运保险车辆的渡船遭受自然灾害（只限于有驾驶员随车照料者）造成车辆的损失。由于各地区的自然环境及保险车辆的行驶区域差别很大，其面临的风险也不尽相同，所以采用这种一揽子责任的承保方式，无疑对于某些被保险人是不公平的。因此有的保险公司将全国分为几

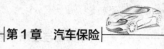

个地域，不同地域适用不同的费率，以避免被保险人之间的保费补贴现象，达到相对公平的目的。

重点、难点提示

> 国内各大保险公司共有 A、B、C 三种条款可选择使用，根据不同条款，承保责任略有不同。

③ 施救保护费用：车辆发生保险事故时，被保险人或其允许的合格驾驶人对保险车辆采取施救、保护措施所支出的合理费用，由保险人在保险车辆以外的保险金额内负责。施救措施是指发生保险事故时，为减小和避免保险车辆的损失所施行的抢救行为；保护措施是指保险事故发生以后，为防止保险车辆损失扩大和加重所采取的行为。采取施救保护措施所支出的费用必须是合理的，才能得到保险人的赔偿。衡量施救保护费用是否合理，原则上以是否是"为了减小保险车辆损失而直接支出的必要费用"为判断标准，但在实际中必须根据具体情况加以判断。在很多情况下，保险车辆发生保险事故后，保险车辆与其所装货物同时被施救，则保险人只对保险车辆的施救费用负责。

由上述风险造成保险车辆的直接损失，保险人能否赔偿取决于两点。第一，保险车辆的损失是由承保风险直接造成的，承保风险是该损失的主要原因；第二，保险车辆是在被保险人或其允许的合格驾驶人的使用过程中发生损失。两个条件必须同时具备，缺一不可。

（2）车损险的除外责任

在很多投保人心中，存在这样的认识，即认为只要自己投保了汽车保险，那么一切与汽车有关的损失都应该从保险公司那里得到补偿，其理由是自己不能白交保险费。其实这是投保人不了解保险的真正含义所形成的误解。也就是说，被保险人参加了汽车保险，并不是把所有的危险、损失、费用都转嫁给了保险人，而是被保险人自己也有责任承担一部分风险、损失、费用，这些不保的风险与费用便构成了除外责任。在车辆损失险中，保险人的除外责任一般包括不保的风险和不保的损失。

重点、难点提示

> 现在人们常说的"全保"，让很多人误以为就是什么都保。事实上，"全保"只是一个相对说法，是指包含车辆所需的基本险种。包含车损险、第三者责任险、全车盗抢险及相应不计免赔险种就可以称为"全保"，加上油漆单独损伤险、玻璃单独破碎险等也叫"全保"。保险公司的汽车保险品种多达二三十个，但并不是说什么险种都包括了才叫全保，也不是说买了全保，所有的损失都能得到保险公司赔偿。

3. 汽车第三者责任险

我国每年发生道路交通事故约 20 万起，直接经济损失有数十亿元乃至上百亿元。可见，汽车的第三者责任风险是巨大的，对公众的人身与财产安全构成了严重的威胁。汽车第三者责任保险正是因为维护了公众的利益而在许多国家成为法定保险业务。它承保汽车所有者或被保险人允许的合格驾驶人在使用车辆过程中发生意外事故造成的第三者人身伤害或财产直接损失，依法应由被保险人承担的损害赔偿责任，也由保险人根据《道路交通事故处理办法》和保险合同的有关规定进行赔偿。汽车第三者责任保险属于责任保险范畴，但习惯上又与车辆损失保险统一构成汽车保险。

我国道路交通事故是由公安交通部门处理的。对保险人而言，公安交通部门的处理结果是保险人承担责任与否的基础性依据，但又不完全按照公安交通部门的处理结论承担赔偿责任，因为制约保险双方的直接法律依据是保险合同。因此，首先是被保险人有对受害方的损害进行赔偿的责任；其次是这种责任是否符合保险合同中应当支付的赔偿中扣除保险合同中规定的不赔部分或可以免除责任的部分。例如，一被保险人酒后驾车，发生车祸，造成一人死亡。公安交通部门认定由这位被保险人承担全部责任，并且向死者家属支付赔偿金。在这个案例中，尽管保险人依法应当向受害方支付赔款，但酒后驾车是违法行为，属于保险合同中的除外责任，保险人因而可以免除自己的责任。

4. 汽车交通事故责任强制保险

汽车交通事故责任强制保险简称交强险，是指由保险公司对被保险汽车发生道路交通事故造成本车人员、被保险人以外的受害人的人身伤亡、财产损失，在责任限额内予以赔偿的强制责任保险。

 重点、难点提示

　　目前我国已经放开外资财产保险公司承保交强险的政策，自2013年3月1日起施行的《机动车交通事故责任强制保险条例》第五条第一款修改为"保险公司经保监会批准，可以从事机动车交通事故责任强制保险业务"。条例的修改，标志着中国向外资保险公司开放交强险市场。

5. 汽车保险的附加险

汽车保险的附加险是指不能独立投保，须在投保基本险之后方能投保的险种。汽车保险的附加险主要有以下几种。

（1）全车盗抢险

保险车辆全车被盗窃、抢劫或抢夺，经县级以上公安刑侦部门立案证实，满60天未查明下落，由保险人按照保险金额与车辆出险时的实际价值中的低者并扣除一定的绝对免赔率予以赔付；保险车辆在被盗窃、抢劫或抢夺期间受到损坏或车上零部件设备丢失需要修复的合理费用，由保险人按实际修复费用计算赔偿，最高不超过全车盗抢险保险金额。

（2）玻璃单独破碎险

承保保险车辆风窗玻璃或车窗玻璃的单独破碎损失，但对于安装、维修车辆过程中造成的玻璃单独破碎不予负责。投保人与保险人可协商选择按进口或国产玻璃投保。保险人根据协商选择的投保方式承担相应的赔偿责任。

（3）自燃损失险

保险车辆在使用过程中，因本车电器、线路、供油系统发生故障及运载货物自身原因起火燃烧，造成保险车辆的损失，以及被保险人在发生本保险事故时，为减少保险车辆损失所支出的必要合理的施救费用，保险人在保险单该项目所载明的保险金额内，按保险车辆的实际损失计算赔偿；发生全部损失的，按出险时保险车辆实际价值在保险单该项目所载明的保险金额内计算赔偿。

（4）车身划痕损失险

车身划痕损失险也称油漆单独损伤险，此险种一般适用于已投保车辆损失保险的家庭自用或非营业用、使用年限在3年以内、9座以下的客车（不同保险公司亦有不同规定）。对于车辆无明显碰撞痕迹的车身划痕损失，保险人负责赔偿。但该损失若是被保险人及其家庭成员、驾驶人及

其家庭成员的故意行为造成的，保险人不予赔偿。

重点、难点提示

> 目前该险种因道德风险太大且无法控制，导致赔付率过高，部分保险公司已停止开展此业务。

（5）新增加设备损失险

承保保险车辆在行驶过程中，发生碰撞等意外事故，造成车上新增加设备的直接损失，保险人在保险单该项目所载明的保险金额内，按实际损失计算赔偿。

（6）车上人员责任险

保险车辆发生意外事故，造成车辆上人员的人身伤亡，依法应由被保险人承担的经济赔偿责任，由保险人负责赔偿。但是对于违章搭乘人员的人身伤亡、车上人员因疾病、分娩、自残、殴斗、自杀、犯罪行为造成的自身伤亡或在车下时遭受的人身伤亡，保险人可以免除责任。

（7）车上货物责任险

发生意外事故，致使保险车辆所载货物遭受直接损毁，依法应由被保险人承担的经济赔偿责任，由保险人负责赔偿。但是对于货物因哄抢、自然损耗、本身缺陷、短少、死亡、腐烂、变质造成的损失，违法、违章载运或因包装不善造成的损失及车上人员携带的私人物品损失，保险人不承担赔偿责任。

（8）发动机涉水损失险

办理了本项附加险的汽车保险期内使用过程中，因发动机进水后导致的发动机的直接损毁，保险人负责赔偿。本附加险仅适用于家庭自用汽车、党政机关、事业团体用车、企业非营业用车，且只有在投保了机动车损失保险后，方可投保本附加险。

（9）不计免赔率险

办理了本项附加险的汽车发生所投保基本险或附加险的保险事故造成损失，对其在符合规定的金额内按基本险或附加险条款规定计算的免赔金额，保险人负责赔偿。

|1.3 汽车保险原则|

汽车保险过程中，要遵循的基本原则就是《保险法》的基本原则，即集中体现《保险法》本质和精神的基本准则。它既是保险立法的依据，又是保险活动中必须遵循的准则。《保险法》的基本原则是通过《保险法》的具体规定来实现的，而《保险法》的具体规定，必须符合基本原则的要求。

1.3.1 保险与防灾减损相结合的原则

保险从根本上说，是一种风险管理制度，目的是通过风险管理来防止或减少危险事故，把风险事故造成的损失降低到最低程度，由此产生了保险与防灾减损相结合的原则。

1. 保险与防灾相结合的原则

保险与防灾相结合的原则主要适用于保险事故发生前的事先预防。根据这一原则，保险方应对承保的风险责任进行管理，其具体内容包括调查和分析保险标的的风险情况，据此向投保方提出合理建议，促使投保方采取防范措施，并进行监督检查；向投保方提供必要的技术支援，共同完善防范措施和设备；对不同的投保方采取差别费率制，以促使其加强对风险事故的管理，即对事故少、信誉好的投保方给予降低保费的优惠，相反，则提高保费等。遵循这一原则，投保方应遵守国家有关消防、安全、生产操作、劳动保护等方面的规定，主动维护保险标的的安全，履行所有人、管理人应尽的义务；同时，按照保险合同的规定，履行风险增加通知义务。

2. 保险与减损相结合的原则

主要适用于保险事故发生后的事后减损。根据这一原则，如果发生保险事故，投保方应尽最大努力积极抢险，避免事故蔓延、损失扩大，并保护出险现场，及时向保险人报案；而保险方则通过承担施救及其他合理费用来履行义务。

1.3.2　保险利益原则

保险利益是指投保人对保险标的的具有的法律上承认的利益。投保人对保险标的的应当具有保险利益，如不具有保险利益，保险合同无效，保险就可能成为一种赌博，丧失其补偿经济损失、给予经济帮助的功能。是否具有保险利益，是判断保险合同有效或无效的根本依据，缺乏保险利益要件的保险合同，自然不发生法律效力。

1. 财产保险利益

财产保险的保险标的是财产及其相关利益，其保险利益是指投保人对保险标的的具有法律上承认的经济利益。财产保险的保险利益应当具备以下三个要素。
① 必须是法律认可并予以保护的合法利益。
② 必须是经济上的利益。
③ 必须是确定的经济利益。

2. 人身保险利益

人身保险的保险标的是人的寿命和身体，其保险利益是指投保人对被保险人寿命和身体所具有的经济利害关系。人身保险的保险利益具有以下特点。
① 是法律认可并予以保护的人身关系。
② 人身关系中具有财产内容。
③ 构成保险利益的是经济利害关系。经济利害关系虽然无法用金钱估算，但投保人与保险人在订立保险合同时，可以通过约定保额来确定。

3. 保险利益适用要求

保险利益原则在保险合同的订立、履行过程中，有不同的适用要求。就财产保险而言，投保人应当在投保时对保险标的的具有保险利益；合同成立后，被保险人可能因保险标的的买卖、转让、赠与、继承等情况而变更，因此发生保险事故时，被保险人应当对保险标的的具有保险利益，投保人是否具有保险利益已无关紧要。就人身保险而言，投保人在保险合同订立时，对被保险人应当具有保险利益，至于发生保险事故时，投保人是否仍具有保险利益，则无关紧要。

机动车辆保险的经营过程中，较为常见和突出的涉及可保利益的问题是被保险人与车辆所有人不吻合的问题，即在车辆买卖的过程中，由于没有对保单项下的被保险人进行及时有效的变更，导致其与转让了的车辆所有人不吻合。一旦车辆发生损失，原车辆所有人由于转让了车辆不具备对于车辆的可保利益，而导致在其名下的保单失效，而车辆新的所有人由于不是保险合同中的被保险人，虽然《保险法》第四十九条规定，保险标的转让的，保险标的的受让人承继被保险人的权利和义务，但被保险人、受让人未履行规定的通知义务的，因转让导致保险标的的危险程度显著增加而发生的保险事故，保险人不承担赔偿保险金的责任。

 重点、难点提示

在实际的业务中，会碰到特殊情况，如有些地区出现了出租车牌照经营权的现象。经营权人当然成为车辆所有人（车主），但是，在经营权的许可使用期内，由于各种原因常常出现经营权的转让问题。问题是这种转让大多属于非法的转让，没有也不可能进行必要的变更手续，从而出现出租车的实际经营人和所有人并不是名义上的经营权和行驶证上车主的现象。这种现象的存在，使得在确认保险利益时会出现名义和实际的差异问题。

4. 保险利益原则的应用

案例一：保险公司未及时定损，租车费谁来付？

2015 年 3 月，顾某在停车过程中撞到路边花坛，导致车辆受损。事发后，顾某立即向保险公司报案，但保险公司直到事发 3 个多月之后才出具定损结论。在等待定损期间，顾某无法使用投保车辆，所以不得不租车代步，为此发生租车费 1 万元。顾某认为是保险公司迟延定损，才导致发生租车费损失，因此要求保险公司赔偿其 1 万元，保险公司则认为租车费不属于理赔范围，所以不同意赔偿。

我国在《保险法》中明确规定了保险人有及时定损的义务，并规定即使情况复杂的，也应当在 30 日内定损。

法院认为：根据我国《保险法》的规定，保险人未及时履行定损义务的，除支付保险金外，还应当赔偿被保险人或者受益人因此受到的损失。本案中，虽然保险合同并未将租车费约定为理赔范围，但是因为保险公司怠于定损，才导致顾某迟迟无法正常使用投保车辆，顾某租车代替投保车辆使用，并无不当。由于租车费是确定的经济利益，所以判决支持顾某的诉讼请求。

 重点、难点提示

《保险法》第三十条规定，对于保险合同的条款，保险人与投保人、被保险人或者受益人有争议时，人民法院或者仲裁机关应当做有利于被保险人和受益人的解释。

1.3.3　最大诚信原则

人们在保险实务中越来越感到诚信原则的重要性，要求合同双方当事人最大限度地遵守诚信原则，故称最大诚信原则。诚信就是诚实和守信。所谓诚实，是指一方对另一方坦诚相待，没有隐瞒和欺骗行为；所谓守信，是指双方都如实全面地履行自己的义务。具体来讲，即要求双方当事人不隐瞒事实，不相互欺诈，以最大诚信全面履行各自的义务，以保证对方权利的实现。

最大诚信原则是合同双方当事人都必须遵循的基本原则，其表现为以下几个方面。

1. 履行如实告知义务

履行如实告知义务是最大诚信原则对投保人的要求。保险人面对广大的投保人，不可能一一去了解保险标的的各种情况。因此，投保人在投保时，应当将足以影响保险人决定是否承保，足以影响保险人确定保险费率或增加特别条款的重要情况，向保险人如实告知。保险实务中一般以投保单为限，即投保单中询问的内容投保人必须如实填写，除此之外，投保人不承担任何告诉、告知义务。

投保人因故意或过失没有履行如实告知义务，将要承担相应的法律后果，例如保险人可以据此解除保险合同，如果发生保险事故，保险人有权拒绝赔付等。

2. 履行说明义务

履行说明义务是最大诚信原则对保险人的要求。由于保险合同由保险人事先制定，投保人只有表示接受与否的选择，通常投保人又缺乏保险知识和经验，所以在订立保险合同时，保险人应当向投保人说明合同条款内容。对于保险合同的一般条款，保险人应当履行说明义务。对于保险合同的责任免除条款，保险人应当履行明确说明义务，未明确说明的，责任免除条款不发生效力。

3. 履行保证义务

保证是指投保人向保险人做出承诺，保证在保险期间遵守作为或不作为的某些规则，或保证某一事项的真实性，因此这也是最大诚信原则对投保人的要求。

保险上的保证有两种。一种是明示保证，即以保险合同条款的形式出现，是保险合同的内容之一，故为明示。如汽车保险中有遵守交通规则、安全驾驶、做好车辆维修和保养工作等条款，一旦合同生效，即构成投保人对保险人的保证，对投保人具有作为或不作为的约束力。另一种是默示保证，即这种保证在保险合同条款中并不出现，往往以社会上普遍存在或认可的某些行为规范为准则，并将此视作投保人保证作为或不作为的承诺，故为默示。如财产保险附加盗窃险合同中，虽然没有明文规定被保险人外出时应该关闭门窗，但这是一般常识下应该做的行为。这种社会公认的常识，即构成默示保证，也成为保险人之所以承保的基础。所以，因被保险人没有关闭门窗而招致的失窃，保险人不承担保险责任。

4. 弃权和禁止抗辩

弃权和禁止抗辩是最大诚信原则对保险人的要求。所谓弃权，是指保险人放弃法律或保险合同中规定的某项权利，如拒绝承保的权利、解除保险合同的权利等。所谓禁止抗辩，与弃权有紧密联系，是指保险人既然放弃了该项权利，就不得向被保险人或受益人再主张这种权利。

保险业务中，最大诚信原则有着特殊的意义。从广义上讲，正是由于汽车保险具有较大的特殊性，因此更要求保险合同双方应遵循最大诚信原则。具体讲，由于汽车标的具有分散和流动的特点，保险人不可能对于所有的承保标的均进行检验。为此，只能要求投保人自己认真、如实地按照投保单的要求进行填写，并明确这是投保人和被保险人履行告知义务的关键。

 重点、难点提示

在保险实务中较为突出的问题是，保险人或者其代理人代替投保人填写投保单，或者是在续保业务中沿用上一年度投保单。在这种情况下，一旦发现投保单没有如实反映事实，即保险人没有履行告知义务，则容易出现责任追究的问题。

5. 最大诚信原则应用

案例二：某保险公司于 2014 年 6 月 3 日承保了甲某的汽车保险，在甲某尚未交付保费的前提下，业务员将保单正本和保费收据一并交给了被保险人甲某，此后多次催促甲某支付保费，甲某均以资金不足为由拖延。同年 10 月 10 日，甲某的车辆肇事，发生损毁。事后，在 10 月 11 日甲某立即向保险公司以现金方式补交了全年保费，此时，保险公司还不知道已经发生了事故，为了核销挂账的该笔应收保费，保险公司接受了此保费。随后甲某向保险公司报案，保险公司调查真相后，以甲某在发生事故前未及时交付保费为由予以拒赔，甲某不服，以保险公司已接受了其保费而未履行赔偿义务为由，向法院提起诉讼。

针对此案，保险公司是赔还是不赔呢？如果能够证明投保人是 10 月 11 日发生补交保费这一行为，那么保险公司可以此举证。事故发生在前，补交保费在后，是一起明显来自被保险人从头到尾故意损害保险人利益的道德风险，应该予以拒绝赔偿。如果保险人无法举证投保人的行为属于道德风险，若被保险人凭借其手中的保单正本和保费发票可以作为向保险公司索赔的合法依据提出索赔，保险公司则必须按照合同予以赔付。

本案例涉及三个方面的问题：第一是被保险人履行义务的问题，第二是保险人履行义务的问题，第三是最大诚信原则里面的"弃权与禁止抗辩"原则。如未按保险合同载明的时间和金额履行交费义务，则保险合同效力终止，那么保险公司可不予赔偿。然而，本案中，保险公司在尚未收到保费的情况下，就将保单正本连同保费发票一并交给了被保险人。在保险公司宽容的条件下，合同生效后，投保人却采取一拖二磨的做法，迟迟不履行缴纳保费的义务。此时保险人可以采取终止合同的措施，本案保险人却因迁就而放弃这一权利。后来在被保险人发生事故后，反而不加核实检查就接受了补交的保费，事实上，保险公司又再次放弃了应有的权利。根据最大诚信原则中"弃权与禁止抗辩"原则，保险公司应当对此案进行赔偿。当然，投保人这种不道德行为应该受到谴责。如果此案投保人是法人，则保险人可以不赔付。因为，有利于被保险人原则通常适用于自然投保人。

 重点、难点提示

保险公司在承保过程中为了防范经营机动车辆保险的风险，又兼顾业务实际需要，只要在机动车辆保险单的特别约定栏中约定"本保险合同自收到保费的次日零时起生效"，就能有效地控制如本案发生的不该发生的风险。

2016 年开始执行的新规规定：除本保险合同另有约定外，投保人应在保险合同成立时一次交清保险费。保险费未交清前，本保险合同不生效。

1.3.4 近因原则

1. 近因原则的含义

近因是指造成保险标的损失的最直接、最有效、起决定作用的原因，而不是指在时间上最接近损失的原因。

近因原则是指保险人承担赔偿，或给付保险金的条件是造成保险标的损失的近因，必须属于保险责任。只有当保险事故的发生与损失的形成有直接因果关系时，才构成保险人赔付的条件。近因原则是保险理赔过程中必须遵循的重要原则。按照这一原则，只有当被保险人的损失是直接由于保险责任范围内的事故造成的，保险人才能予以赔偿。

2. 近因的认定方法

认定近因主要是确定损失的因果关系。因果关系一旦确定，导致其结果的近因自然就十分清楚了。认定因果关系有两种基本方法，即顺序法和逆推法。

（1）顺序法

顺序法是指由原因推断结果的方法。该方法是按照逻辑推理，从第一个事件出发，分析判断下一个事件可能是什么，然后从下一个事件出发分析判断再下一个事件是什么，如此下去，直至分析到损失为止。最初事件发生的原因就是最终损失的近因。

（2）逆推法

逆推法是指从结果推断原因的方法，该方法正好与顺序法相反。

3. 保险责任的确定

（1）保险标的损失由单一原因所致

保险标的损失由单一原因所致，该原因即为近因。若该原因属于保险责任，保险人应负赔付责任；若该原因属于责任免除项目，保险人不负赔付责任。

（2）保险标的损失由多种原因所致

① 多种原因同时发生导致损失。多种原因同时发生而无先后之分，且均为保险标的损失的近因。这时将存在三种可能：所有近因均属保险责任，保险人理应承担全部责任；所有近因均属责任免除范围，保险人对该事件不承担任何责任；这些原因不全是保险责任，则应严格区分。对能区分保险责任和责任免除的，保险人只负保险责任范围所致损失的赔付责任。对不能区分的，可以协商赔付。

② 多种原因连续发生导致损失。多种原因连续作用下造成的损失，各个原因之间没有间断，前后之间互为因果。因此，如果这些原因均为保险责任范围，保险人承担赔付责任。如果这些原因有些是保险责任范围内的，有些不是保险责任范围内的，则以保险风险因素为初始原因，保险人负责赔付。反之，保险人不承担赔付责任。

③ 多种原因间断发生导致损失。导致原因间断发生，致使原有的因果关系断裂，形成一种相互独立关系，此时也应严格区分。保险人是否承担赔付责任，其根本依据是看导致的原因是否为保险责任，如果是则承担，否则不承担。

4. 近因原则在实际当中的应用

案例三： 2015 年 7 月 21 日，陆某在杭州市内驾驶途中突遇暴雨，致使行驶中车辆发动机进水熄火，再次启动发动机发现无法启动，报险后拖修理厂维修发现发动机损坏严重，保险公司表示车辆损坏是由于涉水行驶而引起发动机损坏，属于保险免责范围。

在本案中，认定保险公司应否承担赔偿责任的关键是搞清保险合同的近因原则。所谓近因原则是指只有当保险标的物的损失的近因是合同约定的保险人应负保险责任的保险事故时，保险人才对损失负赔偿责任。这里的近因并非指时间上最接近损失的原因，而是指直接促成结果的原因，效果上有支配力或有效的原因。在多种原因连续发生所造成的损失中，如果后因是前因的直接的必然的结果，或者后因是前因的合理的连续，或者后因属于前因自然延长的结果，那么前因是近因。本案中虽然启动发动机是导致车损的重要原因，但它并不必然直接引起损失结果。如果没有暴雨的发生，则车辆进气管空气格将不会进水，此时启动发动机也不会有车辆损失结果的发生。既然暴雨使车辆进气管空气格进水，那么启动发动机造成车辆气缸损坏就成为必然。因此，车辆损失的近因是暴雨而不是启动发动机。既然暴雨是造成车损的原因，保险公司理应赔偿发动机缸体损坏的损失。

微课程 3：汽车涉水进水如何处理

法院认为： "暴雨"和"涉水行驶"属于不同的事件。涉水行驶包括在天气状况良好情况下由于驾驶人员误操作或故意驶入河流、沟渠、水塘等情形。在此情况下，涉水行驶是导致发动机进水的最主要的原因，保险公司可以援引免责条款拒绝理赔。但在保险车辆正常行驶过程中突遇暴雨等恶劣天气，在路面积水的情况下不得已涉水行驶，则暴雨是导致车辆发动机进水的最主要原因，对此保险公司应当承担理赔责任。

重点、难点提示

经典的案例告诉车主，在非暴雨、洪水天气下，车辆由于浸水所造成的损失将得不到保险公司的赔偿。

车辆浸水后切勿强制启动，交修事宜很关键，一定要在维修工单上，确认车主自己没有启动车辆，也提醒维修站的工作人员在检修时，不能尝试启动车辆去检查存在的问题。

1.3.5 损失补偿原则

1. 补偿原则的含义

损失补偿原则是指在补偿性的保险合同中，当保险事故发生造成保险标的或被保险人损失时，保险人给予被保险人的赔偿数额不能超过被保险人所遭受的经济损失。

这里的补偿有两层含义：一是保险人对风险损失的赔偿可能是充分的，也可能是不充分的。若风险损失属保险责任范围内，即补偿金额应等于保险标的的实际损失，那么补偿是充分的；若风险损失超过了保险责任范围，则补偿限于保险标的的实际损失，补偿则为不充分的。二是补偿不能使被保险人获取超过实际损失的经济利益，即保险人支付的赔偿金额不应超过被保险人的实际经济损失。补偿原则是财产保险理赔的基本原则，该原则的实现方式通常有现金赔付、修理、更换和重置。补偿原则一般不适用于人身保险，尤其不适用于人寿保险。

2. 补偿的限度

在具体赔偿时，应掌握以下三个限度。

① 以实际损失为限。它是保险补偿最基本的限制条件。当被保险人遭受损失后，不论其保险合同约定的保险金额为多少，其所能获得的保险赔偿以标的的实际损失为限。

② 以保险金额为限。它是保险人收取保险费的基础和依据，也是其发生赔偿责任的最高限额。因此，保险人的赔偿金额在任何情况下，均不能超过保险金额。

③ 以被保险人对保险标的的保险利益为限。在被保险人的保险利益发生变更减少时，则应以被保险人实际存在的保险利益为限。发生风险时，一般对保险人已经丧失的保险利益，保险人将不予赔偿。

3. 补偿原则的派生原则

（1）代位原则

代位原则是指保险人依照法律或保险合同约定，对被保险人遭受的损失进行赔偿后，依法取得向对财产损失负有责任的第三者进行追偿的权利或取得被保险人对保险标的的所有权。它包括代位求偿和物上代位。

① 代位求偿。指当保险标的遭受保险风险损失，依法应当由第三者承担赔偿责任时，保险人自支付保险赔偿金之时，在赔偿金额的限度内，相应取得对第三者请求赔偿的权利。

 重点、难点提示

> 汽车出险后，如果是别人的责任，不能因为嫌麻烦而放弃向对方要求赔偿，因为这等于放弃了向保险公司要求赔偿的权利。一旦出险且责任在对方，一定要先找对方索赔，未果时再找保险公司，并将追偿权移交给保险公司。另外，双方事故应经过交警解决，责任认定书是保险理赔的重要依据。

② 物上代位。指保险标的遭受风险损失后，一旦保险人履行了对被保险人的赔偿义务，即刻拥有对保险标的的所有权。

保险的目的是保障被保险人的利益不因保险风险损失而丧失。因此，被保险人在获得对保险标的所具有的保险利益的补偿后，就达到了保险的目的，保险标的理应归保险人所有。若保险金额低于保险价值时，保险人应按照保险金额与保险价值的比例，取得受损保险标的的部分权利。

（2）分摊原则

分摊原则仅适用于财产保险中的重复保险。它是指在同一投保人对同一保险标的、同一保险利益、同一保险事故分别与两个以上保险人订立保险合同的情况下，被保险人所得到的赔偿金，由各保险人采用适当的方法进行分摊。比例责任制和责任限额制是保险分摊常用的两种方法。

比例责任制分摊方法是以每个保险人所承保的保险金额比例来分摊损失赔偿责任。

比例责任制分摊方法计算公式：

某保险人承担的赔偿责任＝该保险人的保险金额/所有保险人的保险金额总和×实际损失

责任限额制分摊方法是指每个保险人对损失的分摊并不以其保险金额作为分摊基础，而是按照他们在无他保的情况下单独应负的限额责任比例分摊。

责任限额制分摊方法计算公式：

某保险人承担的赔偿责任 = 该保险人单独承保时的赔偿金额/所有保险人的赔偿金额总
和 × 实际损失

例1.1：甲、乙两个保险人承保某单位同一财产，甲保险人承保4万元，乙保险人承保8万元，在保险期内发生了6万元的损失。

按比例责任制分摊为

$$甲保险人赔付 = 4/12 × 6 万元 = 2 万元$$

$$乙保险人赔付 = 8/12 × 6 万元 = 4 万元$$

按责任限额制分摊为

$$甲保险人赔付 = 4/10 × 6 万元 = 2.4 万元$$

$$乙保险人赔付 = 6/10 × 6 万元 = 3.6 万元$$

重点、难点提示

在以上两种分摊方法中，我国主要采用比例责任制分摊方法。

---

4. 补偿原则的应用

案例四：旧车投保时"高保低赔"怎么办？

2014年12月，车主鲁某投保时车辆已经使用了90个月，但双方在保险合同中仍然约定按照新车购置价16万元来进行投保。保险期内，鲁某驾车发生交通事故，导致车辆受损，经鉴定部门评估，车辆修复需7.4万元。鲁某据此向保险公司索赔，但保险公司认为，根据保险合同中约定的折旧率计算方法，事故发生时车辆折旧后的实际价值只有3.2万元，现所需修理费为7.4万元，应推定全损，只同意按照事发时车辆的实际价值3.2万元进行赔付。鲁某则认为，当时是按新车购置价投保的，现在保险公司只赔旧车价格，不合理。

法院认为：保险合同中明确记载保险金额可以按投保时与保险车辆同种车型的新车购置价计，也可以按投保时车辆的折旧价计，现双方自行约定选择前一种方案，并无不当，该约定对双方均有约束力。按照合同约定的折旧方法，出险时保险车辆的修复费用已经超过车辆的实际价值，因此，保险公司推定全损合法有据。虽然车辆是按16万元的新车价投保，但事发时车辆实际价值为3.2万元，保险法禁止财产保险投保人获得超出保险标的实际价值的利益，所以判决保险公司赔偿车损3.2万元。

在机动车辆保险的经营过程中围绕补偿原则存在一个大的纠纷，即在机动车辆全部损失的情况下，是应当按照出险前机动车辆的实际价值进行赔偿，还是应当按照保险金额进行赔偿。不少保险人与被保险人对簿公堂，也不乏保险人败诉的案例。

旧车按照新车购置价投保车损险是目前实务中常见的现象，即旧车按照新车价值缴纳保险费，却按实际价值进行理赔。保险公司的理由是：车辆修理时使用新零件，所以应以新车价值投保。如果车辆发生部分损失时，车主获得的保险金基本可以覆盖修理费。但在车辆全损的情况下，则与预期的赔付会产生较大差距。

 重点、难点提示

2015车险新规定：机动车按照实价进行投保——"实保实赔"

按照车险新规定，保险公司和车主应当按照市场公允价值协商确定被保险车辆的实际价值，并协商约定保险金额，而且条款中更有规定，车损险的保险金额按投保时保险机动车的实际价值确定；保险机动车发生全部损失，保险人按保险金额进行赔偿；保险机动车发生部分损失，保险人按实际修复费用在保险金额内计算赔偿。如此，"高保低赔"的问题就可以在车险新规定中得到解决。

1.4 我国主要汽车保险险种

1.4.1 交 强 险

机动车交通事故责任强制保险简称交强险，是指由保险公司对被保险机动车发生道路交通事故造成本车人员、被保险人以外的受害人的人身伤亡、财产损失，在责任限额内予以赔偿的强制责任保险。

1. 保险标的

交强险是责任强制保险，其保险标的是被保险机动车造成的第三人损害。

对未参加机动车交通事故责任强制保险的机动车，机动车管理部门不得予以登记，机动车安全技术检验机构不得予以检验。公安机关交通管理部门及其交通警察在调查处理道路交通安全违法行为和道路交通事故时，应当依法检查机动车交通事故责任强制保险的保险标志。

2. 保险责任

交强险规定被保险人在使用被保险机动车过程中发生交通事故，致使受害人遭受人身伤亡或者财产损失，依法应当由被保险人承担的损害赔偿责任，保险人按照交强险合同的约定负责赔偿。投保人在投保时应当选择具备从事机动车交通事故责任强制保险业务资格的保险公司，被选择的保险公司不得拒绝或者拖延承保。保监会应当将具备从事机动车交通事故责任强制保险业务资格的保险公司向社会公示。

投保人投保时，应当向保险公司如实告知重要事项。重要事项包括机动车的种类、厂牌型号、识别代码、牌照号码、使用性质和机动车所有人或者管理人的姓名（名称）、性别、年龄、住所、身份证或者驾驶证号码（组织机构代码）、续保前该机动车发生事故的情况以及保监会规定的其他事项。

签订机动车交通事故责任强制保险合同时，投保人应当一次支付全部保险费；保险公司应当向投保人签发保险单、保险标志。保险单、保险标志应当注明保险单号码、车牌号码、保险期限、保险公司的名称、地址和理赔电话号码。被保险人应当在被保险机动车上放置保险标志。保险标志式样全国统一。保险单、保险标志由保监会监制。任何单位或者个人不得伪造、变造或者使用伪造、变造的保险单、保险标志。

签订机动车交通事故责任强制保险合同时，投保人不得在保险条款和保险费率之外，向保险公司提出附加其他条件的要求。签订机动车交通事故责任强制保险合同时，保险公司不得强制投保人订立商业保险合同以及提出附加其他条件的要求。

保险公司不得解除机动车交通事故责任强制保险合同；但是，投保人对重要事项未履行如实告知义务的除外。投保人对重要事项未履行如实告知义务，保险公司解除合同前，应当书面通知投保人，投保人应当自收到通知之日起 5 日内履行如实告知义务；投保人在上述期限内履行如实告知义务的，保险公司不得解除合同。保险公司解除合同的，应当收回保险单和保险标志，并书面通知机动车管理部门。

3. 责任免除

有下列情形之一的，发生道路交通事故造成受害人的财产损失，保险公司不承担赔偿责任，保险公司在交强险责任限额范围内垫付抢救费用，并有权向致害人追偿。

① 驾驶人未取得驾驶资格或者醉酒的。

② 被保险机动车被盗抢期间肇事的。

③ 被保险人故意制造道路交通事故的。

 重点、难点提示

道路交通事故社会救助基金

国家设立道路交通事故社会救助基金（以下简称救助基金）。有下列情形之一时，道路交通事故中受害人人身伤亡的丧葬费用、部分或者全部抢救费用，由救助基金先行垫付，救助基金管理机构有权向道路交通事故责任人追偿：①抢救费用超过交强险责任限额的；②肇事机动车未参加交强险的；③机动车肇事后逃逸的。

4. 赔偿处理

① 被保险机动车发生交通事故的，由被保险人向保险人申请赔偿保险金。

② 保险事故发生后，保险人按照国家有关法律法规规定的赔偿范围、项目和标准以及交强险合同的约定，并根据国务院卫生主管部门组织制定的交通事故人员创伤临床诊疗指南和国家基本医疗保险标准，在交强险的责任限额内核定人身伤亡的赔偿金额。

③ 因保险事故造成受害人人身伤亡的，未经保险人书面同意，被保险人自行承诺或支付的赔偿金额，保险人在交强险责任限额内有权重新核定。因保险事故损坏的受害人财产需要修理的，被保险人应当在修理前会同保险人检验，协商确定修理或者更换项目、方式和费用。否则，保险人在交强险责任限额内有权重新核定。

④ 被保险机动车发生涉及受害人受伤的交通事故，因抢救受害人需要保险人支付抢救费用的，保险人在接到公安机关交通管理部门的书面通知和医疗机构出具的抢救费用清单后，按照国务院卫生主管部门组织制定的交通事故人员创伤临床诊疗指南和国家基本医疗保险标准进行核实。对于符合规定的抢救费用，保险人在医疗费用赔偿限额内支付。被保险人在交通事故中无责任的，保险人在无责任医疗费用赔偿限额内支付。

5. 赔偿限额

交强险在全国范围内实行统一的责任限额。责任限额分为死亡伤残赔偿限额、医疗费用赔偿限额、财产损失赔偿限额以及被保险人在道路交通事故中无责任的赔偿限额。

① 死亡伤残赔偿限额为 110 000 元；医疗费用赔偿限额为 10 000 元；财产损失赔偿限额为 2 000 元。

② 被保险人无责任时，无责任死亡伤残赔偿限额为 11 000 元；无责任医疗费用赔偿限额为 1 000 元；无责任财产损失赔偿限额为 100 元。

死亡伤残赔偿限额和无责任死亡伤残赔偿限额项下负责赔偿丧葬费、死亡补偿费、受害人亲属办理丧葬事宜支出的交通费用、残疾赔偿金、残疾辅助器具费、护理费、康复费、交通费、被扶养人生活费、住宿费、误工费，被保险人依照法院判决或者调解承担的精神损害抚慰金。

医疗费用赔偿限额和无责任医疗费用赔偿限额项下负责赔偿医药费、诊疗费、住院费、住院伙食补助费，必要的、合理的后续治疗费、整容费和营养费。

6. 保险期限

交强险合同的保险期限为一年，以保险单载明的起止时间为准。但有下列情形之一的，投保人可以投保短期机动车交通事故责任强制保险：①境外机动车临时入境的；②机动车临时上道路行驶的；③机动车距规定的报废期限不足 1 年的；④保监会规定的其他情形。

1.4.2 车 损 险

我国的车辆损失险是一种综合险，包括碰撞在内。但针对盗抢、汽车停驶损失、汽车自燃、玻璃破碎和新增设备损失等，特别设计了附加险。只有购买了车辆损失险以后，才能购买相应的附加险。我国的车损险为汽车保险的基本险之一。根据《中华人民共和国保险法》和《机动车综合商业保险示范条款 2014 版》（2016 年 1 月 1 日起实施），我国的车损险包括下述主要内容。

1. 保险标的

《机动车综合商业保险示范条款 2014 版》第二条规定保险标的指在中华人民共和国境内（不含港、澳、台地区）行驶，以动力装置驱动或者牵引，上道路行驶的供人员乘用或者用于运送物品以及进行专项作业的轮式车辆（含挂车）、履带式车辆和其他运载工具，但不包括摩托车、拖拉机、特种车。

 重点、难点提示

新条款中明确除保险合同另有约定外，投保人应在保险合同成立时一次交清保险费。保险费未交清前，保险合同不生效。

2. 保险责任

（1）保险事故责任

被保险人或其允许的合格驾驶员在使用保险车辆过程中，因下列原因造成保险车辆的损失，保险人负责赔偿。

① 碰撞、倾覆。碰撞是指被保险机动车或其符合装载规定的货物与外界固态物体之间发生的、产生撞击痕迹的意外撞击。倾覆是指被保险机动车由于自然灾害或意外事故，造成本被保险机动车翻倒，车体触地，失去正常状态和行驶能力，不经施救不能恢复行驶。

 重点、难点提示

当汽车装载货物不符合装载规定时，须报请公安交通管理部门批准，并按指定时间、路线、时速行驶。

② 火灾、爆炸。火灾是指在时间或空间上失去控制的燃烧所造成的灾害。此处指汽车本身以外的火源，以及车损险的保险事故造成的燃烧而导致的保险车辆的损失。

爆炸是指物体在瞬间分解或燃烧时放出大量的热和气体，并以很大的压力向四周扩散，形成破坏力的现象。对于发动机因其内部原因发生爆炸或爆裂、轮胎爆炸等，不属本保险责任。

③ 外界物体倒塌、空中运行物体坠落、保险车辆行驶中平行坠落。外界物体倒塌是指保险车辆自身以外，由物质构成并占有一定空间的个体倒塌或陷下，造成保险车辆损失，如地上或地下建筑物坍塌、树木倾倒，使使保险车辆受损，都属本保险责任。

空中运行物体坠落是指陨石或飞行器等空中掉落物体所致保险车辆受损，属本保险责任。吊车的吊物脱落以及吊钩或吊臂的断落等，造成保险车辆的损失，也视为本保险责任。但吊车本身在操作时由于吊钩、吊臂上下起落砸坏保险车辆的损失，不属本保险责任。

行驶中平行坠落是指保险车辆在行驶中发生意外事故，整车腾空（包括翻滚 360°以上）后，仍四轮着地所产生的损失。

④ 雷击、暴风、龙卷风、暴雨、洪水、海啸、地陷、冰陷、崖崩、雪崩、雹灾、泥石流、滑坡。雷击是指由雷电造成的灾害。由于雷电直接击中保险车辆，或通过其他物体引起保险车辆的损失，均属本保险责任。

暴风是指风力速度 28.5 米/秒（相当于 11 级大风）以上的大风，由其造成的保险车辆的损失，属本保险责任。

龙卷风是一种范围小而时间短的猛烈旋风，平均最大风速一般在 79～103 米/秒，极端最大风速一般在 100 米/秒以上，由其造成的保险车辆的损失，属本保险责任。

暴雨指每小时降雨量达 16 毫米以上，或连续 12 小时降雨量达 30 毫米以上，或连续 24 小时降雨量达 50 毫米以上，由其造成的保险车辆的损失，属本保险责任。

洪水是指凡是江河泛滥、山洪暴发、潮水上岸及倒灌，致使保险车辆遭受泡损、淹没的损失，都属于本保险责任。

海啸是由于地震或风暴造成的海面巨大涨落现象，按成因分为地震海啸和风暴海啸两种。由于海啸致海水上岸泡损、淹没、冲失保险车辆都属本保险责任。

地陷是指地表突然下陷，由其造成的保险车辆的损失，属本保险责任。

冰陷是指在公安交通管理部门允许汽车行驶的冰面上，保险车辆通行时，冰面突然下陷造成保险车辆的损失，属本保险责任。

崖崩是指石崖、土崖因自然风化、雨蚀而崩裂下塌，或山上岩石滚落，或雨水使山上沙土透湿而崩塌，致使保险车辆遭受的损失，属本保险责任。

雪崩泛指大量积雪突然崩落的现象，雹灾是指由于冰雹降落造成的灾害，泥石流是指山地突然爆发饱含大量泥沙、石块的洪流，滑坡是指斜坡上不稳的岩体或土体在重力作用下突然整体向下滑动。

⑤ 载运保险车辆的渡船遭受自然灾害（只限于驾驶人随船的情形）。保险车辆在行驶途中因需跨过江河、湖泊、海峡才能恢复到道路行驶，因而过渡。驾驶员把车辆开上渡船，并随车照料到对岸，这期间因遭受第 4 项所列的自然灾害，致使保险车辆本身发生损失，保险人予以赔偿。但由货船、客船、客货船或滚装船等运输工具承载保险车辆的过渡，不属于本保险责任。

（2）事故的施救责任

发生保险事故时，被保险人或其允许的合格驾驶员对保险车辆采取施救、保护措施所支出的合理费用，保险人负责赔偿。但此项费用的最高赔偿金额以保险金额为限。

施救措施是指当发生保险责任范围内的事故或灾害时，被保险人为减少和避免保险车辆损失所实施的抢救行为。保护措施是指保险责任范围内的事故或灾害发生时，被保险人为防止保险车辆损失扩大和加重而采取的措施。合理费用是指采取施救、保护措施实施时的直接的和必要的费用。如保险车辆因洪水而倾覆在水中，被保险人雇人将其拖到陆地上，就是为减少损失而采取的积极施救措施；当保险车辆被拖到陆地以后，由于受损不能行驶，为防止损失扩大，被保险人雇人看守就是合理的保护措施。上述费用支出根据有关部门出具的相应证明，保险人予以赔偿。

3. 责任免除

《机动车综合商业保险示范条款 2014 版》第八、九、十条规定的车辆损失险的责任免除如下。

（1）不可抗拒因素造成的车辆损失责任

① 地震。地震是因地壳发生急剧的自然变异，影响地面而发生震动的现象。无论地震使保险车辆直接受损，还是地震造成外界物体倒塌所致保险车辆的损失，保险人都不负责赔偿。

② 战争、军事冲突、恐怖活动、暴乱、扣押、罚没、政府征用。战争是指国家与国家、民族与民族、政治集团与政治集团之间，为了一定的政治、经济目的而进行的武装斗争；军事冲突是指国家或民族之间在一定范围内的武装对抗；恐怖活动是指以制造社会恐慌、胁迫国家机关或者国际组织为目的，采取暴力、破坏、恐吓或者其他手段，造成或者意图造成人员伤亡、重大财产损失、公共设施损坏、社会秩序混乱等严重社会危害的行为，煽动、资助或者以其他方式协助实施上述活动的，也属于恐怖活动，与恐怖活动相关的事件通常称为"恐怖事件""恐怖袭击"等；暴乱是指破坏社会秩序的武装骚动。战争、军事冲突、恐怖活动、暴乱以政府宣布为准。扣押是指采用强制手段扣留保险车辆；罚没是指司法或行政机关没收违法者的保险车辆作为处罚；政府征用特指政府利用行政手段有偿或无偿占用保险车辆。

③ 污染（含放射性污染）、核反应、核辐射。污染是指自然环境中混入了对人类或其他生物有害的物质，其数量或程度达到或超出环境承载力，从而改变环境正常状态的现象，具体包括：水污染、大气污染、噪声污染、放射性污染、重金属污染等；核反应是指原子核与原子核，或者原子核与各种粒子（如质子、中子、光子或高能电子）之间的相互作用引起的各种变化；核辐射是原子核从一种结构或一种能量状态转变为另一种结构或另一种能量状态过程中所释放出来的微观粒子流。

（2）车辆自身原因导致的车辆损失责任

① 车辆的自然磨损、朽蚀、故障或轮胎单独损坏。自然磨损是指车辆由于使用造成的机件损耗；朽蚀指机件与有害气体、液体相接触，被腐蚀损坏；故障是指由于汽车某个部件或系统性能发生问题，影响车辆的正常工作；轮胎单独损坏是指保险车辆在使用过程中，不论何种原因造成轮胎的单独破损。

但由于自然磨损、朽蚀、故障、轮胎损坏而引起保险事故（如碰撞、倾覆等），造成保险车辆其他部位的损失，保险人应予以赔偿。

② 违反安全装载规定。违反安全装载规定是指因超高超载、规定应进行防护装载未防护的、规定应悬挂明显标示未悬挂的等行为直接导致的损失或增加的损失，保险人不予赔偿。

③ 自燃以及不明原因产生火灾。自燃是指没有外界火源，保险车辆也没有发生碰撞、倾覆的情况下，由于保险车辆漏油或电器、线路、供油系统、载运的货物等自身发生问题引起的火灾。"不明原因产生火灾"是指在公安消防部门的《火灾原因认定书》中认定的起火原因不明的火灾。

④ 玻璃单独破碎。玻璃单独破碎是指不论任何原因引起的玻璃单独破碎。玻璃包括挡风玻璃、车窗玻璃。

 重点、难点提示

> 需要注意的是，天窗玻璃破碎不属于车损险责任范围内，天窗玻璃属于车损范围。

⑤ 汽车所载货物掉落、泄漏。汽车所载货物掉落是指保险车辆装载的货物从车上掉下砸伤他人或砸坏他人财产；车辆所载货物泄漏是指保险车辆装载液体、气体因流泄、渗漏而对外界一切物体造成腐蚀、污染、人畜中毒、植物枯萎，以及其他财物的损失。例如保险车辆漏油造成对路面的损害。

（3）驾驶员原因导致的车辆损失责任

① 人工直接供油、高温烘烤造成的损失。人工直接供油是指不经过汽车正常供油系统的供油；高温烘烤是指无论是否使用明火，凡违反汽车安全操作规则的加热、烘烤升温的行为。

② 受保险责任范围内的损失后，未经必要修理继续使用，致使损失扩大的部分。这是指保险车辆因发生保险事故遭受损失后，没有及时进行必要的修理，或修理后汽车未达到正常使用标准而继续使用，造成保险车辆损失扩大。

③ 保险车辆在淹及排气管的水中启动，或被水淹后操作不当致使发动机损坏。这是指保险车辆在停放或行驶的过程中，被水淹及排气管或进气管，驾驶员继续启动车辆或利用惯性启动车辆，以及车辆被水淹后转移至高处，或水退后未经必要的处理而启动车辆，造成发动机损坏而产生的损失。

④ 被保险人或其允许的合格驾驶员的故意行为是指被保险人或其允许的合格驾驶员明知自己所为或不为可能造成损害的结果，而仍希望或放任这种结果的发生，属于被保险人或其允许的合格驾驶员的故意行为。

⑤ 保险车辆肇事逃逸是指保险车辆肇事后，为了逃避法律法规制裁，逃离肇事现场的行为。

⑥ 事故发生后，在未依法采取措施的情况下驾驶被保险机动车或者遗弃被保险机动车离开事故现场。

（4）驾驶员驾驶资格问题导致的车辆损失责任

① 非被保险人或非被保险人允许的驾驶员使用保险车辆。非被保险人或非被保险人允许的合

格驾驶员，是指被保险人或其允许的驾驶员以外的其他人员。

② 驾驶员饮酒、吸毒、被药物麻醉。驾驶员饮酒指驾驶员饮酒后开车，可根据下列情形之一来判定：公安交通管理部门处理交通事故时做出的酒后驾车结论；有饮酒后驾车的证据。

吸毒是指驾驶员吸食或注射鸦片、吗啡、海洛因、大麻、可卡因，以及国家所规定管制的其他能够使人形成瘾癖的麻醉药品和精神药品。

被药物麻醉是指驾驶员吸食或注射有麻醉成分的药品，在整个身体或身体的某一部分暂时失去控制的情况下驾驶汽车。

③ 无驾驶证，驾驶证被依法扣留、暂扣、吊销、注销期间。

④ 驾驶与驾驶证准驾车型不相符合的汽车。

⑤ 驾驶出租机动车或营业性机动车无交通运输管理部门核发的许可证书或其他必备证书。

⑥ 实习期内驾驶公共汽车、营运客车或者执行任务的警车、载有危险物品的机动车或牵引挂车的机动车。

⑦ 学习驾驶时无合法教练员随车指导。

⑧ 使用各种专用机械车、特种车的人员，无国家有关部门核发的有效操作证。

⑨ 公安交通管理部门规定的其他属于无有效驾驶证的情况。

（5）其他责任

① 竞赛、测试、在营业性修理场所修理期间所造成的保险车辆损失。竞赛指保险车辆作为赛车直接参加汽车比赛活动；测试是指对保险车辆的性能和技术参数进行测量或试验；在营业性修理场所修理期间所造成的保险车辆损失是指保险车辆进入维修厂（站、店）保养、修理期间，由于自然灾害或意外事故所造成的保险车辆损失，其中，营业性修理场所指保险车辆进入以盈利为目的的修理厂（站、店）；修理期间指保险车辆从进入维修厂（站、店）开始到保养、修理结束并验收合格提车时止，包括保养、修理过程中的测试。

② 发生保险事故时被保险机动车行驶证、号牌被注销的，或未按规定检验或检验不合格。但是，在保险合同另有书面约定的情况下，保险人应承担保险责任。其中，"另有书面约定"是指保险合同中所做出明示的、与该条文内容相反的约定。如保险合同中特别约定承保的、在特定区域内行驶的、没有公安交通管理部门校发的正式号牌的特种车（矿山机械车、机场内专用车等）；或政府部门规定需先保险后检验核发号牌的新入户车辆等。

③ 保险车辆发生意外事故，致使被保险人停业、停驶、停电、停水、停气、停产、中断通信及其他各种间接损失。本规定指保险车辆发生保险事故受损后丧失行驶能力，从受损到修复这一期间，被保险人停止营业或不能继续运输等损失，保险人均不负责赔偿。

④ 因保险事故引起的任何有关的精神损害赔偿，是指无论是否依法应由被保险人承担的任何精神损害赔偿。

⑤ 发动机进水后导致的发动机损坏。

⑥ 因市场价格变动造成的贬值、修理后因价值降低引起的减值损失，保险人都不负责赔偿。

⑦ 保险车辆全车被盗窃、被抢劫，被抢夺，以及在此期间受到损坏或车上零部件、附属设备丢失所造成的损失。

⑧ 其他不属于保险责任范围内的保险车辆损失和费用。本规定是指所有的不属于车损险责任范围的损失和费用。

4. 赔偿处理

① 被保险人索赔时，应当向保险人提供保险单、事故证明、事故责任认定书，事故调解书、判决书、损失清单和有关费用单据。

② 保险人依据保险车辆驾驶员在事故中所负责任比例，相应承担赔偿责任。

③ 保险车辆因保险事故受损，应当尽量修复。修理前被保险人须会同保险人检验，确定修理项目、方式和费用。否则，保险人有权重新核定或拒绝赔偿。

④ 保险车辆损失后的残余部分，应协商作价折归被保险人，并在赔款中扣除。

⑤ 根据保险车辆驾驶员在事故中所负责任,车损险在符合赔偿规定的金额内实行事故责任免赔率；被保险机动车一方负次要事故责任的，实行 5%的事故责任免赔率；负同等事故责任的，实行 10%的事故责任免赔率；负主要事故责任的，实行 15%的事故责任免赔率；负全部事故责任或单方肇事事故的，实行 20%的事故责任免赔率。

重点、难点提示

单方肇事事故又称单方事故，是指不涉及与第三方有关的损害赔偿的事故，但不包括自然灾害引起的事故。明确自然灾害导致的事故不属于单方肇事事故，即保险车辆发生前述的保险事故，发生保险责任中所列的自然灾害造成的损失，保险人不扣除免赔。

⑥ 被保险机动车损失应当由第三方负责赔偿，无法找到第三方的，实行 30%的绝对免赔率。

⑦ 违反安全装载规定、但不是事故发生的直接原因的，增加 10%的绝对免赔率。

⑧ 对于投保人与保险人在投保时协商确定绝对免赔额的,本保险在实行免赔率的基础上增加每次事故绝对免赔额。

被保险人提供的各种必要的单证齐全后，保险人应当迅速审查核定。赔款金额经保险合同双方确认后，保险人一般在 10 天内一次性赔偿结案。

重点、难点提示

在实际的保险业务中，因各保险公司具体规定不同，结案时间上会有所差异。

5. 保险金额

保险金额按投保时被保险机动车的实际价值确定。投保时被保险机动车的实际价值由投保人与保险人根据投保时的新车购置价减去折旧金额后的价格协商确定或其他市场公允价值协商确定。

（1）新车购置价确定

新车购置价是指保险合同签订时，在签订地购置与保险车辆同类型新车（含汽车购置附加费）的价格。

（2）投保时的实际价值确定

实际价值是指同类型汽车市场新车购置价，减去该车已使用年限折旧金额后的价格。折旧按

微课程 4：汽车投保时实际价值确定

每满一年扣除一年计算，不足一年的部分，不计折旧。折旧率按我国的汽车报废标准执行。但最高折旧金额不超过新车购置价的80%。表1-2为我国汽车报废标准。

表1-2　　　　　　　　　　汽车报废标准规定使用年限表

车辆类型和用途			使 用 年 限	行驶里程参考值
载客车	营运	出租客运 小、微型	8年	60万千米
		出租客运 中型	10年	50万千米
		出租客运 大型	12年	60万千米
		租赁	15年	60万千米
		教练 小、微型	10年	50万千米
		教练 中型	12年	50万千米
		教练 大型	15年	60万千米
		公交客运	13年	40万千米
		其他 小、微型	10年	60万千米
		其他 中型	15年	50万千米
		其他 大型	15年	80万千米
	专用校车		15年	40万千米
	非营运	小、微型客车、大型轿车	无	60万千米
		中型客车	20年	50万千米
		大型客车	20年	60万千米
载货车	三轮汽车、装用单缸发动机的低速货车		9年	30万千米
	装用多缸发动机的低速货车		15年	30万千米
	小、微型载货汽车		15年	50万千米
	中、轻型载货汽车		15年	60万千米
	重型载货汽车（包括半挂牵引车和全挂牵引车）		15年	70万千米
	挂车	集装箱半挂车	20年	70万千米
		全挂车、危险品运输半挂车	10年	40万千米
		其他半挂车	15年	70万千米
专项作业车	专项作业车（无载货功能）		30年	50万千米
	专项作业车（有载货功能）		15年	50万千米
摩托车	正三轮摩托车		12年	10万千米
	其他摩托车		13年	12万千米

（3）投保人与保险人协商确定

保险金额不得超过同类型新车购置价，超过部分无效。投保人和保险人可根据实际情况选择。原则上新车按第一种方式承保，旧车按第二种方式承保，由投保人和保险人双方自愿协商确定，但保险金额的不同确定方式，直接影响和决定了发生保险事故时保险赔偿的计算原则。保险人根据保险金额的不同确定方式承担相应的赔偿责任。

6. 赔偿限额

① 全部损失。保险金额高于实际价值时，以出险时的实际价值计算赔偿；保险金额等于或低于实际价值时，按保险金额计算赔偿。赔偿之后，保险合同终止。

② 部分损失。以新车购置价确定保险金额的车辆，按实际修理及必要、合理的施救费用计算

赔偿；保险金额低于新车购置价的车辆，即不足额投保车辆，按保险金额与新车购置价的比例计算赔偿修理及施救费用。

保险车辆损失赔偿及施救费用分别以不超过保险金额为限。如果保险车辆一次的部分损失赔偿金额与免赔金额之和等于保险金额时，车损险的保险责任即行终止。但保险车辆在保险期限内，不论发生一次或多次保险责任范围内的部分损失或费用支出，只要每次赔款金额加免赔金额之和未达到保险金额，其保险责任仍然有效。

③ 如果施救的财产中含有本保险合同未保险的财产，应按本保险合同保险财产的实际价值占总施救财产的实际价值比例来分摊施救费用。

④ 被保险车辆发生本保险事故，导致全部损失，或一次赔款金额与免赔金额之和（不含施救费）达到保险金额，保险人按本保险合同约定支付赔款后，本保险责任终止，保险人不退还机动车损失保险及其附加险的保险费。

7. 机动车损失赔款计算方法

① 全部损失。计算公式如下。

赔款=（保险金额-被保险人已从第三方获得的赔偿金额）×（1-事故责任免赔率）×

（1-绝对免赔率之和）-绝对免赔额

② 部分损失。被保险机动车发生部分损失，保险人按实际修复费用在保险金额内计算赔偿。

赔款=（实际修复费用-被保险人已从第三方获得的赔偿金额）×（1-事故责任免赔率）×

（1-绝对免赔率之和）-绝对免赔额

③ 施救费。施救的财产中，含有本保险合同未保险的财产，应按本保险合同保险财产的实际价值占总施救财产的实际价值比例分摊施救费用。

8. 保险期限

保险期限为一年。除法律另有规定外，投保时保险期限不足一年的按短期月费率计收保险费。保险期限不足一个月的按月计算。

1.4.3 第三者责任险

在我国汽车保险中，第三者责任险和车辆损失险构成了汽车保险的基本险。根据我国现行的《机动车综合商业保险示范条款2014版》规定，第三者责任险包括下述主要内容。

1. 保险标的

保险期间内，被保险人或其允许的驾驶人在使用被保险机动车过程中发生意外事故，致使第三者遭受人身伤亡或财产直接损毁，依法应当对第三者承担的损害赔偿责任，且不属于免除保险人责任的范围，保险人依照本保险合同的约定，对于超过机动车交通事故责任强制保险各分项赔偿限额的部分负责赔偿。

（1）意外事故

意外事故指不是行为人出于故意，而是行为人不可预见的以及不可抗拒的，并造成人员伤亡或财产损失的突发事件。汽车使用中发生的意外事故分为道路交通事故和非道路事故。道路包括公路、城市街道和胡同（里巷）以及公共广场、公共停车场等供汽车、行人通行的地方。凡在道路上发生的交通事故属于道路交通事故。道路交通事故是指汽车驾驶人员、行人、乘车人，以及其他在道路上进行与交通有关活动的人员，因违反《道路交通管理条例》和其他道路交通管理法规、规章的行为、过失造成人身伤亡或者财产损失的事故。

凡在道路以外的地方使用保险车辆过程中发生的事故，属于非道路事故。例如，在铁路道口、渡口、机关大院、农村场院、乡间小道上发生的与机动车辆有关的事故。

在我国，道路交通事故一般由公安交通管理部门处理。对于非道路事故，公安交通管理部门一般不予受理。这时可请出险当地政府有关部门根据道路交通事故处理规定研究处理，但应参照我国《道路交通事故处理办法》规定的赔偿范围、项目和标准，以及保险合同的规定计算保险赔款金额。事故双方或保险双方当事人对公安交通管理部门，或出险当地政府有关部门的处理意见有严重分歧的案件，可提交法院处理解决。

（2）第三者及其损失

在保险合同中，保险人是第一方，也叫第一者；被保险人或使用保险车辆的致害人是第二方，也叫第二者；除保险人与被保险人之外的，因保险车辆的意外事故致使保险车辆下的人员或财产遭受损害的，在车下的受害人或遭受损害的财产的所有人是第三方，也叫第三者。同一被保险人的汽车之间发生意外事故，相对方均不构成第三者。

第三者的损失包括人身伤亡与财产的直接损毁。人身伤亡是指人的身体受伤害或人的生命终止。直接损毁是指保险车辆发生意外事故，直接造成事故现场他人现有财产的实际损毁。

（3）赔偿的依据

发生汽车责任险的保险事故时，保险人不是无条件地完全承担"被保险人依法应当支付的赔偿金额"，而是依照《道路交通事故处理办法》及保险合同的规定给予赔偿。

- 无论道路交通事故还是非道路事故，第三者责任险的赔偿均依照我国《道路交通事故处理办法》规定的赔偿范围、项目、标准作为计算保险赔款的基础。
- 在上述基础上，根据保险合同所载的有关规定计算保险赔款。
- 应剔除保险合同中规定的免赔部分。
- 因事故产生的善后工作，保险人不负责处理。这里的善后工作是指民事赔偿责任以外对事故进行妥善料理的有关事项。如保险车辆对他人造成伤害所涉及的抢救、医疗、调解、诉讼等具体事宜。

2. 保险责任

保险人依据被保险机动车一方在事故中所负的事故责任比例，承担相应的赔偿责任。被保险人或被保险机动车一方根据有关法律、法规规定选择自行协商或由公安机关交通管理部门处理事故未确定事故责任比例的，按照下列规定确定事故责任比例：被保险机动车一方负主要事故责任的，事故责任比例为 70%；被保险机动车一方负同等事故责任的，事故责任比例为 50%；被保险机动车一方负次要事故责任的，事故责任比例为 30%。涉及司法或仲裁程序的，以法院或仲裁机构最终生效的法律文书为准。

3. 责任免除

根据《机动车综合商业保险示范条款（2014 版）》规定，在上述保险责任范围内，下列情况下，不论任何原因造成的人身伤亡、财产损失和费用，保险人均不负责赔偿。

① 事故发生后，被保险人或其允许的驾驶人故意破坏、伪造现场、毁灭证据。

② 驾驶人有下列情形之一者。

- 事故发生后，在未依法采取措施的情况下驾驶被保险机动车或者遗弃被保险机动车离开事故现场。

- 饮酒、吸食或注射毒品、服用国家管制的精神药品或者麻醉药品。

- 无驾驶证，驾驶证被依法扣留、暂扣、吊销、注销期间。

- 驾驶与驾驶证载明的准驾车型不相符合的机动车。

- 实习期内驾驶公共汽车、营运客车或者执行任务的警车、载有危险物品的机动车或牵引挂车的机动车。

- 驾驶出租机动车或营业性机动车无交通运输管理部门核发的许可证书或其他必备证书。

- 学习驾驶时无合法教练员随车指导。

- 非被保险人允许的驾驶人。

③ 被保险机动车有下列情形之一者。

- 发生保险事故时被保险机动车行驶证、号牌被注销的，或未按规定检验或检验不合格。

- 被扣押、收缴、没收、政府征用期间。

- 在竞赛、测试期间，在营业性场所维修、保养、改装期间。

- 全车被盗窃、被抢劫、被抢夺、下落不明期间。

④ 下列原因导致的人身伤亡、财产损失和费用，保险人不负责赔偿。

- 地震及其次生灾害、战争、军事冲突、恐怖活动、暴乱、污染（含放射性污染）、核反应、核辐射。

- 第三者、被保险人或其允许的驾驶人的故意行为、犯罪行为，第三者与被保险人或其他致害人恶意串通的行为。

- 被保险机动车被转让、改装、加装或改变使用性质等，被保险人、受让人未及时通知保险人，且因转让、改装、加装或改变使用性质等导致被保险机动车危险程度显著增加。

⑤ 下列人身伤亡、财产损失和费用，保险人不负责赔偿。

- 被保险机动车发生意外事故，致使任何单位或个人停业、停驶、停电、停水、停气、停产、通讯或网络中断、电压变化、数据丢失造成的损失以及其他各种间接损失。

- 第三者财产因市场价格变动造成的贬值，修理后因价值降低引起的减值损失。

- 被保险人及其家庭成员、被保险人允许的驾驶人及其家庭成员所有、承租、使用、管理、运输或代管的财产的损失，以及本车上财产的损失。

- 被保险人、被保险人允许的驾驶人、本车车上人员的人身伤亡。

- 停车费、保管费、扣车费、罚款、罚金或惩罚性赔款。

- 超出《道路交通事故受伤人员临床诊疗指南》和国家基本医疗保险同类医疗费用标准的费用部分。

- 律师费，未经保险人事先书面同意的诉讼费、仲裁费。

- 投保人、被保险人或其允许的驾驶人知道保险事故发生后，故意或者因重大过失未及时通知，致使保险事故的性质、原因、损失程度等难以确定的，保险人对无法确定的部分，不承担赔偿责任，但保险人通过其他途径已经及时知道或者应当及时知道保险事故发生的除外。

- 因被保险人违反条款第三十四条约定，导致无法确定的损失。

- 精神损害抚慰金。
- 应当由机动车交通事故责任强制保险赔偿的损失和费用。

⑥ 保险事故发生时，被保险机动车未投保机动车交通事故责任强制保险或机动车交通事故责任强制保险合同已经失效的，对于机动车交通事故责任强制保险责任限额以内的损失和费用，保险人不负责赔偿。

 重点、难点提示

责任免除包含财产的界定

① 被保险人或其允许的驾驶员及家人所有或代管的财产。被保险人或其允许的驾驶员及家人自有的财产，与他人共有财产的自有部分，承租、使用、管理、运输或代替他人保管的财产，都属于被保险人或其允许的驾驶员所有或代管的财产。

对于有些规模较大的投保单位，"自有的财产"可以掌握在其所属各自独立核算单位的财产范围内。例如，某运输公司下属甲、乙两个车队各自独立核算，由运输公司统一投保第三者责任险后，甲队车辆撞坏甲队的财产，保险人不予负责，撞坏乙队的财产，保险人可予以负责。

② 私有、个人承包汽车的被保险人，或其允许的驾驶员及其家庭成员，以及他们所有或代管的财产。

- 私有、个人承包汽车的被保险人家庭成员，可根据独立经济的户口划分区别。例如，父母兄弟多人各自另立户口分居，家庭成员指每户中的成员，而不能单纯按是否直系亲属来划分。夫妻分居两地，虽有两个"户口"，因两者经济上并不独立，实际上是合一的，所以只能视为一个户口。本条责任免除的原则在于，肇事者本身不能获得赔款，即保险人付给受害方的赔款，最终不能落到被保险人手中。

- 私有、个人承包汽车的被保险人及其家庭成员所有或代管的财产，是指私有、个人承包汽车的被保险人或其允许的驾驶员及其家庭成员自有的财产，或与他人共有财产的自有部分，或他们代替他人保管的财产。私有汽车是指汽车所有权属于私人的汽车，如个人、联户和私营企业等的汽车。而个人承包汽车是指以个人名义承包单位、他人的汽车。

③ 本车上的一切人员和财产。这是指意外事故发生的瞬间，在本保险车辆上的一切人员和财产，包括此时在车下的驾驶员。这里包括汽车行驶中或汽车未停稳时非正常下车的人员，以及吊车正在吊装的财产。

4. 赔偿处理

发生保险事故时，被保险人或其允许的驾驶人应当及时采取合理的、必要的施救和保护措施，防止或者减少损失，并在保险事故发生后48小时内通知保险人。被保险人或其允许的驾驶人根据有关法律法规规定选择自行协商方式处理交通事故的，应当立即通知保险人。

① 被保险人索赔时，应当向保险人提供与确认保险事故的性质、原因、损失程度等有关的证明和资料。被保险人应当提供保险单、损失清单、有关费用单据、被保险机动车行驶证和发生事故时驾驶人的驾驶证等资料。

属于道路交通事故的，被保险人应当提供公安机关交通管理部门或法院等机构出具的事故证明、有关的法律文书（判决书、调解书、裁定书、裁决书等）及其他证明。被保险人或其允许的

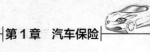

驾驶人根据有关法律法规规定选择自行协商方式处理交通事故的，被保险人应当提供依照《道路交通事故处理程序规定》签订记录交通事故情况的协议书。

② 保险人对被保险人给第三者造成的损害，可以直接向该第三者赔偿。

 重点、难点提示

> 被保险人给第三者造成损害，被保险人对第三者应负的赔偿责任确定的，根据被保险人的请求，保险人应当直接向该第三者赔偿。被保险人怠于请求的，第三者有权就其应获赔偿部分直接向保险人请求赔偿。
>
> 被保险人给第三者造成损害，被保险人未向该第三者赔偿的，保险人不得向被保险人赔偿。保险人依据保险车辆驾驶员在事故中所负责任比例，相应承担赔偿责任。

③ 保险车辆因保险事故致使第三者财产损坏，应当尽量修复。修理前被保险人须会同保险人检验，确定整理项目、方式和费用。否则，保险人有权重新核定或拒绝赔偿。

④ 保险车辆发生第三者责任事故时，按我国《道路交通事故处理办法》规定的赔偿范围、项目和标准，以及保障合同的规定，在保险单载明的赔偿限额内核定赔偿金额。未经保险人书面同意，被保险人自行承诺或支付的赔偿金额，保险人有权重新核定。不属于保险人赔偿范围或超出保险人应赔偿金额的，保险人不承担赔偿责任。

⑤ 保险人受理报案、现场查勘、核定损失、参与诉讼、进行抗辩、要求被保险人提供证明和资料、向被保险人提供专业建议等行为，均不构成保险人对赔偿责任的承诺。

⑥ 第三者责任事故赔偿后，保险责任继续有效，直至保险期满。

⑦ 第三者的财产遭受损失后的残余部分，应协商作价折归被保险人，并在赔款中扣除。

⑧ 保险人在依据合同约定计算赔款的基础上，在保险单载明的责任限额内，按照下列方式免赔：被保险机动车一方负次要事故责任的，实行 5%的事故责任免赔率；负同等事故责任的，实行 10%的事故责任免赔率；负主要事故责任的，实行 15%的事故责任免赔率；负全部事故责任的，实行 20%的事故责任免赔率；违反安全装载规定的，实行 10%的绝对免赔率。

⑨ 被保险人提供的各种必要的单证齐全后，保险人应当迅速审查核定。赔款金额经保险合同双方确认后，保险人在 10 天内一次赔偿结案。

5. 保险金额

① 在不同区域内，摩托车、拖拉机的最高赔偿限额为 2 万～20 万元。

② 其他汽车的最高赔偿限额为 5 万～100 万元和 100 万元以上，且最高不超过 1 000 万元。

6. 赔偿限额

每次事故的责任限额，由投保人和保险人在签订本保险合同时协商确定。按照被保险人选定的承保档次赔付，选择每次事故最高赔偿限额是保险人计算保险费的依据，同时也是保险人承担第三者责任险每次事故补偿的最高限额。

主车和挂车连接使用时视为一体，发生保险事故时，由主车保险人和挂车保险人按照保险单上载明的机动车第三者责任保险责任限额的比例，在各自的责任限额内承担赔偿责任，但赔偿金额总和以主车的责任限额为限。

7. 赔款计算

① 当（依合同约定核定的第三者损失金额-机动车交通事故责任强制保险的分项赔偿限额）×事故责任比例≥每次事故赔偿限额时。

赔款=每次事故赔偿限额×（1-事故责任免赔率）×（1-绝对免赔率之和）

② 当（依合同约定核定的第三者损失金额-机动车交通事故责任强制保险的分项赔偿限额）×事故责任比例<每次事故赔偿限额时。

赔款=（依合同约定核定的第三者损失金额-机动车交通事故责任强制保险的分项赔偿限额）×
事故责任比例×（1-事故责任免赔率）×（1-绝对免赔率之和）

8. 保险期限

机动车辆保险合同期限通常为一年。除法律另有规定外，保险合同期限不足一年的，应按短期月费率计收保险费。对于保险合同期限和短期月费率的对应关系，应以各险别的保险期限而确定。保险期限不足一个月的，按一个月计算。机动车辆保险合同解除时，除法律、法规和保险合同另有规定外，应按《机动车辆保险费率规章》的有关规定，计收已了责任部分的保险费，并退还未到期责任部分的保险费。

1.4.4　全车盗抢险

1. 保险标的

我国全车盗抢险的保险标的是指在中华人民共和国境内（不含港、澳、台地区）行驶，以动力装置驱动或者牵引，上道路行驶的供人员乘用或者用于运送物品以及进行专项作业的轮式车辆（含挂车）、履带式车辆和其他运载工具，但不包括摩托车、拖拉机、特种车等，这些车辆可适用《特种车综合商业保险示范条款（2014版）》《摩托车、拖拉机综合商业保险示范条款（2014版）》《机动车单程提车保险示范条款（2014版）》等条款。

重点、难点提示

我国汽车盗抢险为附加险。保险人按照承保险别承担保险责任，附加险不能单独承保。必须是投保了机动车辆损失险的保险标的方可投保全车盗抢险。

2. 保险责任

保险期间内，被保险机动车的下列损失和费用，且不属于免除保险人责任的范围，保险人依照本保险合同的约定负责赔偿。

① 被保险机动车被盗窃、抢劫、抢夺，经出险当地县级以上公安刑侦部门立案证明，满60天未查明下落的全车损失。

② 被保险机动车全车被盗窃、抢劫、抢夺后，受到损坏或车上零部件、附属设备丢失需要修复的合理费用。

③ 被保险机动车在被抢劫、抢夺过程中，受到损坏需要修复的合理费用。

重点、难点提示

　　全车盗抢险的保险金额应在保险车辆的实际价值内确定，如果保险车辆是二手车，要按购车发票的票面价格和车辆的折旧价格中较低者作为保险金额，以最少的保费获得最大程度的保障。

3. 责任免除

下列情况下，不论任何原因造成被保险机动车的任何损失和费用，保险人均不负责赔偿。

① 被保险人索赔时未能提供出险当地县级以上公安刑侦部门出具的盗抢立案证明。

② 驾驶人、被保险人、投保人故意破坏现场、伪造现场、毁灭证据。

③ 被保险机动车被扣押、罚没、查封、政府征用期间。

④ 被保险机动车在竞赛、测试期间，在营业性场所维修、保养、改装期间，在被运输期间。

⑤ 地震及其次生灾害导致的损失和费用。

⑥ 战争、军事冲突、恐怖活动、暴乱导致的损失和费用。

⑦ 因诈骗引起的任何损失；因投保人、被保险人与他人的民事、经济纠纷导致的任何损失。

⑧ 被保险人或其允许的驾驶人的故意行为、犯罪行为导致的损失和费用。

⑨ 非全车遭盗窃，仅车上零部件或附属设备被盗窃或损坏。

⑩ 新增设备的损失。

⑪ 遭受保险责任范围内的损失后，未经必要修理并检验合格继续使用，致使损失扩大的部分。

⑫ 被保险机动车被转让、改装、加装或改变使用性质等，被保险人、受让人未及时通知保险人，且因转让、改装、加装或改变使用性质等导致被保险机动车危险程度显著增加而发生保险事故。

⑬ 投保人、被保险人或其允许的驾驶人知道保险事故发生后，故意或者因重大过失未及时通知，致使保险事故的性质、原因、损失程度等难以确定的，保险人对无法确定的部分，不承担赔偿责任，但保险人通过其他途径已经及时知道或者应当及时知道保险事故发生的除外。

⑭ 因修理前被保险人未会同保险人检验、协商确定修理项目、方式和费用，导致无法确定的损失。

4. 赔偿处理

① 被保险人知道保险车辆被盗窃、抢劫、抢夺后，应在 24 小时内向出险当地县级以上公安刑侦部门报案，并通知保险人。

② 被保险人索赔时，被保险人索赔时，须提供保险单、损失清单、有关费用单据、《机动车登记证书》、机动车来历凭证以及出险当地县级以上公安刑侦部门出具的盗抢立案证明。

③ 全车损失，指在保险金额内计算赔偿，但不得超过保险事故发生时被保险机动车的实际价值。保险事故发生时被保险机动车的实际价值根据保险事故发生时的新车购置价减去折旧金额后的价格确定。保险事故发生时的新车购置价根据保险事故发生时保险合同签订地同类型新车的市场销售价格（含车辆购置税）确定，无同类型新车市场销售价格的，由被保险人与保险人协商确定。

④ 部分损失，指在保险金额内按实际修复费用计算赔偿，但不得超过保险事故发生时被保险机动车的实际价值。

⑤ 保险人确认索赔单、证齐全、有效后，被保险人签署权益转让书，保险人赔付结案。

⑥ 免赔率。保险人在依据本保险合同约定计算赔款的基础上，按下列免赔率免赔。

• 发生全车损失的，免赔率为 20%。

• 发生全车损失，被保险人未能提供《机动车登记证书》、机动车来历凭证的，每缺少一项，增加 1%的绝对免赔率。

⑦ 保险车辆全车被盗窃、抢劫、抢夺后被找回。

• 保险人尚未支付赔款的，被保险机动车应归还被保险人。

• 保险人已支付赔款的，被保险机动车应归还被保险人，被保险人应将赔款返还给保险人；被保险人不同意收回被保险机动车，被保险机动车的所有权归保险人，被保险人应协助保险人办理有关手续。

⑧ 在投保全车盗抢险的基础上，投保人可投保附加险。

⑨ 因保险事故损坏的被保险机动车，应当尽量修复。修理前被保险人应当会同保险人检验、协商确定修理项目、方式和费用。对未协商确定的，保险人可以重新核定。

⑩ 被保险机动车发生本保险事故，导致全部损失，或一次赔款金额与免赔金额之和达到保险金额，保险人按本保险合同约定支付赔款后，本保险责任终止，保险人不退还机动车全车盗抢保险及其附加险的保险费。

5. 保险金额

保险金额由投保人和保险人在投保时被保险机动车的实际价值内协商确定。实际价值是指新车购置价减去折旧金额后的价格。新车购置价是指在保险合同签订地购置与被保险机动车同类型新车的价格（含车辆购置税）。投保时被保险机动车的实际价值根据投保时的新车购置价减去折旧金额后的价格确定。投保时的新车购置价根据投保时保险合同签订地同类型新车的市场销售价格（含车辆购置税）确定，并在保险单中载明，无同类型新车市场销售价格的，由投保人与保险人协商确定。折旧按月计算，不足一个月的部分，不计折旧。最高折旧金额不超过投保时被保险机动车新车购置价的80%。

6. 赔偿计算

① 被保险机动车全车被盗抢的，按以下方法计算赔款。

$$赔款=保险金额×（1-绝对免赔率之和）$$

② 被保险机动车发生本条款第 51 条第 2 款、第 3 款列明的损失，保险人按实际修复费用在保险金额内计算赔偿。

1.4.5 车上人员责任险

1. 保险标的

我国汽车车上人员责任险的保险标的是指保险事故发生时在被保险机动车上的自然人。

2. 保险责任

保险期间内，被保险人或其允许的驾驶人在使用被保险机动车过程中发生意外事故，致使车上人员遭受人身伤亡，且不属于免除保险人责任的范围，依法应当对车上人员承担的损害赔偿责任，由保险人承担赔偿责任。保险人依据被保险机动车一方在事故中所负的事故责任比例，承担相应的赔偿责任。

3. 责任免除

车上人员责任险责任免除在对被保险人、驾驶人、被保险机动车、事故处理、灾害等方面造成人身伤亡时保险人不负责赔偿条件与车损险一致外，还包括下列人身伤亡、损失和费用，保险人不负责赔偿。

① 被保险人及驾驶人以外的其他车上人员的故意行为造成的自身伤亡。

② 车上人员因疾病、分娩、自残、斗殴、自杀、犯罪行为造成的自身伤亡。

③ 违法、违章搭乘人员的人身伤亡。

④ 罚款、罚金或惩罚性赔款。

⑤ 超出《道路交通事故受伤人员临床诊疗指南》和国家基本医疗保险同类医疗费用标准的费用部分。

⑥ 律师费，未经保险人事先书面同意的诉讼费、仲裁费。

⑦ 投保人、被保险人或其允许的驾驶人知道保险事故发生后，故意或者因重大过失未及时通知，致使保险事故的性质、原因、损失程度等难以确定的，保险人对无法确定的部分，不承担赔偿责任，但保险人通过其他途径已经及时知道或者应当及时知道保险事故发生的除外。

⑧ 精神损害抚慰金。

⑨ 应当由机动车交通事故责任强制保险赔付的损失和费用。

4. 责任限额

驾驶人每次事故责任限额和乘客每次事故每人责任限额由投保人和保险人在投保时协商确定。投保乘客座位数按照被保险机动车的核定载客数（驾驶人座位除外）确定。

5. 赔偿处理

① 发生保险事故时，被保险人或其允许的驾驶人应当及时采取合理的、必要的施救和保护措施，防止或者减少损失，并在保险事故发生后 48 小时内通知保险人。被保险人或其允许的驾驶人根据有关法律法规规定选择自行协商方式处理交通事故的，应当立即通知保险人。

② 被保险人或其允许的驾驶人根据有关法律法规规定选择自行协商方式处理交通事故的，应当协助保险人勘验事故各方车辆、核实事故责任，并依照《道路交通事故处理程序规定》签订记录交通事故情况的协议书。

③ 被保险人索赔时，应当向保险人提供与确认保险事故的性质、原因、损失程度等有关的证明和资料。被保险人应当提供保险单、损失清单、有关费用单据、被保险机动车行驶证和发生事故时驾驶人的驾驶证。

属于道路交通事故的，被保险人应当提供公安机关交通管理部门或法院等机构出具的事故证明、有关的法律文书（判决书、调解书、裁定书、裁决书等）和通过机动车交通事故责任强制保险获得赔偿金额的证明材料。被保险人或其允许的驾驶人根据有关法律、法规规定选择自行协商方式处理交通事故的，被保险人应当提供依照《道路交通事故处理程序规定》签订记录交通事故情况的协议书和通过机动车交通事故责任强制保险获得赔偿金额的证明材料。

④ 保险人按照《道路交通事故受伤人员临床诊疗指南》和国家基本医疗保险的同类医疗费用

标准核定医疗费用的赔偿金额。未经保险人书面同意，被保险人自行承诺或支付的赔偿金额，保险人有权重新核定。因被保险人原因导致损失金额无法确定的，保险人有权拒绝赔偿。

⑤ 保险人受理报案、现场查勘、核定损失、参与诉讼、进行抗辩、要求被保险人提供证明和资料、向被保险人提供专业建议等行为，均不构成保险人对赔偿责任的承诺。

6. 赔款计算

① 对每座的受害人，当（依合同约定核定的每座车上人员人身伤亡损失金额－应由机动车交通事故责任强制保险赔偿的金额）×事故责任比例高于或等于每次事故每座赔偿限额时。

赔款=每次事故每座赔偿限额×（1－事故责任免赔率）

② 对每座的受害人，当（依合同约定核定的每座车上人员人身伤亡损失金额－应由机动车交通事故责任强制保险赔偿的金额）×事故责任比例低于每次事故每座赔偿限额时。

赔款=（依合同约定核定的每座车上人员人身伤亡损失金额－应由机动车交通事故责任强制保险赔偿的金额）×事故责任比例×（1－事故责任免赔率）

1.4.6　不计免赔率险

投保了任一主险及其他设置了免赔率的附加险后，均可投保本附加险。

1. 保险责任

保险事故发生后，按照对应投保的险种约定的免赔率计算的、应当由被保险人自行承担的免赔金额部分，保险人负责赔偿。不论一次或多次发生保险事故，保险人均给予赔偿。

2. 责任免除

下列情况下，应当由被保险人自行承担的免赔金额，保险人不负责赔偿。

① 机动车损失保险中应当由第三方负责赔偿而无法找到第三方的。

② 因违反安全装载规定而增加的。

③ 发生机动车全车盗抢保险约定的全车损失保险事故时，被保险人未能提供《机动车登记证书》、机动车来历凭证的，每缺少一项而增加的。

④ 机动车损失保险中约定的每次事故绝对免赔额。

⑤ 可附加本条款但未选择附加本条款的险种约定的。

⑥ 不可附加本条款的险种约定的。

微课程5：不计免赔有哪些不能赔？

1.4.7　发动机涉水损失险

本附加险仅适用于家庭自用汽车、党政机关、事业团体用车、企业非营业用车，且只有在投保了机动车损失保险后，方可投保本附加险。

1. 保险责任

保险期间内，投保了本附加险的被保险机动车在使用过程中，因发动机进水后导致的发动机的直接损毁，保险人负责赔偿。发生保险事故时，被保险人为防止或者减少被保险机动车的损失所支付的必要的、合理的施救费用，由保险人承担；施救费用数额在被保险机动车损失赔偿金额以外另行计算，最高不超过保险金额的数额。

2. 责任免除

本附加险每次赔偿均实行 15%的绝对免赔率，不适用主险中的各项免赔率、免赔额约定。

3. 赔偿处理

发生保险事故时，保险人在保险金额内计算赔偿。

1.4.8　指定修理厂险

投保了机动车损失保险的机动车，可投保本附加险。

投保了本附加险后，机动车损失保险事故发生后，被保险人可指定修理厂进行修理。

1.4.9　汽车消费贷款保证保险

1. 保险标的

汽车消费贷款保证保险仅承保消费性汽车。

2. 保险责任

投保人逾期未能按《汽车消费贷款合同》规定的期限偿还欠款满一个月的，视为保险责任事故发生。保险责任事故发生后满三个月，投保人仍不能履行合同约定的还款责任，保险人按规定负责赔偿。

3. 责任免除

① 由于下列原因造成投保人不按期偿还欠款，导致被保险人的贷款损失时，保险人不负责赔偿。
- 战争、军事行动、类似军事行动、武装冲突、暴动、骚乱、政府征用、没收。
- 核爆炸、核反应、核辐射或放射性污染。
- 地震及其次生原因。
- 因投保人的违法行为、民事侵权行为或经济纠纷致使其车辆及其他财产被罚没、查封、扣押、抵债。
- 未经保险人书面同意车辆被转卖、转让、出售。
- 因所购车辆的质量问题及车辆价格变动致使投保人拒付或拖欠贷款。
② 有下列情形之一的，保险人也不负责赔偿。
- 投保人提供虚假材料，购车手续不全或虚假购车。
- 投保人与被保险人对双方签订的《汽车消费贷款合同》及其附件内容进行修订而事先未征得保险人书面同意。
- 投保人向被保险人抵（质）押的财产或担保未经保险人认可。
- 投保人故意拖欠等不还款行为。

- 投保人支付的首付款低于所购车辆实际价值的 30%。
- 投保人将所购车辆用于生产或营业活动。
- 抵（质）押财产发生财产保险责任范围以外的损毁，投保人未从投保的财产保险公司获得抵（质）押财产保险赔偿金。
- 投保人与被保险人签订的《汽车消费贷款合同》被依法确认无效或终止执行。
- 被保险人未按照中国人民银行《汽车消费贷款管理办法》及《贷款通则》的规定办理汽车消费贷款。

③ 下列损失和费用，保险人也不负赔偿责任。
- 任何利息、罚息、罚金、违约金。
- 被保险人未经本公司书面同意而自行支付的事故处理费用。
- 贷款金额与首付款之和超过所购车辆实际价值的部分。

4. 赔偿处理

① 当发生保险责任范围内事故时，被保险人应立即书面通知保险人，如涉嫌刑事犯罪，应同时向公安机关报案。

② 当发生保险责任范围内事故时，被保险人应在保险事故发生后的 120 天内尽最大义务依法先行使担保权，处分抵（质）押物并清偿贷款本金。不足以清偿贷款本金的部分，被保险人可以向保险公司提出索赔。保险人对此部分按规定在扣除相应的免赔额后予以赔偿。

若被保险人索赔时确实不能处分抵（质）押物的，应向保险人依法转让抵（质）押物的抵（质）押权，并对投保人提起诉讼。保险人在获得抵（质）押物的抵（质）押权后，按保险合同规定扣除相应的免赔额后赔偿投保人所欠的贷款本金。

③ 被保险人索赔时，应向保险人提供以下有效单证。
- 索赔申请书。
- 汽车消费贷款保证保险和机动车辆保险（或其他抵押物财产损失保险）保单正本。
- 《汽车消费贷款合同》（副本）。
- 《抵（质）押合同》。
- 被保险人签发的《逾期款项催收通知书》。
- 未按期付款损失清单。
- 保险人根据案情要求提供的其他相关证明材料。

④ 在符合规定的赔偿金额内实行不低于 10%的绝对免赔率，具体免赔率在保险单上列明。

⑤ 抵（质）押物应当按下列原则和方法处理。
- 被保险人处分抵（质）押物的方法和价格，应征得保险人的书面同意。处理抵（质）押物的价款应首先用于归还投保人所欠的贷款本金余额。
- 保险人依法取得抵（质）押物的抵（质）押权时，处分抵（质）押物所取得的价款，首先用于弥补保险人赔款支出和处理抵（质）押物的费用。尚有剩余部分，应支付给投保人。

 重点、难点提示

发生保险责任事故后，被保险人从通知保险人发生保险责任事故当日起六个月内不向保险人提交规定的单证，或者从保险人书面通知之日起一年内不领取应得的赔款，即作为自愿放弃权益。

5. 保险金额

保险金额为投保人的贷款本金。

重点、难点提示

在机动车辆发生全损后，投保人获得的机动车辆保险赔偿金应优先用于偿还机动车辆消费贷款本金余额。

6. 保险费

保险费根据费率表按个人资信等级实行不同费率计算。表1-3、表1-4分别为个人资信等级分评分标准和某保险公司汽车消费贷款保证保险费率表。

$$保险费 = 保险金额 \times 保险费率$$

表1-3　　　　　　　　　　　　　　**个人资信等级分评分标准**

项　　目	标准（得分）
年龄（10分）	18～25周岁（5）　25～30周岁（9）　30～45周岁（10）　45～50周岁（8）
婚姻状况（8分）	单身（6）　已婚无子女（7）　已婚有子女（8）
文化程度（10分）	大专及以下（8）　本科（9）　硕士及以上（10）
个人月均收入（18）	1 500元以下（6）　1 500～3 000元（13）　3 000～5 000元（16）　5 000元以上（18）
家庭人均月收入（20）	1 000元以下（10）　1 000～2 000元（16）　2 000～3 000元（18）　3 000元以上（20）
本单位服务年限（5分）	1年以下（2）　1～3年（3）　3～5年（4）　5年以上（5）
行业性质（10分）	行政事业单位和高等院校（10）　金融、电信、电力、烟草、律师、注册会计师（9）　其他（7）
个人已有轿车市场变现净额（7分）	0～10万元（5）　10万～20万元（6）　20万元以上（7）
个人住房市价变现净额（12分）	5万元以下（9）　5万～10万元（10）　10万～20万元（11）　20万元以上（12）

表1-4　　　　　　　　　　　**汽车消费贷款保证保险费率表**

个人资信等级分	年费率（%）
85分及以上	1.0
70～84分	1.1
65～69分	1.5
65分以下	不予承保

7. 保险期限

本保险的保险期限一般不超过三年。保险期限与《汽车消费贷款合同》约定的贷款期限一致，并在保险单中载明。

1.4.10　汽车分期付款信用保险

汽车分期付款信用保险为机动车辆保险的一种特别约定保险。

1. 保险责任

如购车人在规定的还款期限到期三个月后未履行或仅部分履行规定的还款责任，保险人负责偿还该到期部分的欠款或其差额。如购车人连续两期未偿还到期欠款，保险人代购车人向被保险人清偿第一期欠款后，于第二期还款期限到期三个月后向被保险人清偿购车人的所有欠款。

2. 责任免除

下列原因造成购车人不按期偿还欠款，导致被保险人的经济损失时，保险人不负责赔偿。
① 战争、军事行动、核爆炸、核辐射或放射性污染。
② 因购车人的违法犯罪行为以及经济纠纷致使其车辆及其他财产被罚没、查封、扣押抵债。
③ 因所购车辆的质量问题致使购车人拒付或拖欠车款。
④ 因车辆价格变动致使购车人拒付或拖欠车款。
⑤ 该保险人对购车人资信调查的材料不真实或售车手续不全。
⑥ 被保险人在分期付款售车过程中的故意和违法行为。

3. 赔偿处理

① 当发生保险责任范围内事故，被保险人应立即书面通知保险人，如属刑事案件，应同时向公安机关报案。
② 被保险人索赔时应交回抵押车辆，由保险人按规定处分抵押物抵减欠款，抵减欠款不足部分被保险人按相关赔偿办法予以赔偿。
③ 若被保险人无法收回抵押车辆，应向担保人追偿，若担保人拒绝承担连带责任的，被保险人应提起法律诉讼。
④ 被保险人索赔时，根据出险情况，提供以下有效证明文件。
- 索赔申请书（应注明购车人未履行按期偿还余款和担保人未履行连带责任的原因、索赔金额及其计算方法）。
- 分期付款购车合同。
- 保单正本。
- 被保险人签发的《逾期款项催收通知书》。
- 未按期付款损失清单。
- 代收款银行提供的代收款情况证明。
- 向担保人发出的索赔文件。
- 县及县以上公安机关出具的立案证明。
- 法院受理证明。
- 产品质量检验报告或裁决书。
- 保险人要求提供的其他相关文件。

重点、难点提示

被保险人在获得保险赔偿的同时，应将其有关追偿权益书面转让给保险人，并积极主动协助保险人向购车人或担保人追偿欠款。

4. 保险金额及保险费

保险金额为购车人首期付款（不低于售车单价的 30%）后尚欠的购车款额（合资金使用费）。

保险费 = 保险金额 × 保险费率

表 1-5 为某保险公司分期付款信用保险费率表。

表 1-5 　　　　　　　　　　**分期付款信用保险费率表**

分期付款时间费率	6 个月 0.06%	7~12 个月 1%		
分期付款时间费率	1 年 1%	1 年 3 个月 1.25%	1 年 6 个月 1.50%	1 年 6 个月 1.50%
分期付款时间费率	2 年 2%	2 年 3 个月 2.25%	2 年 6 个月 2.5%	2 年 9 个月 2.75%
分期付款时间费率	3 年%			

5. 赔偿限额

汽车汽车消费贷款保证保险每车实行 20% 的免赔率。

赔款金额 = 当期应付购车款或差额 × （1 − 20%）

6. 保险期限

本保险的保险期限是从购车人支付规定的首期付款日起，至付清最后一笔欠款日止，或至该分期付款合同规定的合同期满日为止，二者以先发生为准，但最长不超过三年。

|1.5　国外主要汽车保险|

1.5.1　美国汽车保险

1. 美国的车损险

美国是世界上汽车保有量最多的国家，被称为是"轮子上的国家"。汽车保险已成为美国财产保险中最大的险种，约占保险公司保费收入的 40%，对减少社会财富的损失、维护人民生命安全、稳定社会秩序起到了积极的作用。目前美国各家保险公司虽然推出了多种形式的汽车保险供投保人选择，但涉及的车损险一般都包括碰撞险（Collision Coverage）和非碰撞险（Other Than Collision Coverage）两种，有的保险公司也将车损险与法定责任保险设计在一起，形成综合损失险（Comprehensive Coverage）。碰撞险和非碰撞险所承保的内容互不包括、相互独立。碰撞险仅适用于保险车辆在意外事故中发生碰撞和倾覆的情形，而非碰撞险则涵盖了碰撞以外的其他形式的破坏损失，包括火灾、水害、地陷、故意破坏或偷盗、与动物相撞，以及自然灾害如地震、冰雹、飓风和洪水等。车损险在美国不是法定保险，但如果汽车是采取分期付款的消费贷款方式购买的，贷款银行或其他金融机构往往要求购车人必须购买车损险，作为贷款的条件。此外，如果汽车被租赁，也要求租车人购买车损险。

自从 1977 年美国的保险服务办公室（Insurance Service Office）将私人汽车保险（the Personal

Automobile Policy，PAP）引入美国保险市场以来，该保险单进行了多次修订，目前已成为美国私人汽车投保的首选。执行的标准是 2014 年的《ISO 2014 Personal Auto Policy》（《2014 个人汽车政策》）。PAP 保单包括第三者责任险、医疗费用险、未保险驾车人保险、车损险等险种，其中的车损险又分为碰撞损失险和非碰撞损失险两种。下面以 PAP 保险单为例来介绍美国的车损险。

（1）被保险人

PAP 保单的被保险人是指在保险单中所载明的被保险人及其同居配偶。有的保险公司也将被保险人的同居子女列为被保险人，但一般需要增加保险费。如果在保险合同有效期内或保险合同生效前，被保险人的配偶与被保险人易址分居，则当下列情形之一发生时，被保险人的配偶将不再作为本保险合同的被保险人。

① 易址分居超过 90 天。

② 列明其配偶名字的另外的汽车保险单开始生效。

③ 本保险合同终止。

（2）保险标的

① 保险单中所载明的汽车。保险单中所载明的保险汽车信息一般包括生产年代、厂牌车型、车门数、发动机号码、适用的驾驶员姓名、折扣信息等。

② 在本保险合同有效期内被保险人新拥有的汽车。在本保险合同有效期内，被保险人新拥有的汽车也可以成为保险车辆。包括私用汽车、客货两用车或面包车。客货两用车或面包车的自重必须在 10 000 磅（1 磅 = 0.453 6 千克）以下。除了用于安装及维修家庭设施和用于农场、牧场等偶然性使用外，不能用于从事营业性运输。

对于车损险来说，不论是碰撞险，还是非碰撞险，被保险人新拥有的汽车的保险日期从其成为车主之日算起。如果保险单的碰撞险或非碰撞险处标明"此险种包括不止一辆汽车"，则被保险人需要在其成为车主以后的 14 天内，请求保险人将其新拥有的汽车列为保险汽车，此车将与在保险单上列明的所有汽车，一起称为保险汽车，享有该险种下的全部保险利益。如果没有标明"此险种包括不止一辆汽车"，则被保险人需要在其成为车主以后的 14 天内，请求保险人将其新拥有的汽车列为保险汽车，但对于新增的每辆保险汽车将有 500 美元的免赔金额限制。

③ 被保险人个人所有的任何挂车。此外，PAP 保单也允许保险公司将下列被保险人"非拥有的汽车"列为保险汽车。

• 非被保险人拥有的，由被保险人或其家庭成员保管或驾驶，但不经常使用的私人汽车、客货两用车和面包车。

• 基于保险车辆因故障而导致停驶、修理、维护，或遭受损失、被破坏等原因，被保险人使用非其拥有的代用汽车，包括汽车和挂车。

（3）保险责任

对于保险汽车（包括车上设备）发生意外事故造成的直接损失，扣除保险单上载明的免赔金额后，保险人给予赔偿。如果同一意外事故涉及不止一辆保险汽车的，保险人按照保险单载明的最高免赔金额计算赔款。

碰撞险的保险责任是指保险单上载明的保险车辆与其他汽车或物体相撞造成的损失。如果被保险人为保险车辆投保了非碰撞险，由下述原因导致的保险车辆损失，保险人负责赔偿。

① 导弹或空中坠落物。② 火灾。③ 偷窃。④ 爆炸或地震。⑤ 暴风。⑥ 冰雹、水害或洪水。⑦ 故意破坏。⑧ 暴动或内战。⑨ 与飞鸟或动物相撞。⑩ 玻璃破碎。

重点、难点提示

如果玻璃破碎是由于碰撞险的保险责任导致的，被保险人可以任选由碰撞险赔偿或由非碰撞险赔偿。

对于交通费支出，如果保险单上没有适用的免赔金额，在下述情况下，保险人负责赔付。每起保险事故最大的赔付额为 600 美元。

① 在保险单上列明碰撞险或非碰撞险适用于该保险车辆的情况下，保险车辆因碰撞责任或非碰撞责任事故造成损失时，保险人负责支付被保险人每天不超过 20 美元的临时交通费支出。

② 在保险单上列明碰撞险或非碰撞险适用于所有保险车辆的情况下，当被保险人的"非拥有的汽车"因发生意外事故而导致其无法使用，且被保险人对事故负法定责任时，保险人负责给付被保险人的交通费支出，但每天最大给付金额为 20 美元。

③ 如果保险车辆的损失是由于偷盗原因造成的，保险人负责赔付被保险人从汽车被偷盗48 小时开始，至被盗的汽车还回时为止这段期间的交通费用；保险汽车被偷盗以外的损失，保险人负责从保险车辆无法使用后的 24 小时开始给付被保险人由此发生的交通费支出。

对于被保险人在保险汽车正常合理的维修或换件期间的交通费，保险人不予给付。

（4）责任免除

责任免除也称为除外责任。保险车辆因其发生事故而导致的损失，保险人不负赔偿责任。PAP 保险单规定，由下列原因导致的保险汽车的损失，保险人不负责赔偿。

① 用保险车辆从事公开的营业运输服务，但不包括分担费用性质共乘保险车辆的情形。

② 由于机械零件的耗损和断裂、冰冻、机械及电器故障、路面对轮胎的磨损等原因，导致保险汽车停驶或使用不便，但不包括保险车辆被偷窃的情形。

③ 由于放射性污染、核能、战争、叛乱或革命等所致的保险汽车损失。

④ 任何音响设备及其附件，包括立体声收音机、磁带机及压缩光盘（CD）机等的损失，但不包括单独设计并永久性地安装在保险车辆上的、在设计上由汽车电气系统单独供给电力和被单独操作的音响及其附件。

⑤ 能传送音频、视频和数字信号的电器装置及其附件，包括公共频带的无线电、电话、双向移动式无线电、扫描监视接收机、电视接收机、录像机、录音机，以及个人计算机等的损失，但不包括汽车正常运行操作所需的电气设备或汽车操作系统监测设备、被永久安装在保险汽车上并从其电气系统取得动力的电话装置及其附件的损失。

⑥ 上述两项责任免除规定中涉及的磁带、唱片、光盘或其他介电体。

⑦ 因政府或地方当局破坏、没收而导致的保险汽车全损，但不包括保险汽车上的损失受益人所获得的赔款的利息。

⑧ 没有在保险单上列明的挂车、露营车或汽车房屋及其附属设施，如烹饪、就餐、排水及冷藏等设备，以及帐篷等其他必备设施，但非被保险人拥有的挂车及其附属设备，以及被保险人在保险期间内新拥有的且在其车主 14 天内已经请求保险人保险的挂车、露营车及其附属设备除外。

⑨ 被保险人及其家庭成员并无合理的理由与权利而使用的"非拥有的汽车"。

⑩ 保险汽车上用于雷达、激光探测或定位的装置。

⑪ 在客货两用车或面包车上的任何定制的设施，如特殊的地毯或绝缘物、家具或栅栏、高伸

展的顶壁、定制的壁纸、绘画，以及其他贴纸装饰等，但不包括客货两用车上的覆盖物、底座等保护装置。

⑫ 任何人使用"非拥有的汽车"从事公路用车辆的销售、修理、维护、存储以及停车、试车、运送等作业时所造成的"非拥有汽车"的损失。

⑬ 保险车辆在事先组织安排的速度比赛或竞技场所造成的损失。

⑭ 对于被保险人及其家庭成员租赁的"非拥有的汽车"的事故损失，如果根据租车协议以及所在州的法律规定，当租车公司无法向被保险人及其家庭成员取得损失赔偿时，保险人不负责赔偿。

（5）赔偿限额

① 按照下述费用较少的情况，对保险车辆进行赔偿。

• 被偷盗或损坏财产的实际现金价值。

• 用同样类别和质量的零部件修理，或更换保险车辆损失的零部件所必须的花费。但对于非被保险人所有的挂车损失最多赔偿 500 美元，为保险车辆单独设计的音响及附属设备损失最多赔偿 1 000 美元。

② 在保险车辆全损的情况下，保险人需根据汽车的折旧和相应的技术状况确定其实际现金价值。

③ 如果由于修理或更换零件，导致保险汽车修复后的车况优于事故前的车况，对增加改善其性能部分的费用，保险人不予负责。

（6）赔偿处理

对于被损坏的财产或被偷窃的财产，保险人可以采用现金支付，也可以采取修理或更换零件的方式修复。当被偷窃的保险车辆找到后，保险人将其返还给被保险人或保险单上载明的地址处，并赔偿因偷窃造成的保险车辆财产损坏，将其恢复到双方满意的状态。如果采用现金的方式支付赔款，保险人的赔偿包括损失或被偷窃财产的销售税。

（7）被保险人的义务

被保险人履行义务是保险人依据本保险合同的规定给予事故损失赔偿的前提条件，下述义务适用于 PAP 保险单下的所有汽车保险。

① 及时报告发生的事故。被保险人在发生保险事故后，需要迅速通知保险人发生事故的原因、时间、地点和已经造成的损失等情况，同时应告知被保险人的姓名、事故受伤者和目击者的地址等。

② 请求保险赔偿。

• 在保险人调查、和解或对理赔案件进行应诉、起诉时，被保险人必须与保险人合作。

• 被保险人应迅速将与事故相关的所有法律文件的复印件提供给保险人。

• 应保险人的合理请求，被保险人需要提交：保险人指定医生的体检报告，保险人将支付相应的体检费用；被保险人起誓前提下的调查报告。

• 被保险人应授权保险人取得医疗病例报告。

• 应保险人的请求，被保险人应提供损失的证明。

③ 发生肇事逃逸的处理。请求"未保险驾车人保险"赔偿的被保险人，在发生肇事逃逸案件时，应迅速通知警察，并迅速提供给保险人有关起诉的法律文件的复印件。

④ 请求车损险赔偿。

• 在保险事故发生后，应该采取合理的施救措施，以防保险车辆或"非拥有的汽车"损失进一步扩大。保险人将负责支付由此发生的合理的费用。

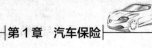

- 如果保险车辆或任何"非拥有的汽车"被偷盗,应迅速通知警察。
- 在事故导致损失的财产被修理或弃置之前,应允许保险人对损失的财产进行检查与评价。

(8) 其他事项

① 承运人或其他雇工不能从本保险中直接或间接受益。

② 如果出现保险标的重复保险的情况,保险人将依据比例责任分摊事故的损失。保险人承担的比例为本保险合同的赔偿金额占所有保险的赔偿金额的总和的比例。而对于被保险人"非拥有的汽车"的损失,保险人只承担其他可适用的保险赔偿以外的超出部分的损失。其他可适用的保险包括"非拥有汽车"的车主购买的保险,其他任何可适用的车身损失保险以及其他任何可适用的损失保险等。

③ 如果保险人或被保险人对事故损失有异议,可以通过鉴定来确定。此时,当事双方均需选择一个有能力的评估机构或评估人进行评估。所选定的两个评估机构或评估人需要再选择一个公断机构或公断人,对评估结果进行公断。评估机构或评估人各自独立地陈述自己所承估的事故损失的实际现金价值或损失程度。如果不能达成一致意见,需要将异议部分提交给公断人,公断人的裁决为最终决定。当事双方需要各自承担自己所选定的评估机构或评估人的评估费用,并共同承担公断人的费用支出。保险人不放弃对保险赔偿争议进行鉴定的权利。

(9) 一般规定

下述一般规定适用于 PAP 保险单的所有保险。

① 被保险人破产。被保险人破产将不影响保险人在本保险合同下的待赔款。

② 本保险合同的变更与保险费的调整。

- 除非保险人背书同意,本保险合同条款不得做任何变更。
- 在保险合同有效期内,当保险汽车的类别与数量、驾驶员、主要的车库地址、保险类别,以及责任免除金额发生变化导致保险费增加或减少时,保险人有调整保险费的权利。在由①和②原因引起的保险费变化时,保险人将按照其保险费率表进行调整。
- 如果增加本保险合同的险种并未增加保险费,当保险人在被保险人所在州对本保险合同调整完成时,本保险合同的调整将自动生效。不论对保险合同的修订是否引用了下一版本或修正版本,此条不适用于在既有某些保险项目增加、又有某些保险项目减少的情况下对保险合同的修订。

③ 欺诈行为。在本保险合同的某一险别下发生保险事故时,如果被保险人有欺诈行为或陈述,保险人拒绝赔偿。

④ 法律诉讼。

- 只有完全满足本保险合同所有条款规定的条件,才能针对保险人采取法律行动。此外,对于第三者责任险,只有在保险人书面同意被保险人有赔偿责任和赔偿数额取决于法庭的最终裁决的情况下,才能对保险人提起诉讼。
- 对于本保险合同,任何个人或机构都无权提出更改被保险人责任的要求。

⑤ 代位追偿。

- 如果事故是由第三方的责任引起的,保险人依据本保险合同进行赔偿后具有代位追偿权,赔偿受益人需要协助保险人行使追偿权利。然而,上述代位追偿权不适用于车损险中没有合理的理由而被授权使用保险汽车的人。
- 如果事故是由第三方的责任引起的,保险人依据本保险合同进行了赔付后,被保险人又从第三方责任人处获得了赔偿，被保险人必须将所得赔款放在为保险人专门开设的信托账户内，优先返还保险人的赔偿金额。

2. 美国的汽车责任险

汽车责任险在美国的大多数州都被列为强制保险的范畴。在美国的私人汽车保险（PAP 保险）中，汽车责任险包括第三者责任险、医疗费用险、未保险驾车人保险。

（1）第三者责任险

① 被保险人。本保险的被保险人是指以下人员。

- 在保险单上列明的被保险人，以及对任何汽车或挂车具有所有权、维修或使用权的被保险人的家庭成员。

- 使用保险车辆的任何人。

- 对本保险单上载明的被保险人使用保险车辆的行为或过失负有法律责任的人或机构。

- 对本保险单上载明的被保险人及其家庭成员，使用除保险车辆外的汽车或挂车的行为或过失负有法律责任的人或机构，且此汽车或挂车必须为非此人或机构拥有或租赁的。

② 保险责任。当被保险人对由其导致的汽车意外事故负有法定责任时，保险人对事故造成的身体伤害或财产损失负责赔偿。损害赔偿包括以下两点。

- 被保险人应负的赔偿额在裁决前发生的利息。

- 保险人有对于事故损失进行和解或应诉的权利。除了负责第三者责任险的赔偿外、保险人负责支付由其产生的诉讼费用。但保险人支付的诉讼或和解费用，以本保险的最高赔偿限额为限。保险人对非本保险范围内的身体伤害和财产损失无应诉和和解的责任。

对保险人的补充赔偿规定如下。

a. 由于事故以及违反相关的交通法规，且已经导致了本保险范围内的人身伤害或财产损失的责任发生，保险人可以为被保险人最多支付 250 美元的保释金。

b. 在保险人应诉的任何案件中，保险人负责支付诉讼费用。

c. 在保险人应诉的案件中，保险人负责支付裁决后赔偿费的累计利息，但当保险人承诺支付未超过本保险责任限额的赔偿金时，支付其累积利息的责任终止。

d. 应保险人请求，被保险人参加法庭听证和审判所引起的收入损失，保险人最多按照每天 200 美元支付。

e. 应保险人请求，被保险人所发生的其他合理费用。

③ 责任免除。本保险的责任免除包括两个部分。

- 保险人对被保险人的第三者责任损失不负责赔偿的情况如下。

a. 被保险人的故意行为导致人身伤害或财产损失。

b. 被保险人自己拥有的财产或其承运的财产损失。

c. 被保险人租赁、使用和负责照料的财产损失，但不包括住宅或私人车库的财产损失。

d. 被保险人的雇员在工作过程中造成的身体伤害，不包括家庭雇员的身体伤害。只有当家庭雇员有工作体伤补偿金保证时，其在工作时的体伤才为本保险的除外责任。

e. 被保险人使用"非其拥有的汽车"从事营运所导致的第三者责任，但不包括分担费用性质的共乘汽车。

f. 使用保险车辆从事公路用汽车的销售、修理、维护、存储，以及停车、试车、运送等作业

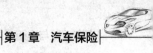

时所导致的第三者损失，但不包括被保险人本人、其家庭成员及其合伙人、代理人、雇员使用保险车辆的情形。

g. 被保险人被雇佣或从事除了农场或牧场和上述责任免除 f 项内容以外的业务，但不包括私人汽车、客货两用车和面包车以及其挂车的维修和使用。

h. 没有被保险人授权的合适理由而使用保险车辆发生责任事故，但不包括被保险人的家庭成员使用被保险人拥有的汽车的情形。

i. 对于投保了核能责任保险的被保险人引起的身体伤害或财产损失，包括因其核能责任保险超出了赔付限度而终止责任的情况。上述核能责任保险须由核能责任保险协会、原子能责任保险代理人联合会、加拿大的核能保险协会及其后继者提供。

• 保险人对被保险人所拥有的、维修的或使用的下列汽车，不提供第三者责任保险。

a. 任何少于四轮的汽车，或主要设计用于非公共道路上使用的汽车，但不包括被保险人用于从事医疗紧急状态服务的车，也不包括挂车和高尔夫球车。

b. 除了保险车辆以外，任何被保险人拥有的汽车或供其经常使用的汽车。

c. 除了保险车辆以外，任何被保险人家庭成员拥有的汽车或供其经常使用的汽车，但不包括被保险正在维修或乘用上述汽车的情形。

d. 为比赛而专门设计的汽车，用于从事竞技、练习或准备进行比赛或速度竞争的车。

④ 责任限额。

• 对于任一起交通事故，在保险单上载明的个人人身伤害的责任限额，为保险人支付的所有损害赔偿的最大责任限额，包括照顾伤者的费用、伤者的收入补偿费用，以及由体伤引起的死亡费用。同样，对于任一起交通事故，在保险单上载明的财产损失的责任限额，为保险人支付的所有财产损失的最大责任限额。不论保险单上载明的被保险人、赔偿请求、保险车辆或在一起事故中涉及的车辆等的多少，保险人的赔偿都不超过所规定的最高赔偿限度。

• 对于第三者责任保险、本保险单中的医疗费用险和未保险驾车人保险，同一事故损失不允许获得重复赔偿。

⑤ 州外保险。如果本保险的责任事故发生在非保险车辆主要停放的州，保险人按照以下原则进行责任赔偿。

• 如果该州有相应的财务责任或特定的针对身体伤害和财产损失的责任限额，且其高于本保险单载明的赔偿限额，保险人将按照较高的责任限额给付第三者责任损失的赔偿。

• 如果该州有相应的法律，要求非其居民在该州使用汽车时，强制进行汽车责任保险，本保险合同将提供法定最低要求的保险险种和保险额。

• 针对同一事故损失，任何人都无权得到重复赔偿。

⑥ 财务责任。如果该保险被认定为未来财务责任的证明，本保险应符合相应的法律规定。

⑦ 其他保险。如果还有其他可适用的第三者责任保险，保险人将依据比例责任分摊事故的损失。保险人承担的比例为本保险合同的赔偿金额占所有可适用保险的赔偿总额的比例。而对于被保险人"非其拥有的汽车"导致的第三者责任损失，保险人只负责其他可适用的保险赔偿以外的超出部分。

（2）医疗费用险

① 被保险人。本保险的被保险人是指：

• 作为乘员或行人而被公路上行驶的汽车撞击引起伤害的被保险人或其任何家庭成员；

- 其他任何乘坐保险车辆的人。

② 保险责任。当发生意外事故时，对于上述被保险人因身体伤害引起的必要的医疗和丧葬费用，保险人员负责支付从发生事故起 3 年以内的合理费用。

③ 责任免除。保险人对下列原因导致的被保险人身体伤害不负责赔偿。

- 少于 4 个车轮的汽车引起的。
- 保险车辆从事公共或营业运输，但不包括分担费用性质的共乘汽车。
- 被当成住房或正在其内居住的任何汽车造成的体伤。
- 工作过程中发生身体伤害，且有相应的工作体伤补偿金保证的。
- 由被保险人拥有的、供其经常使用的、除了保险车辆以外的汽车导致的乘员伤害，或撞击所引起的体伤。
- 由被保险人的家庭成员拥有的或供其经常使用的、除了保险车辆以外的汽车导致的乘员伤害，或撞击所引起的体伤，但不包括保险单指定的被保险人的体伤。
- 对于没有被保险人授权的合理理由乘坐汽车所导致的伤害，但不包括被保险人的家庭成员使用被保险人所有的保险车辆的情况。
- 被保险人用于从事经营的汽车上的乘员的体伤，但不包括被保险人所属的私人汽车、客货两用车、面包车，以及相应的挂车的乘员的体伤。
- 由包括偶然事故导致的核能的放射、战争、内战、叛乱和革命等原因造成的或由可控的或不可控的核反应、辐射和放射性污染引起的体伤。
- 由为比赛而专门设计的、从事竞技、练习或准备进行比赛或速度竞争的汽车所引起的体伤。

④ 责任限额。

- 不论保险单上载明的被保险人、赔偿请求、保险车辆或在一起事故中涉及的汽车等的多少，保险单上列明的本保险的责任限额是保险人为每一起意外事故引起的每个伤员的最大责任限额。
- 对于本保险单下的第三者责任险、未保险驾车人保险等保险责任范围内的同一体伤，任何人都不允许得到重复赔偿。

⑤ 其他保险。如果还有其他可适用的医疗费用保险，保险人将依据比例责任分摊事故的损失。保险人承担的比例为本保险合同的赔偿金额占所有保险的赔偿金额的总和的比例。而对于被保险人"非其拥有的汽车"所导致的医疗和丧葬费用，保险人只负责其他可适用的保险赔偿以外的超出部分。

（3）未保险驾车人保险

① 被保险人。本保险的被保险人是指如下人员。

- 保险单上载明的被保险人或其任何家庭成员。
- 乘坐保险汽车的任何其他乘员。

② 未保险汽车的范围。本保险中的未保险汽车，是指具有如下特征的任何类型的道路车辆或挂车。

- 在意外事故发生时，没有可适用的身体伤害责任保险。
- 在意外事故发生时，虽然有身体伤害责任保险，但其保险金额少于保险车辆主要存放地所在州的财务责任法对身体伤害责任所规定的最低限额。
- 撞击被保险人或其家庭成员，或与被保险人或其家庭成员乘坐的汽车相撞、或与保险车辆相撞的汽车，在肇事后逃逸且无法找到其车主或驾驶员的。

- 当意外事故发生时，虽然对方有可适用的身体伤害保险，但其保险公司拒绝赔偿或破产倒闭的。

但是，未保险的汽车不包括下述任何车辆或设备。

- 被保险人或其家庭成员拥有的或供其经常使用的汽车。
- 在有相应的汽车法规规定的情况下，自我保险者拥有或使用的汽车，但自我保险者无力偿付的情况除外。
- 由政府机构所有的汽车。
- 轨道车辆。
- 设计上主要用于非公共道路上使用的汽车。
- 被当作住宅或住宅一部分来使用的汽车。

③ 保险责任。被保险人由于未保险车辆在维修或使用过程中导致的身体伤害，且未保险车辆的车主或驾驶员对事故负有法定责任时，保险人负责对被保险人进行损害赔偿。如果没有保险人的书面同意，任何针对事故损害赔偿的诉讼及其判决对保险人无约束力。

④ 责任免除。

- 被保险人或其家庭成员因乘坐或被汽车所撞击，该车及其挂车为被保险人或其家庭成员所有，且被保险人未投保本保险的。
- 不经保险人同意，被保险人或其法定代表人就身体伤害案件达成和解的。
- 使用保险车辆从事公共或营业性运输的，但分担费用性质的共乘汽车除外。
- 无被保险人授权的合适理由而使用保险车辆的，但不包括被保险人的家庭成员使用被保险人拥有的汽车。
- 从《工作赔偿法》或《残疾人利益法》直接或间接受益的被保险人。
- 保险责任事故引发的惩罚性赔偿。

⑤ 责任限额。

- 对于任一起交通事故，在保险单上载明的未保险驾车人保险的责任限额，为保险人支付的所有损害赔偿的最大责任限额，包括照顾伤者的费用及由体伤引起的死亡费用等。不论保险单上载明的被保险人、赔偿请求、保险车辆或在一起事故中涉及的汽车等的多少，保险人的赔偿都不超过规定的最高赔偿限度。
- 在本保险单中，就同一事故损失，任何受害人都无权得到重复赔偿。
- 如果某个人或机构对保险事故负有法律责任并进行了赔偿，保险人不能提供重复赔偿。
- 如果受害人有权从工作赔偿法或残疾人赔偿法中获得本保险相同损失的补偿，保险人将不再进行损失赔偿。

⑥ 其他保险。当有与本保险相似的其他一种或多种保险时：

- 对于任一车辆，所有保险下的损害赔偿可以等于但不能大于相应的基本险或附加险规定的最高赔偿限额；
- 对于被保险人"非其拥有的汽车"，保险人只负责赔偿任何基本险所提供的赔偿以外的超出部分；
- 对于附加险，保险人将依据比例责任分摊事故的损失，承担的比例为本保险合同的赔偿金额占所有可适用的附加险的赔偿总额的比例。

1.5.2 日本汽车保险

日本的汽车保险始创于 1914 年。1947 年起，日本各保险公司使用统一的普通保险条款和保险费率。1948 年，日本成立了损害保险费率厘定协会，1955 年制定《自动车辆损害赔偿保障法》，1964 年成立机动车辆保险费率厘定协会。1996 年 12 月，日美达成保险协议后，从 1997 年 9 月起，日本采用风险细分型机动车辆保险，1998 年 7 月起实行多样化费率。从此，日本进入了保险产品和保险费率多样化的竞争时代。

日本汽车保险制度包括强制汽车责任保险与任意汽车保险两大体系。强制汽车责任保险是以 1955 年制定多次修订的《自动车损害赔偿保障法》作为法律依据。该保险提供了最完整的汽车保险保障，与任意汽车保险相辅相成，构成了日本最完整的汽车保险。

1. 强制汽车责任保险

（1）《自动车损害赔偿保障法》的主要内容

为执行强制汽车责任保险，日本《自动车损害赔偿保障法》规定，除有政令所规定的正当理由外，保险公司不得拒绝订立责任保险合同；未订立汽车保险合同的车辆不得行驶；未参加强制汽车责任保险者，不得驾驶汽车。汽车不备置损害赔偿责任保险证明书，不得提供运营业务。否则，一经发现，判处 6 个月以下的有期徒刑，或处以 50 000 日元的罚款。这种强有力的制裁手段，以及严格有效的监督检查，有力地保障了强制保险的执行。

同时，强制汽车责任保险与汽车检查制度相结合。根据日本《道路运送车辆法》规定，汽车所有人申请汽车登录、运行许可或检查等事项，应向行政厅出示保险证明书，未出示保险证明书或保险证明书上记载的保险期间未能涵盖汽车检查证或临时运行许可证等有效期间的，行政厅不予登录或核发检查证等。

（2）采用过失推定制

过失推定制使受害者在遭受意外事故时不负举证责任，而直接推定加害人有过失。另外，对于无保险车辆或肇事逃逸车辆所造成的意外事故，在《自动车损害赔偿法》第 5 章规定由政府负责赔偿，起到了保障无辜受害第三人的目的。

（3）政府再保险政策

《自动车损害赔偿保障法》规定，保险公司所承保的自赔险保险合同，除轻型机车外，由政府就其承保额的 60% 进行再保险业务。日本建立再保险制度，目的在于通过国家再保险制度，分散保险公司的风险，鼓励保险公司开办此项业务。

2. 任意汽车保险的承保项目

（1）身体伤害死亡损失责任保险

被保险人所有、使用、管理的被保险汽车，致使他人身体伤害或死亡，依法应由保险公司负责的赔偿责任，按保险合同约定负责赔偿。

（2）汽车驾驶人伤害保险

该保险自动附加于身体伤害死亡损失责任保险中，承保被保险人因被保险汽车行驶时，发生外来意外事故，致使其身体伤害、死亡的损失。

（3）无保险汽车伤害保险

无保险汽车发生意外事故，致使被保险人身体伤害或死亡，在被保险人投保对人赔偿保险的保险金额范围内，由保险公司负责赔偿被保险人的损失。保险人赔偿后，在保险赔款范围内，代位行使被保险人对加害人的损害赔偿请求权。

（4）财产损失责任保险

汽车意外事故除造成人的身体伤害、死亡外，还可能发生汽车相互碰撞、冲撞房屋或建筑等财产损失。财产赔偿责任保险成立的要件，必须是有形的物体因汽车发生事故而遭受具体损害。

（5）汽车损失保险

汽车损失保险是补偿汽车因意外事故致使车体本身损失的保险。意外事故是指碰撞、翻落、倾覆、抛掷物或坠落物的冲击、火灾、窃盗等一切意外事故。

（6）乘客伤害保险

乘客伤害保险承保的被保险汽车在行驶中发生外来突发的意外事故，造成其乘客受伤或死亡所致的损失。

| 小　结 |

1. 风险是一种客观存在，不以人的意志为转移。其主要特征有客观性、普遍性、社会性、不确定性、可测定性以及发展性。风险主要由风险因素、风险事故和损失构成。

2. 风险管理是指个人或社会团体通过对风险进行识别与度量，选择合理的经济与技术手段主动地、有目的地、有计划地对风险加以处理，以最小成本去争取最大的安全保障和经济利益的行为。风险管理的主要内容包括识别风险、评估风险和处理风险等。

3. 可保风险是指保险所承担的风险。可保风险必须具备可能性、偶然性、意外性、纯粹性、同质性等条件。

4. 保险是投保人根据合同约定，向保险人支付保险费，保险人对于合同约定的可能发生的事故因其发生所造成的财产损失承担赔偿保险金责任，或者当被保险人死亡、伤残、疾病或者达到合同约定的年龄、期限时承担给付保险金责任的商业保险行为。保险具有合法性、商业性、风险性和金融性四大特征。除此之外，保险还具有比较特征。

5. 按保险的性质分类，可将保险分为商业保险、社会保险和政策保险；按保险立法中的规定分类，可分为财产保险和人身保险（汽车保险属于财产保险）；按照不同的标的分类，保险可分为财产保险、责任保险、信用保证保险和人身保险四大类。

6. 汽车保险是指对机动车辆由于自然灾害或意外事故所造成的人身伤亡或财产损失负赔偿责任的一种商业保险。保险的要素有前提要素、基础要素和功能要素。

7. 汽车保险的特征可以概括为保险标的出险率较高；业务量大，投保率高；扩大保险利益；被保险人自负责任与无赔款优待。

8. 汽车保险可分为机动车辆损失险、机动车辆第三者责任险、机动车交通事故责任强制保险以及机动车辆保险的附加险。

9. 机动车辆保险的附加险包括全车盗抢险、玻璃单独破碎险、自燃损失险、车身划痕损失险、新增加设备损失险、发动机涉水损失险、车上人员责任险、车上货物责任险、无过失责任险、修理期间费用补偿险、车上货物责任险、精神损害抚慰金责任险、不计免赔率险、机动车损失保险无法找到第三方特约险、指定修理厂险等。

10. 汽车保险原则包括保险与防灾减损相结合的原则、保险利益原则、最大诚信原则、近因原则、损害补偿原则等。

11. 美国汽车保险主要包括车损险和汽车责任险。

12. 日本汽车保险制度包括强制汽车责任保险与任意汽车保险两大体系。

13. 单方肇事事故指不涉及与第三者有关的损害赔偿的事故，不包括自然灾害引起的事故。

习　题

1. 什么是风险？风险的要素及其特征分别是什么？

2. 处理风险的方法有哪些？

3. 汽车保险的作用是什么？

4. 汽车保险的特征有哪些？

5. 汽车保险原则包括＿＿＿＿＿＿、＿＿＿＿＿＿、＿＿＿＿＿＿、＿＿＿＿＿＿、＿＿＿＿＿＿等。

6. 汽车保险的附加险包括＿＿＿＿＿＿、＿＿＿＿＿＿、＿＿＿＿＿＿、＿＿＿＿＿＿、＿＿＿＿＿＿、＿＿＿＿＿＿等。

7. 在哪些情况下，交强险不负责赔偿损失和垫付费用？

8. 车损险的保险责任及责任免除包括哪些内容？保险金额的确定方式有哪几种？

9. 我国汽车盗抢险的保险责任及责任免除包括哪些内容？

10. 案例分析题

案例分析1：*年10月18日，某科技公司将其所有的车辆向某保险公司投保车辆损失险、第三者责任险、盗抢险等险种，保险期限自*年10月19日起至次年10月17日止，其中盗窃险的保险金额为40万元。次年2月5日晚，司机王某将该车停放在某物业公司经营管理的汽车停车场内，交由该停车场保管，该停车场将"取车凭证"交给了司机。次日上午，王某去取车时，发现车辆被盗，停车场也出示证明证实该车是在其停车场内被盗的。随后王某向公安机关报案。三个月后，公安机关出示证明证实，未能侦破此案。被保险人某科技公司依据车辆保险合同向保险公司提出索赔。保险公司依据合同约定，向被保险人某科技公司支付了32万元的盗窃险赔偿金。与此同时，某科技公司也向保险公司出示了权益转让书，将该车项下32万元的权益转让给了保险公司。保险公司遂向法院提起诉讼，要求停车场赔偿该车项下32万元的损失。停车场认为：保险公司无权向停车场索赔；停车场因没有收取车辆保管费，该车辆保管合同是无偿的，停车场不承担赔偿责任。

请问：保险公司在支付保险补偿金后是否有权向停车场索赔？车辆停车场先停车后交费，车辆丢失后，停车场该不该赔？

案例分析2：车牌号为×××号的小车原系潘某所有并挂靠于车队从事运输经营。潘某于2013年12月12日为该车向保险公司投保车辆损失险、第三者责任险等，保险期限自2013年12月13日0时起至2014年12月12日24时止。保险期限内潘某将该车转卖给黄某，但双方没有到有关部门办理机动车辆买卖过户手续，亦未告知保险公司该车辆转让事宜并已办理相关的保险变更批改手续。黄某又与王某合伙经营该车，并雇用驾驶员张某。2014 年 5 月 10 日晚，张某驾驶该车发生了两车碰撞的重大交通事故，造成对方车辆驾驶员死亡及车辆损坏。该事故经交警认定，张某应负事故的全部责任。为此，黄某、王某要求保险公司理赔。保险公司以黄某、王某不具有诉讼权和保险合同约定的免责条款等为由而拒绝支付赔偿。原告黄某、王某于 2015 年 3 月 2 日诉至法院，请求判令保险公司支付保险赔偿金。

　　请问：保险公司是否应该支付保险赔偿金？为什么？

第 2 章
汽车保险投保

【学习目标】

- 了解选择汽车保险的原则
- 掌握汽车保险费的计算方法
- 了解汽车保险投保的注意事项
- 掌握汽车保险合同的基本内容及其一般法律规定
- 了解汽车投保方案的选择
- 了解汽车保险的投保技巧
- 掌握汽车投保单的填写
- 了解汽车保险的续保要点和技巧

|2.1 汽车保险投保准备|

　　保险的目的是最大程度地减小风险产生的后果，机动车辆保险也不例外。它是车辆的所有者基于对机动车这种特殊的生活用品的风险保障需要，根据自己的具体情况，选择不同的保险公司，投保不同的保险品种，也是法律赋予投保人的权利。《保险法》第十一条明确规定："订立保险合同，应当协商一致，遵循公平原则确定各方的权利和义务。除法律、行政法规规定必须保险的外，保险合同自愿订立。"

　　随着承接车辆保险业务的保险公司不断增加，各保险公司根据车辆具体情况和投保人的不同，纷纷推出了不同保险内容及费率的车辆险种。整个车辆保险市场日趋多元化，竞争也日趋激烈。这一方面提高了车辆保险行业的规范性和服务质量，另一方面也使客户的投保有了更大的选择余地，能够选择自己信赖的保险公司和适合自己的保险产品。

2.1.1 选择汽车保险的原则

1. 国内投保的原则

《保险法》第七条规定："在中华人民共和国境内的法人和其他组织需要办理境内保险的，应当向中华人民共和国境内的保险公司投保。"这里的保险公司，包括国内的保险公司以及经保监会批准的以独资或合资方式在中华人民共和国境内开办的外资保险公司。目前，交强险和商业险业务经保监会批准，中外资保险公司都可以开展。

2. 信誉和服务原则

保险公司作为经营风险转移业务、提供损失补偿的信誉企业，其自身的诚信和服务质量对投保人或被保险人来说是至关重要的。因为投保人交付保险费后，得到的仅是损失补偿的承诺，但是由于风险的客观性和不确定性，一旦不幸的事情发生，这种承诺能否兑现就取决于保险公司的偿付能力和信誉度。因此，要想得到可靠的经济补偿和完善的保险服务，就要坚持信誉第一、服务便捷的原则，到资产雄厚、经营稳健、信誉好、服务体系完善的保险公司投保。

3. 高性价比原则

目前，各保险公司开办的车险险种较多，投保人选择的空间很大，投保时要精心挑选具有最佳性价比的产品。所谓性价比最佳是指所选的产品交费较少而保障范围较大，既能充分满足风险保障的需求，又不造成经济上的浪费，即根据自身风险保障的需求及同类产品在价格上的差异，合理地挑选产品，进行投保。

2.1.2　汽车保险的参与人

在汽车保险活动中，参与的人有汽车保险人、汽车投保人、被保险人、汽车保险中介以及汽车保险的监管部门。

1. 汽车保险人

保险人是指与投保人订立保险合同，并承担赔偿或给付保险金责任的保险公司。在汽车保险中，保险人就是经营汽车保险的保险公司。保险人有权决定是否承保，有权要求投保人履行如实告知义务，有权代位追偿、处理赔偿后的损余物资，同时也有按规定及时赔偿的义务。

重点、难点提示

我国设立保险公司的条件

在我国，设立保险公司应当经国务院保险监督管理机构批准，具备下列条件。

① 主要股东具有持续盈利能力，信誉良好，最近三年内无重大违法违规记录，净资产不低于人民币二亿元。

② 有符合本法和《公司法》规定的章程。

③ 有符合本法规定的注册资本。

④ 有具备任职专业知识和业务工作经验的董事、监事和高级管理人员。

⑤ 有健全的组织机构和管理制度。

⑥ 有符合要求的营业场所和与经营业务有关的其他设施。

⑦ 法律、行政法规和国务院保险监督管理机构规定的其他条件。

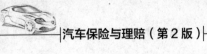

2. 汽车投保人

投保人是指为机动车辆办理保险并支付保险费的组织或个人。一般的投保人是机动车辆的所有者或使用者。当然，投保人不一定是车主本人。投保人是任何保险合同不可或缺的当事人之一，它既可以是自然人也可以是法人。

投保人应当具备以下三个条件：第一，投保人必须具有相应的权利能力和行为能力，否则所订立的保险合同不发生法律效力；第二，投保人对保险标的必须具有保险利益，即对保险标的具有法律上承认的利益，否则投保人不能与保险人订立保险合同，若保险人在不知情的情况下与不具有保险利益的投保人签订了保险合同，该保险合同无效；第三，投保人应承担支付保险费的义务，不论投保人为自己利益还是为他人利益订立保险合同，均应承担支付保险费的义务。

3. 被保险人

被保险人是指其财产或人身受保险合同保障，享有保险金请求权的人。投保人可以是被保险人。

在财产保险中，投保人可以与被保险人是同一人。如果投保人与被保险人不是同一人，则财产保险的被保险人必须是保险财产的所有人，或者是财产的经营管理人，或者是与财产有直接利害关系的人，否则不能成为财产保险的被保险人。

在人身保险中，被保险人可以是投保人本人。如果投保人与被保险人不是同一人，则要求投保人与被保险人存在行政隶属关系或雇佣关系，或者投保人与被保险人存在债权和债务关系，或者投保人与被保险人存在法律认可的继承、赡养、抚养或监护关系，或者投保人与被保险人存在赠与关系，或者投保人是被保险人的配偶、父母、子女或法律所认可的其他人。

在机动车辆保险合同中，被保险人一般指机动车辆的所有人或对其具有利益的人，也就是驾驶证上登记的车主。

重点、难点提示

投保人和被保险人的关系有两种。第一，相等关系。在机动车辆保险中，投保人为自己的机动车辆投保，那么投保人就是被保险人。第二，不等关系。投保人为他人的机动车辆投保，保险合同一经成立，投保人与被保险人分属两者。被保险人是因保险事故发生而遭受损失的人，具有请求赔偿的权利，而投保人没有。

4. 汽车保险中介

保险中介指介于保险经营机构之间或保险经营机构与投保人之间，专门从事保险业务咨询与销售、风险管理与安排、价值衡量与评估、损失鉴定与理算等中介服务活动，并从中依法获取佣金或手续费的单位或个人。保险中介组织主要有保险代理人、保险经纪人、保险公估人，另有一些间接为保险服务的中介组织，如会计师事务所、律师事务所、审计事务所等。本书中主要指汽车保险代理人、汽车保险经纪人、汽车保险公估人。

保险代理人受保险人的委托，代表保险公司的利益，在保险人的授权范围内从事保险经营活动；保险经纪人基于投保人的利益，以自己的名义开展保险经营活动；保险公估人既可以受托于保险人，也可以受托于被保险人，但既不代表保险人的利益也不代表被保险人的利益，而是站在中立的立场上，对委托事件做出客观、公正的评价，为保险关系当事人提供服务。三者具有不同的作用，在保险市场中占有不同的地位。

（1）保险代理人

当前，我国车险市场上保险代理人一般都是承保代理人。保险代理人代表保险公司向消费者推销各种保险产品，同时将消费者对保险的需求信息及时反馈给保险公司，是保险公司与保险需求者之间的纽带和桥梁。通过他们，保险公司的保险产品得以售出，单位和个人的保险需求得以满足。

① 保险代理人的含义。所谓代理，是指代理人根据被代理人的委托，在被代理人的授权范围内以被代理人的名义同第三方进行的民事法律行为。

 重点、难点提示

代理作为一种民事法律行为具有以下特征。

- 代理人必须以被代理人的名义进行活动。
- 代理必须在代理的权限内进行活动。
- 代理人以被代理人的名义与第三者进行活动必须具有法律意义。
- 代理行为的法律后果直接归权于被代理人。

保险代理人是指根据保险人的委托，在保险人授权的范围内代为办理保险业务，并依法向保险人收取代理手续费的单位或者个人。

② 保险代理人的分类。根据中国《保险代理人管理规定（试行）》，保险代理人分为专业代理人、兼业代理人和个人代理人三种。其中，专业保险代理人是指专门从事保险代理业务的保险代理公司。在保险代理人中，只有专业保险代理人具有独立的法人资格。兼业保险代理人是指受保险人委托，在从事自身业务的同时，指定专用设备专人为保险人代办保险业务的单位，主要有行业兼业代理、企业兼业代理、金融机构兼业代理、群众团体兼业代理等形式。个人代理人是指根据保险人的委托，在保险人授权的范围内代办保险业务并向保险人收取代理手续费的个人。个人代理人展业方式灵活，为众多寿险公司广泛采用。

根据《保险法》和《保险代理人管理规定（试行）》，从事保险代理业务必须持有国家保险监管机关颁发的《保险代理人资格证书》，并与保险公司签订代理公司，获得保险代理人展业证书后，方可从事保险代理活动。国家对上述三类不同的保险代理人都分别规定了其各自应具备的条件。

保险代理人因类型不同业务范围也有所不同。保险代理公司的业务范围是：代理推销保险产品、代理收取保费，协助保险公司进行损失的勘查和理赔等。兼业保险代理的人业务范围是：代理推销保险产品、代理收取保费。个人代理人的业务范围是：财产保险公司的个人代理人只能代理家庭财产保险和个人所有的经营用运输工具保险及第三者责任保险等，人寿保险公司的个人代理能代理个人人身保险、个人人寿保险、个人人身意外伤害保险和个人健康保险等业务。

③ 专业代理人。专业代理人指专门从事保险代理业务的保险代理公司，其组织形式为有限责任公司。专业代理人必须具备以下条件。

- 公司最低实收货币资金为人民币 50 万元。在公司的资本中，个人资本总和不得超过资本金总额的 30%；每一个人资本不得超过个人资本总和的 50%。
- 有符合规定的章程。
- 有至少 30 名持有《保险代理人资格证书》的代理人员。

- 有符合任职资格的董事长和总经理。

- 有符合要求的营业场所。

④ 兼业代理人。它指受保险人委托，在从事自身业务的同时，指定专人为保险人代办保险业务的单位。兼业代理人必须符合下列条件。

- 具有所在单位法人授权书。

- 有专人从事保险代理业务。

- 有符合规定的营业场所。兼业代理人的业务范围仅限于代理销售保险单和代理收取保险费。

⑤ 个人代理人。它指根据保险人委托，向保险人收取代理手续费，并在保险人授权范围内，代为办理保险业务的个人。凡持有《保险代理人资格证书》者，均可申请从事保险代理业务，并由被代理的保险公司审核登记报当地保险监督管理部门备案。个人代理人的业务范围仅限于代理销售保险单和地理收取保险费，不得办理企业财产保险和团体人身保险。另外，个人代理人不得同时为两家（含两家）以上保险公司代理保险业务，转为其他保险公司代理人时，应重新办理登记手续。

⑥ 保险代理人的法律特征。保险代理人主要有以下几个法律特征。

- 保险代理人只能以被保险人（即授予代理权的保险人）的名义进行民事法律活动。

- 保险代理人必须在保险人授权范围内进行活动。保险代理人在代理合同所规定的授权范围内，以保险人名义为保险人招揽业务，销售保险产品，并以代理手续费的形式从保险人处获得报酬。

- 保险代理人依照保险代理合同以保险人名义进行民事法律活动的后果由保险人最终承担。投保人通过保险代理人购买的保险公司的保险产品，其赔偿和给付保险金的责任由保险人负责。

- 保险代理人可以是法人、非法人组织或自然人。具有法人资格的保险代理人为专业的保险代理公司，自然人代理人为个人代理人，兼业保险代理人可以是法人单位或法人单位的分支机构。

- 保险代理人接受保险监管机关的监督和管理。保险代理人开展保险业务必须经保险监督管理部门的批准，非个人保险代理人必须要取得经营保险代理业务许可证，从事保险代理业务的人员必须参加保险代理资格考试并获得《保险代理人资格证书》。

- 保险代理人从事保险代理业务必须遵守国家有关法律和行政规章，遵循自愿和最大诚信原则。保险代理人违法违规活动，将受到国家保险监督管理机构或其他主管部门的处罚，情节严重构成犯罪的，将由司法机关追究刑事责任。

⑦ 保险代理合同。保险代理合同是指保险代理人与被代理的保险公司之间根据平等互利、双方自愿的原则，规定双方权利和义务的书面协议。一方面，代理合同通过规定保险代理人的代理权限和违约责任来约定代理人的行为，保护保险人和投保人的利益；另一方面，它规定保险代理人在授权范围内所进行的保险行为，保险人必须承担责任，并按合同约定支付代理手续费，从而保护代理人的利益。

保险代理合同的签订范围广泛，它可以发生在法人之间，如保险人与保险代理公司或具有法人地位的兼业代理人签约；可以发生在法人与非法人组织之间，如保险人与法人组织的分支机构签约；也可以发生在法人与自然人之间，如保险人和个人代理人签约。

保险代理合同的主、客体。保险代理合同的主体是指签订保险代理合同的双方当事人即保险人和保险代理人。保险人必须是经国家保险监督管理机构备案，领取《经营保险代理业务许可证》《经营保险代理许可证（兼业）》的单位组织，或持有《保险代理人资格证书》的个人。保险合同的客体是指合同双方当事人履行权利、义务的共同指向——保险代理行为。

重点、难点提示

保险合同的内容

- 合同双方的名称。
- 代理权限范围。
- 代理地域范围。
- 代理期限。
- 代理的保险产品。
- 保险费划缴方式和期限。
- 代理手续费支付标准和方式。
- 违约责任。
- 争议处理。

保险代理合同还应注明签约时间和地点，须经双方当事人签章后生效。合同一般一式三份，签约双方各一份，保险监督管理机构备案一份。

（2）保险经纪人

① 保险经纪人的概念及法律特征。保险是一个专业化程度很高的服务行业。保险商品具有不可感知性、不可分离性、易消失等特点，投保人往往不清楚保险商品的利弊。在保险交易中，由于投保人和保险人之间的信息不对称，容易产生不利于投保人的情况。从市场角度看，保险经纪人了解和熟悉市场上各家保险公司的险种设计、承保原则、索赔程序、理赔服务、经营管理、资金运用及财务收支等情况，并且具备娴熟的保险技术和广泛的市场关系。保险经纪人从被保险人的利益角度出发，以其专业知识和保险经验为客户提供保险咨询、保险处理方案，参与保险交易，或者代表投保人与保险公司签订保险合同。他的参与可以使广大投保人避免投保行为的盲目性，有效地减少保险纠纷，有利于保护被保险人的利益，促进良性的保险市场运行机制的形成和完善，促进保险市场的公平有序竞争。

保险经纪人在保险市场中占有重要的位置。在美国保险市场中有 120 余万名保险经纪人，他们控制了大城市的大部分工商企业的保险业务；在英国则有 3 200 多家保险经纪公司，由保险经纪人招揽的业务超过保险业务收入的 60%；在德国，工业企业保险业务的 50%～60%是通过保险经纪人实现的，个人保险业务的 8%也是由保险经纪人揽来的，高于银行代销（5%）和保险公司直销（7%）。目前，我国有保险经纪机构近 300 家，但通过保险经纪公司实现的保费收入占总保费收入的比重还不高，这也说明保险经纪人在我国有着巨大的发展空间。

 重点、难点提示

保险代理机构、保险经纪人应当具备国务院保险监督管理机构规定的条件，取得保险监督管理机构颁发的经营保险代理业务许可证、保险经纪业务许可证。

以公司形式设立保险专业代理机构、保险经纪人，其注册资本最低限额适用《中华人民共和国公司法》的规定。

《保险法》第一百一十八条规定："保险经纪人是基于投保人的利益，为投保人与保险人订立保险合同提供中介服务，并依法收取佣金的机构。"从该条规定来看，保险经纪人具有以下几点法律特征。

- 保险经纪人是投保人的代理人，其必须接受投保人的委托，基于投保人的利益，按照投保人的要求进行业务活动。保险代理机构、保险经纪人应当有自己的经营场所，设立专门账簿记载保险代理业务、经纪业务的收支情况。

- 保险经纪人不是合同当事人，其仅为促使投保人与保险人订立合同创造条件，组织成交，提供中介服务，而不能代保险人订立保险合同。

- 保险经纪人只能以自己的名义从事中介服务活动，但其有自行选择向哪家保险公司投保的权利。

- 保险经纪人从事的是有偿活动，有权向委托人收取佣金。其佣金主要有两种形式。一种是由保险人支付的，主要来自其所收保险费的提成。另一种是当投保人有必要委托经纪人向保险人请求赔付时，由投保人向经纪人支付相关报酬。

- 保险经纪人必须是依法成立的单位而非个人，并承担其活动所产生的法律后果。投保人对保险经纪人的经纪活动并不承担责任，经纪人因其过错造成的损失由自身承担。

② 保险经纪人的业务范围。《保险经纪人管理规定（试行）》规定，经过保险监管部门批准，保险经纪公司可以经营以下业务。

- 以订立保险合同为目的，为投保人提供防火、防损或风险评估以及风险管理咨询服务。通过保险经纪人提供的以上专门服务，可以使被保险人的防灾工作、风险管理工作做得更好，就可以以较低的费率获得保障利益。

- 以订立保险合同为目的，为投保人拟订投保方案，办理投保手续。投保方案的选择是一项专业技术性很强的工作，被保险人自己通常不能胜任，保险经纪人就可以以其专业素质，根据保险标的情况和保险公司的承保情况，为投保人拟订最佳投保方案，代为办理投保手续。

- 在保险标的或被保险人遭遇事故和损失的情况下，为被保险人或受益人代办检验、索赔。

- 为被保险人或受益人向保险公司索赔。

- 再保险经纪人凭借其特殊的中介人身份，为原保险公司和再保险公司寻找合适的买（卖）方，安排国内分入、分出业务或者安排国际分入、分出业务。

- 保险监管机关批准的其他业务。

保险经纪人有严格的执业规则，世界各国都对其实行严格的执业管理。我国《保险法》规定，因保险经纪公司过错，给投保人、被保险人造成损失的，由保险经纪公司承担赔偿责任。

重点、难点提示

保险经纪人也像保险代理人一样，向保险人收取佣金，如为投保人提供保险咨询、充当顾问时。

保险经纪人收取保险费的行为，对保险人无约束力，即法律上不视为保险人已经收到，被保险人不能以此为由主张保险合同业已成立。但是在投保人或被保险人授权的情况下，保险经纪人在授权范围内所做的行为则对投保人或被保险人有约束力。此时，保险代理人收取保险费后，即使实际尚未交付给保险人，在法律上也视为保险人已收到。

保险经纪人的业务范围要比保险代理人广，如受保险人的委托充当保险人的代理人，也可以代理保险人进行损失的勘察和理赔，甚至还可以从事保险和风险管理咨询服务。

（3）保险公估人

保险公估人是保险业发展不可或缺的重要组成部分，在保险市场上具有不可替代的作用，它和代理人、保险经纪人一起构成了保险中介市场的"三大支柱"。

① 保险公估人的概念。保险公估人是指依照法律规定设立，受保险公司、投保人或被保险人委托办理保险标的的查勘、鉴定、估损以及赔款的理算，并向委托人收取酬金的公司。公估人的主要职能是按照委托人的委托要求，对保险标的进行检验、鉴定和理算，并出具保险公估报告，其不代表任何一方的利益，使保险赔付趋于公平、合理，有利于调停保险当事人之间关于保险理赔方面的矛盾。

　　② 保险公估人的性质。根据保险公估人的定义可知，保险公估人是接受委托，为投保标的或受损标的提供评估、鉴定或查勘、估损和理算，并且出具公估报告书的保险中介公正服务机构。保险公估人具有以下特点。

　　• 任何场合保持独立、中立和公正。独立于保险人和被保险人之外，在检验、定损过程中始终保持中立、公正，是保险公估人维护其信誉，获得社会信任的前提，也是与保险公司的理赔人员、代表保险公司或被保险人利益的专家之间的区别所在。保险公估人的这一性质决定了其不能成为政府部门或保险公司的附属机构，必须是有独立财产，实行保险公估人执业、自立信誉、自负盈亏、自我发展、独立管理内部事务的法人或非法人团体。

　　• 纳入保险监管范围。保险公估人的具体经营活动直接作用于保险标的，与保险合同双方当事人发生联系，因此应纳入保险监管范围。

　　③ 保险公估人的分类。保险公估人可以从不同的角度进行分类。

　　• 根据保险公估人在保险公估执业过程中的先后顺序分类。根据保险公估人在保险公司执业过程的先后顺序不同，可以将保险公估人分为两类：一类是核保时的公估人；另一类是理赔时的公估人。前者主要从事保险标的的价值评估和风险评估；后者是再保险事故发生后，受托处理保险标的的检验、估损和理算。保险理赔公估人，依其执业业务的性质或范围又可以分为以下三种。

　　a. 损失理算师。损失理算师指承保事故发生后，计算损失赔偿金额，确定赔偿责任分担的理算人。根据国际保险习惯，损失理算师又分为陆上损失师和海上损失师。

　　b. 损失鉴定师。损失鉴定师指保险事故发生后，判断事故的原因，判断保险责任归属的保险公估人。

　　c. 损失评估师。在英美等国家，损失评估师是指受被保险人的委托，办理保险标的的损失查勘、计算的人。它与损失理算师和损失鉴定师的区别在于它不需要经过专业考试，受被保险人单方面的委托，为了被保险人的利益而从事保险公估业务。

　　• 根据执业性质分类。根据保险公估人执业性质不同，保险公估人可以分为三类。

　　a. "保险型"的公估人。该类保险公估人侧重于解决保险方面的问题，技术性问题的解决只是作为辅助手段。英国的保险公估人多属此类。

　　b. "技术型"的公估人。该类保险公估人侧重于解决技术方面的问题，其他保险方面的问题涉及较少。德国保险公估人多属此类。

　　c. "综合型"的公估人。该类保险公估人不仅解决保险方面的问题，同时解决保险业务中的技术性问题。欧洲其他国家的保险公估人多属此类。

　　• 根据执业内容分类。根据保险公估人参与保险公估业务内容的不同，保险公估人可以分为三类。一类是海上保险公估人；一类是火灾及特种保险公估人；另一类是汽车保险公估人。汽车保险公估人主要处理与汽车保险业务有关的业务。

　　• 根据委托方的不同分类。根据委托方的不同，保险公估人大体分为两类。一类是接受保险公司委托的保险公估人；另一类是一般只接受被保险人委托处理索赔和理算事项，但不接受保险公司委托的保险公估人。

- 根据与委托方关系的不同分类。从保险公估人与委托方的关系来看，保险公估人分为雇佣保险公估人与独立保险公估人两种。

④ 汽车保险公估。汽车保险在各国保险市场上均占有举足轻重的地位，保险公估行业也由此得到重视。在国外，汽车车身损坏，都是由被保险人交给他选择的汽车维修厂进行维修，然后向保险公司追偿修理费。为了避免与被保险人发生理赔冲突和防止保险公司雇员与汽车修理厂或被保险人共谋，有些保险公司直接委托汽车检验公估公司与汽车修理厂协商修理费用。

汽车保险不仅服务于社会经济生活的各方面，也直接关系到广大人民群众的日常生活和切身利益，社会影响十分广泛。由于我国汽车保险市场还是初级的不成熟的市场，汽车保险业务在发展的同时也存在一定的问题。理赔方面的问题集中表现在以下几个方面。

- 赔付率较高。近年来机动车辆保险赔付率一直维持在 60%左右，位居全国各类财产保险业务之首。
- 异地出险时，保险人一般委托保险公司在当地的分支机构代为查勘、定损、理赔，当地公司容易发生人情赔款、通融赔款。
- 少数保险公司理赔人员与被保险人、汽车修理厂合谋，制造保险事故，骗取保险赔款。
- 少数素质低、缺乏职业道德的理赔人员收受贿赂、错赔、滥赔，以权谋私，以赔谋私。
- 出于业务压力和竞争压力，保险公司"以赔促保"，违规给予无赔款优待，理赔中水分过多。

因此，保险公估人介入汽车保险理赔环节，不仅可以减少保险公司和被保险人之间在维修费用、重置价值等方面可能产生的纠纷，也可以避免保险公司理赔人员与被保险人、修理厂合谋骗取保险赔款，还可以有效遏制汽车保险理赔中的不正当竞争，净化汽车保险市场，使各保险公司在公平的市场环境下平等发展。

5. 中国保险监督委员会

中国保险监督委员会简称"中国保监会"，于1998年11月18日成立。它是全国商业保险的主管部门，为国务院直属正部级事业单位，根据国务院授权履行行政管理职能，依照法律、法规统一监督管理全国保险市场。其主要职责如下。

① 研究和拟定保险业的方针政策、发展战略和行业规划；起草保险业的法律、法规；制定保险业的规章。

② 依法对全国保险市场实行集中统一的监督管理，对中国保监会的派出机构实行垂直领导。

③ 审批保险公司及其分支机构、中外合资保险公司、境外保险机构代表处的设立；审批保险代理人、保险经纪人、保险公估行等保险保险机构的设立；审批境内保险机构在境外设立机构；审批境内非保险机构在境外设立保险机构；审批保险机构的合并、分立、变更、接管、解散和指定接受；参与、组织保险公司、保险保险机构的破产、清算。

④ 审查、认定各类保险机构高级管理人员的任职资格；制定保险从业人员的基本资格标准。

⑤ 制定主要保险险种的基本条款和费率，对保险公司上报的其他保险条款和费率审核备案。

⑥ 按照国家统一规定的财务、会计制度，拟定商业保险公司的财务会计实施管理办法并组织实施和监督；依法监管保险公司的偿付能力和经营状况；负责保险保障基金和保证金的管理。

⑦ 会同有关部门研究起草制定保险资金运用政策，制定有关规章制度，依法对保险公司的资金运用进行监管。

⑧ 依法对保险机构及其从业人员的违法、违规行为以及非保险机构经营保险业务或变相经营

保险业务进行调查、处罚。

⑨ 依法监管再保险业务。

⑩ 依法对境内保险及非保险机构在境外设立的保险机构进行监管。

⑪ 建立保险风险评价、预警和监控体系，跟踪分析、监测、预测保险市场运行态势，负责保险统计，发布保险信息。

⑫ 会同有关部门审核律师事务所、会计师事务所、审计师事务所及其他评估、鉴定、咨询机构从事与保险相关业务的资格，并监管其有关业务活动。

⑬ 集中统一管理保险行业的对外交往和国际合作事务。

⑭ 受理有关保险业的信访和投诉。

⑮ 承办国务院交办的其他事项。

2.1.3　汽车保险费

保险费是指被保险人参加保险时，根据其投保时所订的保险费率，向保险人交付的费用。当保险财产遭受灾害和意外事故造成全部或部分损失，或人身保险中人身发生意外时，保险人均要付给保险金。保险费由保险金额、保险费率和保险期限构成。保险费的数额同保险金额的大小、保险费率的高低和保险期限的长短成正比，即保险金额越大，保险费率越高，保险期限越长，则保险费也就越多。缴纳保险费是被保险人的义务。如被保险人不按期缴纳保险费，在自愿保险中，则保险合同失效；在强制保险中，就要附加一定数额的滞纳金。缴纳保险费一般有四种方式：一次缴纳、按年缴纳、按季缴纳、按月缴纳。

目前，我国已开办的保险种类达几百种之多。每一险种都有各自的保险条款和费率标准，而根据《保险法》规定，保险条款和费率的制定须通过人民银行批准，保险公司不得擅自更改、制定保险条款和保险费率。

1. 车损险和第三者责任险保费的计算

（1）车损险的保费计算

① 按照投保人类别、车辆用途、座位数/吨位数、车辆使用年限、新车购置价所属档次查找基础保费和费率。

保费 = 基础保费 +（实际新车购置价 – 新车购置价所属档次的起点）× 费率

以家庭自用汽车为例，表 2-1 中横栏第一行为新车购置价档次，共分 5 个档次：5 万元以下、5 万～10 万元，10 万～15 万元、15 万～20 万元、20 万～30 万元。每个档次对应的基础保费是该档次的最低保费（档次起点对应的保费），费率是实际新车购置价与档次起点的差额部分的费率。

表 2-1　　　　　　　　家庭自用汽车损失保险费率表（局部）

座位/吨位	车龄	5 万元以下		5 万～10 万元		10 万～15 万元		15 万～20 万元		20 万～30 万元	
		基础保费（元）	费率（%）	基础保费（元）	费率（%）	基础保费（元）	费率（%）	基础保费（元）	费率（%）	基础保费（元）	费率（%）
6 座以下	1 年以下	449	0.516	707	1.116	1 265	0.989	1 759	0.985	2 252	1.079
	1～2 年	483	0.555	761	1.202	1 361	1.064	1 894	1.060	2 423	1.162
	2～3 年	478	0.550	753	1.190	1 348	1.054	1 875	1.049	2 400	1.150

续表

座位/吨位	车龄	5万元以下		5万~10万元		10万~15万元		15万~20万元		20万~30万元	
		基础保费（元）	费率（%）	基础保费（元）	费率（%）	基础保费（元）	费率（%）	基础保费（元）	费率（%）	基础保费（元）	费率（%）
6座以下	3~4年	453	0.521	713	1.126	1 276	0.997	1 775	0.993	2 271	1.089
	4~5年	432	0.496	680	1.074	1 217	0.951	1 692	0.947	2 166	1.038
	5~6年	422	0.485	665	1.050	1 190	0.930	1 655	0.926	2 118	1.015
	6~7年	417	0.479	656	1.037	1 175	0.918	1 634	0.915	2 091	1.003
	7~8年	411	0.473	648	1.024	1 160	0.907	1 613	0.903	2 065	0.990
	8~9年	408	0.469	642	1.015	1 150	0.899	1 599	0.895	2 047	0.981
	9年以上	404	0.465	637	1.006	1 140	0.891	1 586	0.887	2 029	0.973

例2.1 假设一汽大众宝来的使用年限为2~3年，新车购置价146 000元，家庭自用。在费率表中查得对应的基础保费为1 348元，费率为1.054%，则

$$保费 = 1\ 348 + (146\ 000 - 100\ 000) \times 1.054\% = 1\ 832\ 元$$

② 如果投保人选择不足额投保，即保额小于新车购置价，保费应做相应调整，计算公式为

$$保费 = (0.05 + 0.95 \times 保额/新车购置价) \times 足额投保时的标准保费$$

例2.2 车辆情况同例2.1，但保额为100 000元，则

$$保费 = (0.05 + 0.95 \times 100\ 000/146\ 000) \times 1\ 832 = 1\ 284\ 元$$

③ 36座以上营业客车新车购置价低于20万元的，按照20~36座营业客车对应档次的保险费计收；

④ 挂车保险费按同吨位货车对应档次保险费的50%计收。

（2）第三者责任险的保费计算

① 按照投保人类别、车辆用途、座位数/吨位数、车辆使用年限、责任限额直接查找保费（见表2-2）。

② 挂车保险费按2吨以下货车计收（责任限额统一为5万元）。

表2-2　　　　家庭自用汽车第三者责任保险费率表（局部）

座位/吨位	车龄	责任限额（元）				
		5万	10万	20万	50万	100万
6座以下	1年以下	855	1 037	1 195	1 380	1 507
	1~2年	915	1 110	1 280	1 478	1 614
	2~3年	902	1 094	1 261	1 456	1 590
	3~4年	795	965	1 112	1 284	1 402
	4~5年	782	949	1 094	1 263	1 379
	5~6年	799	969	1 117	1 290	1 408
	6~7年	839	1 018	1 173	1 355	1 480
	7~8年	894	1 084	1 250	1 443	1 576
	8~9年	948	1 151	1 326	1 531	1 672
	9年以上	985	1 195	1 377	1 590	1 737

2. 附加险的保费计算

（1）全车盗抢险

按照投保人类别、车辆用途、座位数、车辆使用年限查找基础保费和费率（见表 2-3）。

$$保费 = 基础保费 + 保额 × 费率$$

表 2-3　　　　　　　　　　　　　家庭自用车全车盗抢险费率表

座位数 车龄	6 座以下		6～10 座		客货两用车	
	基础保费（元）	费率	基础保费（元）	费率	基础保费（元）	费率
1 年以下	108	0.778%	131	0.947%	114	0.821%
1～2 年	108	0.759%	131	0.924%	114	0.801%
2～3 年	108	0.752%	131	0.914%	114	0.794%
3～4 年	108	0.738%	131	0.898%	114	0.779%
4～5 年	108	0.723%	131	0.881%	114	0.764%
5～6 年	108	0.695%	131	0.846%	114	0.733%
6～7 年	108	0.666%	131	0.811%	114	0.703%
7～8 年	108	0.637%	131	0.776%	114	0.672%
8～9 年	108	0.637%	131	0.776%	114	0.672%
9 年以上	108	0.637%	131	0.776%	114	0.672%

（2）车上人员责任险

按照投保人类别、车辆用途、座位数、投保方式查找费率。

$$保费 = 单座责任限额 × 投保座位数 × 费率$$

（3）车上货物责任险

按照责任限额，分营业用、非营业用查找费率（见表 2-4）。车上货物责任险的最低责任限额为人民币 20 000 元。

$$保费 = 基础保费 + （责任限额 - 20\,000） × 费率$$

表 2-4　　　　　　　　　　　　　车上货物责任险

客 户 群	基础保费（元）	费　率
非营业用货车	170	0.85%
营业用货车	340	1.70%

（4）玻璃单独破碎险

按客车、货车、座位数、投保进口/国产玻璃查找费率（见表 2-5）。

$$保费 = 新车购置价 × 费率$$

表 2-5　　　　　　　　　　　　　玻璃单独破碎险费率表

投保方式	座位数 车龄	6 座以下	6～10 座	10～20 座	20 座以上
国产玻璃	营业用客车	0.147%	0.145%	0.154%	0.165%
	非营业用客车	0.141%	0.139%	0.147%	0.158%
	货车	0.084%			
进口玻璃	营业用客车	0.294%	0.290%	0.309%	0.330%
	非营业用客车	0.281%	0.277%	0.294%	0.315%
	货车	0.168%			

（5）不计免赔特约条款

保费＝适用本条款的所有险种应收保费之和（不含无赔款优待以及风险修正）×20%

（6）火灾、自燃、爆炸损失险

实行 0.6% 的固定费率。

$$保费＝保险金额×费率$$

如果单保自燃险，固定费率为 0.4%。

$$保费＝保险金额×费率$$

（7）车身划痕损失险

按新车购置价所属档次直接查找保费（见表 2-6）。

表 2-6　　　　　　　　　　车身划痕损失险费率表

新车购置价（元）	10万以下	10万～20万	20万～50万	50万以上
保费（元）	150	250	350	500

（8）停驶损失险

实行 10% 的固定费率。

$$保费＝约定的最高赔偿天数×约定的最高日责任限额×费率$$

（9）无过失责任险

无过失责任险的最高责任限额为 50 000 元人民币。基础保费为 50 元，费率为 0.5%。

$$保费＝基础保费＋责任限额×费率$$

（10）救助特约条款

只有购买了车辆损失险之后才能购买本附加险。实行固定保费，无需计算，保费为人民币 150 元。

（11）提车险

按新车购置价所属档次直接查找保费（见表 2-7）。

表 2-7　　　　　　　　　　提车险费率表

新车购置价（元）	10万以下	10万～30万	30万以上
保费（元）	200	280	400

2.1.4　汽车保险投保注意内容

由于各家保险公司推出的汽车保险条款种类繁多，价格不同，因此投保人在购买汽车保险时应注意如下事项。

1. 合理选择保险公司

只有优秀的保险公司才能提供优质的保险产品和服务。正确选择保险公司，投保人的利益才能充分得到保障。由于保险市场竞争激烈，每家公司在介绍自己的产品时都只会强调自己的亮点，而判断一个保险公司的情况，靠这些是远远不够的，必须综合考虑以下几个方面。

① 所投保的公司应该是在中国境内依法成立，守法经营，并有车险经营权的保险公司。

② 所投保的公司必须经营稳健、财务状况良好、有足够的偿付能力、行业内信誉好。

③ 所投保的公司应具有健全的管理组织机构、完善的服务体系，并且机构网点遍布全国，以便在异地出险时，能得到当地网点机构及时的现场勘查和相关手续的办理。

④ 所投保的公司必须拥有力量强大的专业技术人员，服务内容丰富、质量好。

另外，投保人还应从更多方面获取信息，了解已保客户的评介，研究保险合同中是否存在不合理的条款，隐性免责条款甚至"霸王"条款。这些都是选择保险公司的合理渠道。

2. 根据实际需要购买

由于各保险公司的车辆险种众多，投保人应充分收集资料，比较各保险公司对于各险种的费率，并根据保险的原则以及自己的实际，通过对比，挑选出比较适合自身的公司和险种。因此，了解自身的特点是非常重要的，特别是自身的驾驶经历，车辆的种类、特性、用途等。在了解宣传资料时，应仔细掌握保险产品的保险责任、免除范围以及赔偿方式。

选择切合自身的高性价比险种，一般应遵循以下步骤。

① 投保人首先应该非常清楚自身车辆的特点及用途，判断哪种风险产生的可能性较大，以及在风险产生时损失的严重程度。比如，新车被盗抢的可能性较大一些；旧车发生自燃的可能性较大一些；营运车辆发生事故时，损失的金额会大一些，特别是客运车辆，更应考虑到这一点。

② 向自己选定的保险公司或其代理人（机构）索要保险条款和费率表，仔细阅读，特别要重点注意保险产品的保险责任、责任免除和特别约定。另外，被保险人的权利和义务、免赔额或免赔率的计算、申请免赔的手续、退保和折旧的规定也应了解得一清二楚。如有疑问，应及时进行咨询，以免自己的正当利益得不到保证。

③ 进一步比较各保险公司对该险种的具体规定。选择机动车辆保险产品的保障范围时，一定要把产生风险可能性大的包括在内，否则，容易产生投保的不易发生，发生的却没投保的情况，造成不必要的浪费和经济损失。

当然，并非经过以上步骤就能确定投保的险种了。若此时自己还是拿不定主意，那就向保险咨询机构或者专业人士进行咨询。

3. 了解汽车保险内容

投保人应当询问所购买的汽车保险条款是否经过保监会批准，要认真了解条款内容，重点条款的保险责任、除外责任和特别约定，被保险人权利和义务，免赔额或免赔率的计算，申请赔偿的手续、退保和折旧等规定。此外还应当注意汽车保险的费率是否与保监会批准的费率一致，了解保险公司的费率优惠规定和无赔款优待的规定。通常保险责任比较全面的产品，保险费比较高，保险责任比较少的产品则保险费较低。

4. 对投保方式的选择

保险公司所提供的投保方式一般有以下几种。

（1）通过代理人投保

近年来，由于汽车销售市场火爆，各大汽车销售公司的 4S 店纷纷进行了车辆保险业务的代理，这也是大部分人投保的途径。在选择该种方式投保时，应注意确信该代理人具有执业资格证书且与保险公司签订有正式代理合同。因为从现实看，确实也存在非法代理活动。哪怕是正规的代理人，也存

微课程6：汽车保险投保方式

在业务水平差、素质不高的情况。有的代理人不能从投保人的实际和其切身利益考虑，对保险夸大其词，一味追求自己的工作业绩而推荐佣金高的保险产品。

（2）上门投保

上门投保是保险公司为提高服务质量，主动开拓市场的一种措施，由保险公司派业务人员在投保人方便的场所进行业务咨询和保险手续办理。这是目前在保险市场竞争激烈的情况下最为普遍的投保方式之一。由业务人员上门对条款进行解释并接受咨询，帮助投保人进行投保方案设计，指导投保人填写投保单，并且可以提供代送保险单、发票及代收保险费等其他服务。对于该种投保方式，有的保险公司在费率上有优惠措施，比如天安保险公司对于上门投保的费率调整系数值为0.92。

重点、难点提示

采用上门投保方式时，投保人一般应该主动约定。对于未约而至的，投保人应查验上门业务人员的身份证明材料，如保险代理人资格证书（保监会签发）、上岗证（保险公司签发）、有效身份证件等，核实业务人员身份，防止经济诈骗。

（3）柜台投保

柜台投保就是投保人到保险公司的营业网点咨询和办理投保手续。有的投保人存在着这样或那样的疑虑，因此会比较容易采取该类投保方式。而且，一般来说，直接到保险公司，能够了解的情况也是最全面的。有的保险公司对该种投保方式也有费率上的优惠，比如在人保营业网点投保的，费率可优惠10%。

（4）电话投保

一般每个保险公司都有自己的统一服务专线，比如人民保险为95518、太平洋保险为95500、平安保险为95512。服务专线的开通，大大方便了投保人。大多数保险公司对该种投保方式也有相应的费率优惠措施。

（5）网上投保

随着信息技术的不断发展，特别是互联网技术的发展，很多商业行为得以在网上进行，投保也是一样。大多保险公司都推出了网上承保业务，从而大大降低了经营成本。保险公司对该类投保也大多有优惠措施，比如人保公司对于网上投保费率优惠15%。该种方式比较先进，也比较陌生，因此还不能为大多数人接受。

（6）通过保险经纪人投保

通过保险经纪人投保方式一般只用在一些大型机关、企事业单位，是一种新兴职业。由于以上单位车辆多，为维护自己单位的利益而专门聘请了具有法律知识的保险经纪人，为单位的车辆办理投保业务。选择代理人时，应注意以下事项。

① 具有执业资格证书、展业证及与保险公司签有正式代理合同。

② 应当了解汽车保险条款中涉及赔偿责任和权利义务的部分，防止个别代理人片面夸大产品保障功能，回避责任免除条款内容。

5. 其他注意事项

（1）对保险重要单证的使用和保管

投保者在购买汽车保险时，应如实填写投保单上规定的各项内容，取得保险单后应核对其内容是否与投保单上有关内容完全一致。对所有的保险单、保险卡、批单、保费发票等有关重要凭证应妥善保管，以便在出险时能及时提供理赔依据。

（2）如实告知义务

投保者在购买汽车保险时应履行如实告知义务，对与保险风险有直接关系的情况应当如实告知保险公司。

（3）及时缴纳保费

购买汽车保险后，应及时缴纳保险费，并按照条款规定，履行被保险人义务。

（4）合同纠纷的解决方式

对于保险合同产生的纠纷，消费者应当依据在购买汽车保险时与保险公司的约定，以仲裁或诉讼方式解决。

（5）投诉

消费者在购买汽车保险过程中，如发现保险公司或中介机构有误导或销售未经批准的汽车保险等行为，可向保险监督管理部门投诉。

|2.2　汽车保险合同|

2.2.1　保险合同概述

1. 保险合同

《保险法》第 10 条规定："保险合同是投保人与保险人约定保险权利和义务关系的协议。"投保人是指与保险人订立保险合同，并按照合同约定负有支付保险费义务的人。保险人是指与投保人订立保险合同，并按照合同约定承担赔偿或者给付保险金责任的保险公司。

汽车保险合同属于财产保险合同的一种。财产保险合同是指保险双方当事人为了实现经济保障的目的，明确双方权利与义务，确立、变更和终止这种权利与义务关系的协议。

财产保险又可以分为狭义财产保险和广义财产保险。狭义财产保险是指财产损失保险，即以财产物质以及相关的利益损失为标的的保险；广义财产保险是指除了狭义财产保险外，还包括责任保险、信用保险等人身保险以外的一切保险业务。

现行的汽车保险合同涉及的标的不仅仅局限于狭义财产保险范畴，如基本险条款中车辆损失险部分的标的涉及狭义财产保险的范畴，而在第三者责任险部分的标的则涉及责任保险的范畴。因此，汽车保险合同属于综合性财产保险合同。

2. 汽车保险合同的法律特征

（1）汽车保险合同是当事人双方的一种法律行为

汽车保险合同是投保人提出保险要求，经保险人同意，并双方意见一致才告成立。汽车保险合同是双方当事人在社会地位平等的基础上产生的一项经济活动，是双方当事人平等、等价的一项民事法律行为。

（2）汽车保险合同是有偿合同

汽车保险合同的生效是以投保人交付保险费为条件，换句话说是以交付保险费为换取保险人承担危险的代价。

（3）汽车保险合同是射幸合同

射幸合同是相对于"等价合同"而言的。通俗地讲，射幸合同是一种不等价合同，也就是说，由于汽车保险事故发生的频率及损失发生率的不确定性，倘若发生了汽车保险事故，对单个的被保险人而言，他获得的汽车保险赔款远远大于他所缴纳的保险费；倘若没有发生汽车保险事故，被保险人虽然付出了保险费，仍然不能得到保险赔款。但是从全体被保险人的整体来观察，保险费的总和总是与汽车保险赔款支出趋于一致，所以从汽车保险关系的整体上看，这种合同内容的有偿交换却是等价的。汽车保险合同的这种在特定条件下的等价与不等价特征，称为汽车保险合同的射幸性。

（4）汽车保险合同是最大诚信合同

任何合同的订立，都应本着诚实、信用的原则。汽车保险合同自投保人正式向保险人提出签订合同的要约后，就必须将汽车保险合同中规定的要素如实告知保险人，这一点是所有投保汽车保险的投保人应当明白的规则。因为作为保险人的保险公司如果发现投保人对汽车本身的主要危险情况没有告知、隐瞒或者做错误告知，即便汽车保险合同已经生效，保险人也有权不负赔偿责任。汽车保险合同的诚信原则不仅是针对投保人而言的，也是针对保险人而言的。也就是说，汽车保险合同双方当事人都应共同遵守诚信原则。作为投保人，应当将汽车本身的情况，如是否是营运车、是否重复保险等情况如实告知保险人，或者如实回答保险公司提出的问题，不得隐瞒；而保险人也应将保险合同的内容及特别约定事项、免赔责任如实向投保人进行解释，不得误导或引诱投保人参加汽车保险。因此，最大诚信原则对投保人与保险人是同样适用的。

（5）汽车保险合同是对人的合同

在汽车保险中，保险车辆的过户、转让或者出售，必须事先通知保险人；经保险人同意并将保险单或保证凭证批改后方可有效；否则从保险车辆过户、转让、出售时起，保险责任即行终止。保险车辆的过户、转让、出售行为是其所有权的转移，必然带来被保险人的变更，而过户、转让或者出售汽车的原被保险人在其投保前已经履行了告知义务，承担了支付保险费等义务，保险人对其资信情况也有一定了解。如果被保险人的汽车发生所有权转移，势必导致保险人对新的车辆所有者的资信情况一无所知。众所周知，在汽车保险中保险事故的发生，除了客观自然因素外，还与投保人、被保险人的责任心及道德品质有关。倘若汽车新的所有者妄想以保险图取索赔，那么汽车保险事故就成为一种必然危险。因此保险车辆的所有权转移行为必须通知保险人，否则保险人有据此解除保险合同关系的权利。

（6）汽车保险合同是双务合同

双务合同是指合同当事人双方互相承担义务、互相享有权利。投保人承担支付保险费义务，保险人承担约定事故出现后的赔款义务；投保人或被保险人在约定事故发生后有权向保险人索赔，而保险人也有权要求投保人缴纳保险费。

3. 汽车保险合同的主体及客体

（1）汽车保险合同的主体

汽车保险合同的主体是指具有权利能力和行为能力的保险关系双方，包括当事人、关系人和社会中介组织三方面内容。与汽车保险合同订立直接发生关系的是保险合同的当事人，包括保险人和投保人；与汽车保险合同间接发生关系是合同的关系人，它仅指被保险人。由于保险业务中涉及的面较广，通常存在社会中介组织，如保险代理人、经纪人、公估人等。

① 汽车保险合同的当事人。汽车保险合同的当事人包括保险人和投保人。所谓保险人是指与投保人订立汽车保险合同，对于合同约定的可能发生的事故因其发生造成汽车本身损失及其他损失承担赔偿责任的财产保险公司。

投保人是指与保险人（即保险公司）订立保险合同，并按照保险合同负有支付保险费义务的人。作为汽车保险合同当事人之一的保险人有权决定是否承保，有权要求投保人履行如实告知义务，有权代位追偿、处理赔偿后损余物资，同时也有按规定及时赔偿的义务。

投保人必须对汽车具有可保利益，也就是说，汽车的损毁或失窃，都将影响投保人的利益。换句话讲，可保利益是指投保人对保险标的具有法律上承认的利益。同时，投保人要向保险人申请订立保险合同，并负有缴纳保险费的义务。

 重点、难点提示

投保汽车保险应具备下列三个条件。
- 投保人是具有权利能力和行为能力的自然人或法人，反之，不能作为投保人。
- 投保人对汽车具有利害关系，存在可保利益。
- 投保人负有缴纳保险费的义务。

② 汽车保险合同的关系人。在财产保险合同中，合同的关系人仅仅指被保险人，而人身保险合同中的关系人除了被保险人外，还有受益人。通常被保险人是一个，而受益人可以为多个。汽车保险合同是财产保险合同的一种，应当具有财产保险合同的一般特征。因而，汽车保险合同的关系人是被保险人。所谓被保险人是指其财产或者人身受保险合同保障，享有保险金请求权的人。被保险人的特征有以下几个。

- 被保险人是因保险事故发生而遭受损失的人。在汽车保险合同中，被保险人是保险标的即保险车辆的所有人或具有利益的人。
- 被保险人是享有赔偿请求权的人。因为被保险人是保险事故发生而遭受损失的人，所以享有赔偿请求的权利，投保人不享有赔偿请求的权利。

③ 中介组织。汽车保险在承保与理赔中涉及的面广，中间环节较多，因而在汽车保险合同成立及其理赔过程中存在众多的社会中介组织，如保险代理人、保险经纪人、保险公估人等。前面已经介绍，此处不再赘述。

（2）汽车保险合同的客体

保险利益是保险合同的客体。保险标的是指作为保险对象的财产及其有关利益或者人的寿命和身体，它是保险合同双方当事人权利与义务所指的对象。在财产保险合同中，保险标的是指财产本身或与财产相关的利益与责任；人身保险合同的保险标的是指人的生命或身体。汽车保险合同的保险标的是指汽车及其相关利益。

投保人与保险人订立汽车保险合同的主要目的不是保障保险标的不发生损失，而是保障汽车发生损失后的补偿。因此保险人保障的是被保险人对保险标的所具有的利益，即保险利益。

重点、难点提示

保险利益是汽车保险合同的客体。

汽车保险利益是指投保人对投保车辆所具有的实际或法律上的利益，如果该种利益丧失将使之蒙受经济损失。

① 汽车保险利益的特点。

- 这种利益是投保人对汽车具有经济上的价值。
- 这种利益得到法律上所允许或承认。
- 这种利益是能够用货币进行估价或约定。

② 汽车保险利益的表现形式。汽车保险利益具体表现在财产利益、收益利益、责任利益与费用利益四个方面，具体见表2-8。

表 2-8　　　　　　　　　　　　　汽车保险利益内涵

表现形式	包括的内容
财产利益	所有利益、占有利益、抵押利益、留置利益、担保利益、债权利益
收益利益	期待利益、营运收入利益、租金利益
责任利益	机动汽车的民事损害赔偿责任利益
费用利益	施救费用利益、救助费用利益

2.2.2　保险合同的基本内容

汽车保险合同的内容主要用来规定保险当事双方所享有的权利和承担的义务。它通过保险条款的形式使权利和义务具体化，包括基本条款和特约条款。

1. 保险合同的基本条款和特约条款

① 名称和住址。它包括当事人（保险人、投保人）、关系人（被保险人）的名称和住址。

② 保险标的。汽车保险合同承保的标的一般包括汽车、电车、电瓶车、各种专用机械车、特种车等。

③ 保险责任。保险责任就是保险人所承担的具体风险项目，也就是保险人承担经济赔偿责任的风险事故范围。保险责任通过列明的方式在保险合同中加以明确。

④ 责任免除。责任免除就是保险人不予承担的风险项目，也就是说责任免除范围的风险是不保风险。责任免除范围的风险事故造成的损失，保险人不予赔偿。责任免除通过列明的方式在保险合同中加以明确。

⑤ 保险金额。保险金额是保险合同中确定保险保障的货币额度，是计算保险费的依据，也是保险人履行赔偿责任的最高限额。

⑥ 保险费。保险费是投保人为了请求保险人对于投保标的及其利益承担风险而支付的与所需要保障的保险责任相适应的价金。支付保险费是保险合同生效的一个基本条件。

⑦ 保险费率。保险费率是每一单位保险金额的保险费计收标准，常用"%"表示。汽车保险的保险费率水平根据保险标的的种类和性质、危险程度、保险责任范围、保险期长短、免赔率的

高低等因素来确定。

⑧ 保险期限。保险期限是保险人与投保人所约定的保险合同的有效时间界限。汽车保险常用自然时间界限，即根据保险标的保障的自然时间确定保险期限。

⑨ 损失赔偿。损失赔偿是指汽车保险合同的被保险人在索赔时应具备的索赔资格和保险人的赔偿处理方法。一般地讲，汽车保险合同的被保险人由于保险标的所列明的保险责任导致损失时，必须具备索赔资格方可向保险人提出索赔请求。具体要求如下：一是保险单、证的有效和完整；二是保险金请求权的有效与合法；三是保险标的的原始资料与损失发生过程的记录资料齐全。

保险人在受理被保险人的索赔请求后，应先审查被保险人的索赔资格，然后根据保险合同规定的条件和保险公司受理索赔案件的内部工作程序进行业务处理。

重点、难点提示

赔偿有以下三种处理方式。

① 货币方式是指通过转账或支付现金的方式赔偿被保险人的经济损失。

② 修复方式是指通过对损失的保险标的进行修复的方式来赔偿被保险人的损失，汽车保险常采用此方式。

③ 置换方式是指通过更换受损标的的方式赔偿被保险人的损失。在实际工作中，保险人的赔偿处理方式通常在保险合同中列明，或由保险人决定赔偿处理方式。

⑩ 争议处理。损失赔偿过程中的争议处理是指保险人和被保险人就保险标的的赔偿处理产生争议时采取的处理方式，主要有协商处理、仲裁处理和诉讼处理三种。

特约条款是投保人和保险人在基本条款规定的保险合同事项外，就与保险有关的其他事项做出的约定。附加特约条款一般有两种情况，一是扩大或限制保险责任；二是约束投保人或保险人的行为。

2. 汽车保险合同的形式

汽车保险合同是一种非要式合同，只要保险人和投保人就保险条款达成一致，合同就生效，保险人就应该按照约定承担保险责任，而不以保险人是否签发了保险单或其他保险凭证作为合同生效的前提。汽车保险时间较长，双方的权利和义务复杂。为了避免产生争议，汽车保险合同一般采用书面文件形式，这些书面文件可以统称为"凭证"。汽车保险合同的凭证除了保险单外，还包括正式订立合同前的辅助性文件，如投保单、暂保单、批单等。

在汽车保险的具体实务工作中，汽车保险合同主要有以下几种形式。

（1）投保单

汽车保险投保单又称为要保单或者投保申请书，是投保人申请保险的一种书面形式。通常，投保单由保险人事先设计并印就，上面列明了保险合同的具体内容，投保人只需在投保单上按列明的项目逐项填写即可。投保人填写好投保单后，保险人审核同意签章承保。这意味着保险人接受了投保人的书面要约，说明汽车保险合同已告成立。

汽车投保单的主要内容包括如下几个方面。

① 被保险人、投保人的名称。

② 保险车辆的名称。

③ 投保的险别。

④ 保险金额。

⑤ 保险期限等内容。

上述投保单的内容经保险人签章后，保险合同即告成立，保险人按照约定的时间开始承担保险责任。在保险双方当事人约定的时间后，保险人仍未签发保险单，投保单亦具法律效力。

（2）暂保单

暂保单也称临时保险条款，是保险人在签发正式保险单之前为了满足投保人的保险需要而临时出具的保险证明文件。暂保单只注明基本的保险条件，其有效期限相对较短，通常以 30 天为限。投保人所支付的保险费并不一定必须按照暂保单的有效期限来确定，仍可以按照投保单所注明的保险期限计算保险费。保险人对暂保单上注明的保险标的在规定的暂保单有效期内承担保险责任。

 重点、难点提示

一般在下列情况下使用暂保单。

① 当保险人的分支机构受经营权限和经营程序的限制，需要上级公司的批准才能签发保险单时，一般在接受投保人的申请后，签发暂保单。

② 当保险代理人或保险经纪人在争取到保险业务后，在未向保险人办妥保险单之前，要向投保人签发暂保单。

③ 在保险人原则上已经承保，但由于保险双方对保险单尚未记载的事没有完全协商一致时，保险人需要向投保人签发暂保单。

④ 对于需要再保险的场合，尚未安排好再保险时，需要签发暂保单。

（3）保险单

保险单也叫保单，是保险人与投保人之间订立保险合同的正式法律文件，也是正式的保险合同文书。

微课程7：解密隐性
免责条款

保险单的性质：机动车辆保险单属于综合险性质。因为机动车辆保险的保险标的不仅包括了基本险项下的作为狭义财产保险范畴的车辆和作为责任保险范畴的第三者责任，同时还包括了附加险项下的作为责任保险范畴的车上责任，以及作为间接财务损失的车辆停驶损失，所以机动车辆保险不是一种纯粹的狭义财产保险。

汽车保险单一式三联，分正、副本。正本一张，为白色。副本两张，一张为粉红色，另一张为浅蓝色。有的保险公司只发给保户一张"机动车保险凭证"，它包含的项目有保险证号、被保险人、车辆厂牌型号、牌照号码等以及续保记录、赔款记录、变更记录、备注等，效力等同于保险单。

保险单上列明了全部的保险条件和与该项保险业务有关的全部内容。保险单由保险公司出具，主要载明保险人与被保险人之间的权利、义务关系。它是被保险人向保险人进行索赔的凭证。

（4）保险凭证

保险凭证是被保险人所持有的已经获得某项保险保障的证明文件，是一种简化了的保险单，具有与保险单相同的作用和效力。在使用时，如果保险凭证上所列项目过于简单，不能全面反映保险条件时，要以原始保险单为准；如果保险凭证上已经有保险人的特别说明，该份保险凭证就具有了批单的意义，在与原始保险单的保险条件发生矛盾时，以保险凭证为准。

（5）批单

批改的性质：保险单批改在一定意义上等同于保险合同的变更，尤其是对保险单重要内容的批改。所以，应当予以充分的重视和严格的管理。

批单是保险合同双方当事人对于保险合同内容进行变更的证明文件。批单通常在两种情况下使用。

① 对于已经印制好的标准保险单所做的部分修正。该修正并不改变保险单的基本保险条件，或是缩小保险责任范围，或是扩大保险责任范围。

② 在保险单已经生效后对于某些保险项目进行的调整。该调整一般是在不改变保险单所规定的保险责任和免除责任项目的前提下，对于其他保险项目进行的修正和更改。

重点、难点提示

批单一旦签发，就自动成为保险单的一个重要组成部分，而且当批单的内容与保险单所涉及的内容相矛盾时，以批单的内容为准。

（6）书面协议

保险人经与投保人协商同意，可将双方约定的承保内容及彼此的权利义务关系以书面协议形式明确下来。这种书面协议也是保险合同的一种形式。同正式保单相比，书面协议的内容不事先拟就，而是根据保险关系双方当事人协商一致的结果来签订，具有较大的灵活性和针对性，是一种不固定格式的保险单，因而它与保险单具有同等法律效力。

2.2.3 保险合同的一般法律规定

1. 保险合同的订立和生效

（1）合同的订立

保险合同的订立是指投保人和保险人在意思表示一致的情况下签订保险合同的行为。保险合同是双方当事人约定保险权利和义务的协议，是当事人之间的一种合意行为，需要经过一方当事人提出保险要求，另一方当事人表示同意承保的程序。在法律上，通常把提出保险要求称为"保险上的要约"，把同意承保称为"保险的承诺"。

投保人要约是订立保险的首要程序，必须经过采取书面形式。保险实务中，这种书面形式即为投保单。投保单是保险人事先制定的，投保人必须按照投保单所列举的内容逐一填写，投保人填写的内容准确与否，直接关系到投保人是否履行了"如实告知"义务。

保险上的承诺，就是保险人认可了投保人在投保单上填写的全部内容，接受了投保人在投保单上提出的所有条件，同意在双方合意的条件下承担保险责任。投保人承诺是保险合同成立的必须程序。保险人承诺，既可以由保险人自己作出，也可以由保险代理人作出。

重点、难点提示

保险合同只有经过要约和承诺两个阶段才能成立。《机动车综合商业保险示范条款（2014版）》新规规定：除保险合同另有约定外，投保人应在保险合同成立时一次交清保险费。保险费未交清前，本保险合同不生效。

（2）保险合同的成立和生效

保险合同的成立是指保险合同双方当事人经过要约、承诺的程序而达成协议。保险实务中，保险人在投保单上签字盖章，并注明订立时间后，保险合同即告成立。

保险合同的生效，是指在合同成立的前提下，开始对订约双方当事人产生法律约束力。保险合同的生效除了形式要件外，还必须具备一些实质要件。如订立合同的双方当事人资格是否合格，保险合同有没有与保险法律、法规相抵触的条款，合同内容有没有违背公序民俗等。保险合同若同时具备形式要件和实质要件，一般情况下，合同成立即意味着开始生效，但也有特殊情况，如附加条件生效的保险合同和有试保期生效的保险合同等例外。

（3）保险订立的凭证

保险订立的凭证是能够证明双方当事人已经达成保险协议的书面文件。这些文件主要包括投保单、暂保单、保险单、保险凭证、批单或批注等。

（4）保险合同的解释

保险合同生效后，双方当事人在主张权利或履行义务时，往往会涉及对保险条款，乃至对条款中语言文字的理解等问题。不同的理解会产生保险纠纷，甚至引起仲裁或诉讼。因此，为了判明当事人的真实意图，保护当事人的合法权利，准确处理保险纠纷，有必要确立保险合同的解释原则。保险实务中，对保险合同的解释，主要采取以下原则。

① 文义解释原则。它是指对于保险合同条款的文字应当按普通的理解、通常的含义进行解释的原则。根据这一原则，保险人在制定保险合同条款时，如果使用的文字具有特殊含义，应当做必要说明，否则一律按通常文义解释。

② 逻辑解释原则。它是指对于保险合同条款的上下文应当进行逻辑分析和推理，从而判明当事人真实意图的解释原则。根据这一原则，保险人在制定合同条款时，应当注意文本的逻辑性、概念的统一性，避免上下文之间产生矛盾。

③ 专业解释原则。即对于保险合同中出现的专用术语应当按照其所属专业的专业技术含义来解释的原则。

④ 有利于被保险人或受益人的解释原则。它是指当保险合同出现纠纷时，按照其他解释原则难以判明当事人真实意图时，所采取的保护被保险人或受益人的原则。产生这一原则的根本原因是保险合同双方当事人的地位实质上是不平等的。保险合同由保险人事先制定，投保方只能表示接受与否。在专业知识、保险信息等许多方面，投保方也处于绝对优势。作为救济措施，法律要求保险人在制定保险合同时，必须做到公平合理、准确精密，如果保险人做不到这一点，则必须承担法律责任。

2. 保险合同的履行

保险合同的履行是指保险合同成立后，双方当事人完成各自承担的义务，保证对方权利实现的整个行为过程。保险合同的履行是投保方和保险方双方的义务。

（1）投保方的合同履行

① 履行缴纳保险费义务。向保险人缴纳保险费是投保人最基本的义务，投保人必须按照保险合同约定的缴费期限、保险费数额、缴纳方式履行自己的缴费义务。投保人未能履行缴纳保险费义务时，保险人可以中止甚至终止保险合同，也可以拒绝承担保险责任。在财产保险合同中，一般要求投保人一次性缴清保险费。在人身保险合同中，合同约定一次性缴纳，投保人必须一次把

保险费缴清；合同约定分期缴纳，投保人须按时缴纳。在这种分期缴纳保险费的人身保险合同中，投保人按时缴纳保险费是保险合同持续有效的根本条件。

② 履行维护保险标的的安全义务。保险合同生效后，投保人或被保险人必须切实履行根据法律、合同约定的维护保险标的的义务。同时在合同有效期内，还要随时接受保险人对保险标的的检查，对保险人提出的安全建议必须采取有效的整改措施。如果投保人或被保险人未履行上述义务，保险人有权要求增加保险费或解除合同。

③ 履行保险标的的危险增加通知保险人义务。保险标的的危险增加是指在保险合同有效期内，保险标的出现了订立保险合同时双方当事人未曾估计到的危险情况。例如，在人身保险合同中被保险人的工作改为危险性大的工作，在财产保险合同中保险标的的用途改变等。保险标的的这些变化，都有可能增加保险标的的危险，也可以说保险人的承保风险增加。当保险标的的危险增加后，投保人或被保险人应及时通知保险人，这是投保人或被保险人的义务。

重点、难点提示

　　如果投保人或被保险人没有把保险标的的危险增加通知保险人，那么，因保险标的的危险程度增加而发生的保险事故，保险人不承担赔偿责任。

④ 履行出险通知义务。出险通知是指在保险合同约定的保险事故发生后，被保险人及时通知保险人。履行出险通知义务，是为了便于保险人及时采取施救措施，避免保险事故的扩大和损失的增加；也有利于保险人保护现场，能更好地、公平地核定损失和事故责任。保险合同一般都有约定投保人或被保险人履行出险通知义务的期限如果超过了期限，由此造成损失的扩大，保险人将不承担扩大部分的保险责任；有些合同甚至规定，若投保人或被保险人未及时履行出险通知义务，保险人可拒绝承担保险责任。

⑤ 履行积极施救义务。当保险事故发生后，被保险人应尽可能积极采取施救措施，防止危险事故扩大，尽量减少损失。否则，因此而扩大的保险标的的损失，保险人有权拒绝承担赔付责任。

（2）保险人义务的履行

① 履行赔付保险金义务。履行赔付保险金义务是保险人在保险合同中最基本的义务，也是保险最基本的目的。保险合同既是特殊的有偿合同，又是射幸合同。投保人支付保险费，向保险人购买保险，目的就是一旦保险事故发生，被保险人或受益人可从保险人那里获得保险费的赔偿。因此保险事故一旦发生并经确定，保险人应该及时、迅速、准确、合理地履行赔付保险金义务，否则，由此造成被保险人或受益人损失的，保险人除赔付保险金外还要承担违约责任。

② 履行承担施救及其他合理费用义务。当保险事故发生后，为降低事故损失减少保险人的赔付保险金额，投保人采取施救措施是投保人的义务，但承担在施救过程中的费用及其他费用是保险人必须履行的义务。这些费用一般包括以下几种。

● **施救过程中的费用**：在保险事故发生时，为阻止事故的继续和扩大，减少保险标的的损失，投保人或被保险人履行施救义务而采取施救措施，必然会付出各种施救费用。只要这种费用是必需的、合理的，保险人应当全额承担。

● **保险事故发生后支出的费用**：保险事故发生后，为保护好事故现场，等待事故性质的鉴定，妥善处理损失或未遭损失的保险标的，被保险人也要付出一定的费用。这部分费用也应由保险人承担。

● **核定事故性质和评估保险标的损失的费用**：这部分费用主要用于核定事故的性质、原因所支付的勘察及鉴定费用，评估保险标的损失程度而支付的费用等。

- **仲裁或诉讼等其他费用**：如果保险事故是由第三者造成的，投保人或被保险人为了保险人利益向第三者索赔时，需要仲裁或诉讼所支付的费用。保险人应承担这部分费用。

3. 保险合同的变更和终止

（1）保险合同的变更

保险合同的变更是指在保险合同有效期限内，由于订立保险合同时所依据的主客观情况发生改变，双方当事人按照法定或合同规定的程序，对原保险合同的某些条款进行修改或补充的行为。根据保险合同的内容，这种变更行为可分为主体变更、客体变更、条款变更。一般而言，保险合同的变更是一种双方民事行为，其生效的条件是投保人或被投保人提出变更书面申请，保险人同意后签发批单或批注。少数保险合同的变更属单方民事行为，如被保险人变更受益人，只需书面通知保险人即可，而不必得到保险人的同意。

（2）保险合同的解除

保险合同是具有一定法律效力的，投保人与保险人订立保险合同或在保险合同执行过程中，如果出现了某些特定情况，保险人、投保人或被保险人有权解除保险合同关系。这些特定情况包含以下几方面内容。

① 投保人故意隐瞒事实，不履行如实告知义务的，或者因过失未履行如实告知义务，足以影响保险人决定是否同意承保或者提高保险费率的，保险人有权解除保险合同。投保人故意隐瞒事实，不履行如实告知义务，保险人不仅不承担保险合同解除之前的保险事故赔偿与给付责任，而且也不退还所交保险费。因过失造成未向保险人如实告知的，保险人同样不承担在保险合同解除前发生保险事故的赔偿与给付责任，但可以退还所交保险费。因为故意隐瞒与过失行为对投保人而言，其主观意愿有显著区别。

② 投保人或被保险人未按照合同约定履行其对保险标的的安全应尽的责任，保险人有权解除保险合同。

③ 合同执行过程中，由于保险标的危险程度增加，被保险人应当及时通知保险人，否则，保险人有权解除保险合同。

④ 保险责任开始前，也就是说保险合同成立前，投保人可以要求解除合同。但是投保人应当向保险人支付手续费，保险人应当退还保险费。保险责任开始后，投保人也可以要求解除保险合同。不过，投保人应当支付自保险责任开始之日起至合同解除之日止期间的保险费，保险人退还投保人剩余保险费。除了上述几种情形外，保险人在保险合同成立后不能解除保险合同，投保人可以解除保险合同。但是在货物运输保险合同和运输工具航程保险合同中，保险责任开始后，保险人、被保险人均不能解除保险合同。

（3）保险合同的终止

保险合同的终止是指保险合同双方当事人消灭合同确定的权利和义务行为。保险合同一旦终止就失去法律效力，但是原合同中争议处理条款的效力和当事人要求赔偿的权利不受影响。保险合同的终止，可以分为三种情况。

① 自然终止。自然终止指保险合同因合同期限届满而终止的情况。

② 义务履行而终止。保险事故发生后，由于保险人履行了赔付保险金的全部责任，导致合同终止。这里的全部责任，是指发生了保险人应当按约定的保额全部赔偿或给付的保险事故，保险

人赔付后即承担了全部责任。如果保险标的只是部分受损，保险人履行部分赔付保险责任后，保险合同继续有效。

③ 当事人行使终止权而终止。在符合法律规定或合同约定的一定条件下，当事人具有终止权。在履行适当的义务后即行使终止权而使保险合同终止，包括解除合同而终止。

（4）无效保险合同

无效保险合同是法律不予承认或保护的保险合同。该保险合同因法定或约定的原因，自然而确定地不发生效力。如前所述，保险合同成立后是否发生效力，除形式上必须具备成立要件外，还必须具备生效的实质性要件，只要缺少其中之一，该合同就是无效合同。《保险法》第十一条规定："投保人对保险标的不具有保险利益的，保险合同无效。"《保险法》第十七条规定："保险合同中规定有关于保险人责任免除条款的，保险人在订立保险合同时应当向投保人明确说明，未明确说明的，该条款不产生效力。"《保险法》第三十九条规定："保险金额不得超过保险价值；超过保险价值的，超过部分无效。"《保险法》第五十五条规定："以死亡为给付保险金条件的人身保险合同，未经被保险人书面同意并认可保险金额的，保险合同无效。"除了以上 4 个法条直接规定无效的情况外，也可能出现合同的内容与法律、法规相抵触，或主体资格不合格等可以明确判定合同无效的情况；以及出现合同中约定的无效情况。

重点、难点提示

无效保险合同不受法律保护，也不能达到当事人预期的效果，但是这并不表明无效合同没有法律意义。保险合同一旦被认定为无效，同样会产生一定的法律后果，其中主要有返还财产、赔偿损失和行政处罚等。

2.2.4 保险合同的争议处理

保险合同订立以后，双方当事人在履行合同过程中，围绕理赔、追偿、交费以及责任归属等问题容易产生争议。因此，采用适当方式，公平合理地处理，直接影响到双方的权益。《合同法》第一百二十八条规定："当事人可以通过和解或者调解解决合同争议。当事人不愿和解、调解或者和解、调解不成的，可以根据仲裁协议向仲裁机构申请仲裁。涉外合同的当事人可以根据仲裁协议向中国仲裁机构或者其他仲裁机构申请仲裁。当事人没有订立仲裁协议或者仲裁协议无效的，可以向人民法院起诉。当事人应当履行发生法律效力的判决、仲裁裁决、调解书；拒不履行的，对方可以请求人民法院执行。"据此，对保险业务中发生的争议，可采取和解、调解、仲裁和诉讼四种方式来处理。

1. 和解

和解是指在争议发生后由当事人双方在平等、互利谅解基础上通过对争议事项的协商，互相作出一定的让步，取得共识，形成双方都可以接受的协议，以消除纠纷，保证合同履行。

2. 调解

调解是指在第三人主持下根据自愿、合法原则，在双方当事人明辨是非、分清责任的基础上，促使双方互谅互让，达成和解协议，以便合同得到履行。

3. 仲裁

仲裁是指争议双方在争议发生之前或在争议发生之后达成协议，自愿将争议交给第三者即仲裁机构作出裁决，双方有义务执行仲裁裁决。

4. 诉讼

诉讼是指合同当事人的任何一方按照民事法律诉讼程序向法院对另一方当事人提出权益主张，并要求法院予以裁判和保护。诉讼有民事诉讼、行政诉讼和刑事诉讼之分，保险合同争议的诉讼属于民事诉讼。保险合同的诉讼是指保险合同纠纷发生后，当事人一方按照民事诉讼程序向法院对另一方提出权益主张，由法院进行裁判。

 重点、难点提示

仲裁属于行政裁定行为，而诉讼是司法裁定行为。通俗地说，二者的目的都是为了对一事件做出合理（合法）的裁断。仲裁是为了解决一些不需要司法行为干预即可解决的矛盾，是为了节省司法资源设立的一种行政行为。诉讼具有司法强制力，诉讼效力高于仲裁。

|2.3 汽车保险投保|

2.3.1 汽车保险投保方案选择

由于不同的投保人所面临的风险特征、风险概率、风险程度不同，因而对保险的需求也各不相同，现列出几种汽车保险方案供投保人参考。

1. 高风险方案

险种组合：交强险。

保障范围：只享受交强险的赔偿责任。

适用对象：只是想通过年检的个人。

特点：费用低。

优点：可以用来应付上牌照或检车。

缺点：一旦撞车或撞人，损失能得到保险公司的最低赔偿，其他的损失只有自己负担。

微课程8：汽车保险
投保方案

2. 最低保障方案

险种组合：交强险+第三者责任险。

保障范围：除享受交强险的赔偿责任外，只对第三者的损失负赔偿责任。

适用对象：只是想通过年检、对驾驶能力非常自信的个人。

特点：只有最低保障，费用低。

优点：可以用来应付上牌照或检车，同时又有一定的保障。

缺点：一旦撞车或撞人，对方的损失能得到保险公司的一些赔偿，但自己车的损失只有自己负担。

3. 基本保障方案

险种组合：交强险+车辆损失险 + 第三者责任险 + 驾驶员座位责任险。

保障范围：只投保基本险，不含任何附加险。

特点：费用适度，能够提供基本的保障。

适用对象：有一定经济压力的车主、除驾驶员外其他乘车人员很少。

优点：必要性最高。

缺点：不是最佳组合，最好加入乘客座位责任险。

4. 经济保险方案

险种组合：交强险+车辆损失险 + 第三者责任险 + 乘客座位责任险 + 驾驶员座位责任险 + 不计免赔险 + 全车盗抢险。

特点：投保几个最必要、最有价值的险种。

适用对象：是个人精打细算的最佳选择。

优点：投保最有价值的险种，保险性价比最高，人们最关心的丢失和 100%赔付等大风险都有保障，保费不高但包含了比较实用的不计免赔特约险。当然，这仍不是最完善的保险方案。

5. 最佳保障方案

险种组合：交强险+车辆损失险 + 第三者责任险 + 乘客座位责任险 + 驾驶员座位责任险 + 玻璃险 + 不计免赔险 + 全车盗抢险。

特点：在经济投保方案的基础上加上玻璃险，使乘客及车辆易损部分得到安全保障。

适用对象：一般公司或个人。

优点：投保价值大的险种，不花冤枉钱，物有所值。

6. 车价 10 万元以下经济型轿车

这类私家车的代表车型主要有别克赛欧、奇瑞等。一般来说车主应该选择投保四个最基本的险种：第三者责任险（简称三责险）、车损险、车上人员以外伤害险（简称座位险）和不计免赔险。

7. 车价 10 万 ~ 20 万元的经济型轿车

这类车的代表有别克凯越、宝来等。这类车除了以上三责险、车损险、座位险和不计免赔险这四个基本险种外，如果是进口车最好加保一个玻璃单独破碎险和指定修理厂险，因为进口车的玻璃和配件比较贵且不是所有的修理厂都能保证修理技术。

8. 车价 20 万 ~ 50 万元的中高档车

这类车的代表车型有奥迪 A6、大切诺基等。这类车除了四个基本险种外，也推荐购买玻璃单独破碎险。同时，如果没有固定的停车位或者小区治安较差，建议加保全车盗抢险、指定修理厂险和车身划痕险。

9. 车价在50万元以上的高档车

这类车的代表车型有路虎的发现、沃尔沃等。一般来说因为车价已经较高，车主对保险费支出的多少已经不那么敏感，同时这些车的配件都比较贵，所以建议车主选择全保。如果全保一般有以下险种：三责险、车损险、座位险、不计免赔险、盗抢险、指定修理厂险、玻璃单独破碎险和车身划痕险。还有一个自燃险一般来说没有投保必要，一是有些保险公司会主动赠送这个险种；二是现在购买的新车自燃的可能性已经微乎其微。

10. 车龄1~3年、车价5万~10万元

这类车在投保时与新车的变化不大，一般来说应购买三责险、车损险、座位险和不计免赔险这四个基本险种。

11. 车龄1~3年、车价在10万元以上

除了仍然应该购买三责险、车损险、座位险和不计免赔险这四个基本险种外，如果是进口车或者玻璃配置比较贵的车，还应该加上玻璃单独破碎险。但是，盗抢险可以根据车主自己的情况适当省去，除非是停车的小区治安很差。此外，这类车可能无法购买车身划痕险，因为大多数保险公司的车身划痕险只卖给新车，车主在第二年续保时一般很难再购买该险种。

12. 车龄3年以上、车价5万~10万元

对于这类车来说，三责险、座位险和不计免赔仍然需要投保，车损险可以视个人需求而定，如果车子已经使用多年或者车主已经考虑要淘汰旧车，那么车损险可以省去。

此外，如果是五年以前购买的车辆，可以考虑投保自燃险，因为这类旧车发生自燃的几率相对较高。

13. 车龄3年以上、车价10万元以上

如果是中高档车，仍然可以考虑全保，当然三年以上的旧车无法购买车身划痕险，同时三年以上的车辆应投保自燃险。

2.3.2 汽车保险投保技巧

1. 看清免责条款

虽然现在各家保险公司商业车险分A、B、C三种不同条款，但在一些情况下保险公司都会拒绝赔付。比如在车辆投保检测、送修期间发生了碰撞、被盗等损失；车辆被车厢内或车顶装载的物品击伤；不是全车被盗，只是零部件如轮胎、音响设备等被盗，这些保险公司都不会赔偿。因此在购买车险前，这些免责条款都应该仔细阅读。

在签保险合同前，如果保险公司或代理人没有对免责条款尽到告知义务，条款将不发生效力，保险公司仍然需要为此承担理赔责任，这一点需要投保人特别注意。

2. 新车旧车投保有区别

投保时要注意，既不能只考虑省钱而不足额投保，也不能多花不必要的钱超额投保。由于汽车保险费的费率是固定的，因而交费多少取决于新车购置价。明智的选择是足额投保，就是车辆价值多少就保多少。不能因为要节省保险费就不足额投保，如 20 万元的轿车只保 10 万元，一旦发生交通事故，就得不到足额赔付了。如果车辆是旧车或已临近报废期，那么建议保车损险、自燃险、第三者责任险和司乘人员保险。因为旧车或临近报废期的车车况较差，所以车身划痕和盗抢险可以不保。专家建议，旧车在保险时，车主不要认为投保的数额越高，保险公司赔付的就越多。实际上，保险公司只按汽车出险时的实际损失及车辆折旧程度确定赔付金额。注意，保险金额不得超过车辆价值，因为超过的部分无效。

3. 驾驶员和乘客意外伤害险

驾驶员和乘客意外伤害险在投保时根据使用情况投保一个座位或几个座位，如果超过二座，则五个座全部投保比较合算。

4. 第三者责任险

第三者责任险通常有 5 万、10 万、20 万、30 万、50 万和 100 万元等档次。一般来说，保 50 万元比较合适，一般的事故都能应付。

5. 自燃险

自燃险是对车辆因油路或电路的原因自发燃烧造成损失进行的担保。但使用时间三年内的轿车自燃事故极为少见，所以投保的必要性不大。

6. 旧车的盗抢险和车损险

投保旧车的盗抢险和车损险，车辆的实际价值按新车购置价减去折旧来确定，一般每年折旧千分之十。

2.3.3 汽车投保单填写

投保单简称保单，是投保人为订立保险合同向保险人进行要约的书面证明，是确定保险合同内容的依据。在投保单中，一般应写明订立保险合同所必需的项目，投保人应如实填写，保险人据此决定是否承保或以什么条件承保。在保险合同履行时，投保人在投保单上填写的内容是投保人是否履行如实告知义务、保证义务、遵守最大诚信原则的重要凭证。如果投保单上填写的内容不实或存在故意隐瞒、欺诈行为，将影响保险合同的法律效力。投保人填写投保单后，须经保险人签章同意承保，保险合同才告成立。

不同保险公司的机动车辆保险投保单存在一定的差别，此处以中国人民财产保险股份有限公司机动车辆保险投保单为主介绍投保单的填写方式、填写内容及要求。

1. 投保单的填写方式

投保单的填写方式有以下几种。

① 投保人手工填写。

② 投保人利用保险公司提供的网上投保系统自助录入，打印后由投保人签字。

③ 由保险公司业务人员或代理人员根据投保人口述，录入业务处理系统，打印后由投保人签字。

投保人在填写投保单时必须字迹工整、清楚，如有更改，投保人应在更正处签章。投保单一般为一车一单，若同时为多辆车进行投保，投保单可以使用附表形式。其中，投保人情况、被保险人情况、投保车辆情况及投保主险条款名称等共性的内容在投保单主页上填写，个性的内容填写在"机动车辆保险投保单附表"上，其填写规范与一车一单相同。如遇共性的内容有一项存在差别，应另外启用一份投保单填写共性内容及其附表。

例如，某单位同时对 10 辆客车进行投保，其中相同内容有投保人情况、被保险人情况、投保车辆情况。但如果其中 5 辆车选择《非营业用汽车损失保险条款》和《机动车辆第三者责任保险条款》投保，另外 5 辆车只选择《机动车辆第三者责任保险条款》投保，那么，此时投保主险条款名称不同，要启用两份投保单，分别填写投保单主页和附表。

2. 投保单的填写内容及要求

投保单中所涉及的内容较多，为能快捷方便地进行填写，投保人一般应在保险业务人员的指导下逐项规范填写。投保单的主要填写内容及要求如下。

（1）投保人情况

① 投保人的名称或姓名。当投保人为"法人或其他组织"时，应填写其全称（与公章名称一致）；当投保人为"自然人"时，应填写个人姓名（与投保人身份证明一致）。

 重点、难点提示

投保人名称一律填写全称，必须完整、准确。

② 投保车辆数。填写投保单及附表所列投保车辆的总数，用阿拉伯数字填写。

（2）被保险人情况

① "法人或其他组织"和"自然人"选项。只可选择一项，投保人是个人时选择"自然人"，投保人是单位时选择"法人或其他组织"。投保人是个人的，在其后的"姓名"项，填写个人姓名（与被保险人有效身份证明一致）。投保人是单位的，在其后的"名称"项，填写其全称（与公章名称一致）。填写一律用全称，且完整、准确。

② "组织机构代码"和"身份证号码"。投保人为"法人或其他组织"时填写其组织机构代码。组织机构代码是国家质量监督局对中华人民共和国境内依法注册、依法登记的机关，企业、事业单位，社会团体和民办非企业单位颁发的一个在全国范围内唯一的、始终不变的代码标识；投保人为"自然人"时填写投保人的居民身份证号码。被保险人无居民身份证的，如被保险人为军官、外国籍人员时，应在投保单特别约定栏内注明被保险人的有效身份证明名称、证件号码及被保险人性别、年龄。

（3）投保车辆情况

① 车主。需填写的内容为机动车行驶证上载明的车主名称或姓名。

② 号牌号码、底色。填写的内容为车辆管理机关核发的号牌号码及其底色。

③ 厂牌型号。填写的内容为机动车行驶证上注明的厂牌名称和车辆类型，若机动车行驶证上注明的厂牌型号不详细，则应在厂牌型号栏后注明具体型号。进口车按商品检验单上的内容填写，国产车按合格证上的型号填写。应尽量写出具体配置说明，特别是同一型号多种配置的，如桑塔纳 2000GLI。

④ 发动机号。发动机号是生产厂家在车辆发动机缸体上打印的号码。它是机动车辆的重要身份证明之一，该号码必须与投保车辆的机动车行驶证上的发动机号保持一致。

⑤ VIN 码。即车辆识别代号，是表明车辆身份的代码，由 17 位字符（包括英文字母和数字）组成，俗称 17 位码。有 VIN 码的车辆必须正确填写 VIN 码。

⑥ 车架号。也称底盘号，它也是生产厂家在车架上打印的号码。它表明了机动车辆身份的另一个证明，该号码必须与投保车辆的机动车行驶证上的车架号保持一致。无 VIN 码的车辆必须填写车架号。

⑦ 核定载客、核定载质量。该项只需按投保车辆的机动车行驶证上的内容进行正确填写。

⑧ 已使用年限。它是指车辆自新车上牌行驶到投保之日止已使用的年数。不足年的不计算。例如，某车初次登记日期为 2010 年 8 月，如果投保日为 2016 年 7 月 18 日，则使用年限按 5 年计算；若投保日为 2016 年 8 月 18 日，则使用年限按 6 年计算。

⑨ 已行驶里程。填写投保车辆自出厂下线到投保之日的实际行驶总里程。一般该数值能从里程表上直接读出，但有时可能会遇到里程表有损坏或进行过调整、更换的情况，那么其里程表上显示的总里程数与实际已行驶里程数是不符的。此时填写的应是车辆实际已行驶的里程数，但需将里程表上显示的里程数在特别约定中进行注明。

⑩ 使用性质。按车辆的实际使用性质填写，如家庭自用。若遇某车辆有两种使用性质，则应按照费率高的使用性质填写。

（4）投保主险条款名称

由投保人根据投保险种填写所适用的主险条款名称，如车辆损失险。

（5）保险期限

保险期限通常都为一年，它意味着保险合同的生效时段。有时也可经保险人同意后投保短期保险，由保险双方协商确定合同起止时间，一般自约定起保日零时开始，至保险期满日 24 时止。投保当日不得作为起保日，起保日最早应为投保次日。例如，某投保人 2016 年 2 月 26 日办理投保手续，保险期限为 1 年，要求起保日为次日，保险期限应填写为 2016 年 2 月 27 日零时至 2017 年 2 月 26 日 24 时止。

（6）投保险种

按照投保人选定的险种正确填写。

（7）保险金额/责任限额

保险金额与责任限额的确定以及相关规定，详见第 3 章的内容。

① 保险金额主要是针对机动车辆损失险、全车盗抢险及其附加险而言的。如在投保车辆损失险时，投保单上需要填写新车购置价。

不同时段，同一种车辆的价格会有所不同，这里指的是在投保时日当地该种车型的价格（含车辆购置附加税（费））。车辆损失险保险金额以保险车辆的价值来确定，一般有以下三种方式。保险人根据保险金额确定方式的不同承担相应的赔偿责任。

a. 按照新车购置价确定保险金额。

- 未投保新增设备：

$$新车购置价 = 保险车辆的新车购置价$$

- 投保新增设备：

$$新车购置价 = 保险车辆的新车购置价 + 投保新增设备实际价值合计$$

例 2.3 某非营业用货车新车购置价（含车辆购置附加税）为 10 万元，已使用 3 年零 2 个月，投保人要求按照新车购置价投保，同时投保一件实际价值为 1 万元的新增设备，则

$$新车购置价 = 10 万元 + 1 万元 = 11 万元$$
$$保险金额 = 10 万元 + 1 万元 = 11 万元$$

该种确定保险金额的方法也叫足额投保法，一般人不会采用。原因是，如果该车购买时的价格是 10 万元，而现在该种车型的市场价为 8 万元；那么，哪怕以 10 万元投保，当出险时，保险公司也不会以 10 万元进行赔偿，而是按 8 万元进行计算。

b. 按照保险车辆投保时的实际价值确定保险金额。

实际价值是指同类型车辆市场新车购置价减去折旧金额后的价格。折旧按公式计算，并按月折旧。

- 未投保新增设备：

$$保险金额 = 保险车辆的新车购置价 - 折旧金额$$

- 投保新增设备：

$$保险金额 = （保险车辆的新车购置价 + 投保新增设备购置价合计） - 折旧金额$$

例 2.4 某家庭自用轿车购置价（含车辆购置附加税）10 万元，已使用 3 年零 2 个月，投保人要求按照实际价值投保，同时投保 1 件购置价为 1 万元的新增设备，月折旧率为 0.8%，则

$$折旧金额 = (10 万元 + 1 万元) \times 38 \times 0.8\% = 3.344 万元$$
$$保险金额 = (10 万元 + 1 万元) - 3.344 万元 = 7.656 万元$$

c. 在保险车辆的新车购置价内协商确定保险金额。

- 未投保新增设备：

$$保险金额 = 保险车辆协商金额$$

- 投保新增设备：

$$保险金额 = 保险车辆协商金额 + 投保新增设备实际价值合计$$

② 责任限额主要是针对机动车辆第三者责任险、车上人员责任险及其附加险而言的。

第三者责任险的责任限额，由投保人和保险人在签订保险合同时按 5 万、10 万、15 万、20 万、30 万、50 万、100 万和 100 万元以上不超过 1 000 万元的档次协商确定。主车与挂车连接时发生保险事故的，保险人在主车责任限额内承担赔偿责任。

投保车上人员责任险，应填写投保人数和每人责任限额。投保人数可以由投保人自行确定，但投保人数总和不能超过投保车辆的核定载客人数。每车最多可以选择两种不同的责任限额档次投保。例如，某车核定载客 5 人，其中 2 人投保责任限额为 5 万元，其他 3 人每人投保责任限额为 3 万元。

（8）特别约定

对于保险合同中的未尽事宜，经投保人和保险人协商一致后，可以在"特别约定"栏中注明。约定的事项应清楚、明确、简练，并写明违约责任。但特别约定内容不得与法律相抵触，否则无效。例如，以下是某车辆在保险时特别约定栏中的内容。

- 保险车辆发生全部损失的，遭受损失后的残余部分，经双方协商后进行处理。如折旧归保险人的，由双方协商确定其价值，从赔款中扣除。
- 本车驾驶员为：×××。

此约定情况较多，每个投保单情况不同，具体内容详见特别约定清单。

（9）保险合同争议解决方式

争议解决方式由投保人和保险人在诉讼和仲裁两种方式中协商约定一种方式。如果选择"提交××××仲裁委员会仲裁"时，必须在投保单上约定仲裁委员会的名称。

（10）投保人签名/签章

在投保人仔细了解了投保单各项内容，并明确了各自的责任和义务后，在"投保人签名/签章"处签名或签章。当投保人是"自然人"时须由投保人亲笔签字；当投保人为"法人或其他组织"时须加盖公章，投保人签章必须与投保人名称一致。投保人委托他人代为办理投保手续时，投保人应出具办理投保委托书，在"投保人签名/签章"处填写"代办人的姓名＋代办"，其代办人的姓名要与授权委托书上载明的被授权人姓名一致。

至此，投保人要做的工作基本完成，由保险业务员办理其他手续。

2.4　汽车保险续保

"我的车买了一年了，又到了续保的时候，我应该注意什么？""我们今年保便宜点吧，去年保得太多了"……经常听到有车族谈起汽车保险问题时似乎疑问重重，应该如何经济划算地买车险？面对纷繁复杂的车险项目，又该如何续保才更合适、更划算？带着种种疑问，我们来学习汽车保险续保的相关知识。

2.4.1　汽车保险续保准备内容

当投保人所办理的汽车保险接近合同所载的终止日期时，这时就要考虑续保事宜。汽车保险续保可以在上一年度汽车保险投保的保险公司投保，也可以换另外的保险公司进行投保，在续保的时候，需要提供保险车辆经交通管理部门核发并检验合格的行驶证和车牌号。

在续保时，续保公司的选择也需要按实际情况来确定。制定投保方案，选择哪家保险公司也尤为重要。各公司价格不同，事先一定要多询价。保险公司的费率与上年被保险人的出险情况有很大关系，因此如果没有出险而原来的公司信誉比较好的话，可以选择继续在该公司投保，相对会有优惠。交强险如上年未出险可在原有基础上下调10%保费，累计最高可下浮30%，车主在续保之前一定要询问清楚。

2.4.2　汽车保险续保要点

投保人在续保时需要注意以下事项。

1．无赔款优待

无赔款优待是指保险车辆在上一年保险期限内无赔款，续保时可享受减收保险费优待，优待金额为本年度续保险种应交保险费的10%。

上年度投保的车辆损失险、第三者责任险、附加险中任何一项发生赔款，续保时均不能享受无赔款优待。不续保者不享受无赔款优待。发生事故后到续保时案件未决，不能给予无赔款优待。但事故经交管部门处理后，车主没有责任，保险公司不需赔款，则可补给无赔款优待。在上一年保险期限内，车辆所有权转移，也就是说车辆转卖、转让、赠送他人，续保时，保险公司也不给予无赔款优待。

2．享受无赔款优待的条件

① 被保险人投保车辆不止一辆的，无赔款优待分别按车辆计算。

② 上年度无赔款的机动车辆，如果续保的险种与上年度不完全相同，无赔款优待则以险种相同的部分为计算基础；如果续保的险种与上年相同，但投保金额不同，无赔款优待则以本年度保险金额对应的应交保险费为计算基础。

③ 不论机动车辆连续几年无事故，无赔款优待一律为应交保险费的10%。

3．享受新费率优惠政策

自2015年5月1日起，全国范围内保险公司实行新的车辆保险费率政策，出险2次的保费上浮25%、3次的上浮50%、4次的上浮75%、5次的保费翻倍！同样的对于连续3年甚至5年都没有出险的车辆，产险公司给出的车险优惠幅度可能会更大，拿到5折甚至更低的费率都有可能。

改革前，新车购置价相同，则保费相同；改革后，不同车型新车购置价相同，但因为风险的差异，保费也就不一样了。另外今后还可能将交通违章与车险费率挂钩，如闯红灯、乱停车等，都有可能影响续保价格。

 重点、难点提示

同价位车型车险价格完全不同

车险费率化改革后，消费者在买车时，除了关注车型、车价本身，最关注的可能就是这款车的"基础保费"是多少。这个"基础保费"，就来自于基于这款车汽车零部件更换价格的标准。如果选择购买一款"基础保费"很高的汽车，未来无论来自"人"的因素的驾驶习惯多么优异，也必须承受"车"因素的高费率。

2.4.3　汽车保险续保技巧

现在汽车保险产品纷乱繁多，若要制定一个比较合适的保险方案，一定要结合车主的需要和驾驶技术的高低来仔细选择。交强险是国家规定必须购买的保险。商业险中，车辆作为流动标的，每天在道路上行驶，为避免驾驶失误可能导致的对三者的巨额赔偿，所以购买第三者责任险是必须的。车损险是赔偿本车修理损失的，对自己驾驶技术有信心或是考虑到车辆维修费相对便宜的，可以不购买，否则还是应该足额购买车损险的。盗抢险的选择与否应该根据车主的实际情况做决定，如果车仅仅用于上下班且有固定停车场，则不需购买。玻璃险一般在中、高档车上选择，如果车价较便宜，玻璃也相对便宜，就没有必要购买玻璃单独破碎险了。现提供以下几种考虑因素。

1. 车龄

如果车辆已经步入退休年龄，临近报废，则不需要在老车身上再去投车损险以及其他附加险。但这并不代表就不要进行投保，还是应该续保第三者责任险和交强险，以避免意外事故。这属于最简单的续保，所提供的保障也是最有限的。

2. 车主的驾驶技术

如果车主的驾驶技术不错，平时也很注重车辆的保养和安全防护，能够保持保险期内不发生交通事故；而且车辆的价值不高，经济也不富裕，就可以选择续保最简单的险种。也就是续保车损险、第三者责任险、不计免赔险和交强险，不用去续保一些附加险种。在这种情况下来续保，保险公司是可以给予很大折扣的，但所得到的保障也是相当有限的。

如果车主的开车技术还不是很过硬，在行车过程中时常发生些小事故；而且根据车辆的具体车况，以及停车场或小区的治安情况的不同，就可以有针对性地增减部分附加险的续保。也就是除了投保基本险和交强险，可根据具体情况不同，选择投保一些附加险种，包括车辆盗抢险、车身划痕险、自燃险、玻璃单独破碎险和新增设备损失险。这种情况适合新手以及经济情况良好的车主，在选择附加险投保时，要货比三家，多咨询几家保险公司，综合比较各家公司的保险项目和保费。

 重点、难点提示

1. 续保不能拖

孙先生在 2014 年 7 月 3 日购买了一辆新车，并随车购买了一年的车险。2015 年车险到期后，孙先生忘记了投保的具体日期，加上心存侥幸觉得拖几天没事，便没有及时续保。没想到，就在 7 月 7 日孙先生遭遇车祸，因为没有及时续保，损失只能自己扛了。

车主要留意每年车险到期的日期，否则车辆在保险过期时出险，那车辆就没有了保障。此外，车主拿到保险单后，一定要格外留心一下保险的起保日期，到期要及时续保，免得给理赔埋下隐患。车主不要因为事务繁忙，或是存侥幸心理就不进行续保。如果这一期间车辆发生事故，将由车主自行承担全部损失。

2. 理赔多少关乎优惠幅度

孙小姐开车属于菜鸟级，把崭新的飞度碰得灰头土脸，不管大、小事故都会找保险公司理赔。仅一年时间出险记录就达到 8 次，孙小姐感觉自己买车险没白掏钱。当一年车险到期以后，孙小姐仍然决定选择原来的保险公司续保，可是却发现自己的保费竟然上升了 30%。这让孙小姐感到非常疑惑，怎么同样的公司，一年的保费差别这么大？

其实，孙小姐已经被保险公司归入了"高风险客户"之列。根据保监会的规定，上一年度未出险的车主，在进行续保时可享受一定程度的保费优惠，而对出险次数多或赔付金额高的车主，其保费也将根据情况，进行不同程度上调。一般情况下，车辆一年未出险，第二年续保时即可享受 10%的保费优惠；如果连续几年没有出险记录，那么优惠最高能达到30%。要提醒车主的是，车辆的出险记录信息是由保险行业协会在信息平台上发布的，为各家保险公司所共享的，也就是说每家保险公司都知道孙小姐是高风险客户。

小 结

1. 选择汽车保险的原则有国内投保原则、信誉和服务原则、高性价比原则。

2. 汽车保险的参与人包括保险人、投保人、被保险人、保险中介组织、保险监督部门（中国保险监督委员会）。其中保险中介组织包括汽车保险代理人、汽车保险经纪人、汽车保险公估人。

3. 汽车保险投保的注意事项有合理选择保险公司、根据实际需要购买、了解汽车保险的内容、选择投保的方式等。

4. 保险合同的法律特征：汽车保险合同是当事人双方的一种法律行为；汽车保险合同是有偿合同；汽车保险合同是射幸合同；汽车保险合同是最大诚信合同；汽车保险合同是对人的合同；汽车保险合同是双务合同。

5. 汽车保险合同的主体：当事人、关系人、社会中介组织。

6. 汽车保险合同的客体：保险利益。

7. 保险合同的基本条款和特约条款。

8. 汽车保险合同的形式：投保单、暂保单、保险单、保险凭证、批单、书面协议。

9. 保险合同订立和生效，投保方及保险方需履行的义务，保险合同的变更和终止。

10. 保险合同争议处理的方法：和解、调解、仲裁、诉讼。

11. 投保单的填写方式、内容及要求。

习 题

1. 汽车保险合同的法律特征是什么？
2. 汽车保险投保需要遵循哪些原则？
3. 保险中介组织主要指什么？各有什么特点？
4. 汽车保险合同的客体指的是什么？其内涵是什么？
5. 汽车保险中投保人和被保险人有什么关系？
6. 汽车保险中投保人需要具备哪些条件？
7. 在填写汽车保险投保单时需要注意哪些内容？
8. 汽车保险合同的形式有哪些？
9. 在哪些情况下汽车保险合同会终止？
10. 在哪些情况下会使用暂保单？

第 3 章
汽车保险核保与承保

【学习目标】

- 掌握保险公司制定费率的原则和不同费率模式的优劣差异
- 熟悉我国现行车险费率管理制度和计算方案
- 分析不同车辆面临的不同风险因素,理解保险费的计算过程
- 掌握承保工作内容流程,明确核保内容程序
- 熟悉保险单证的管理、保险费的管理,了解保险的续保、批改业务
- 了解汽车消费贷款保险承保业务程序

|3.1 汽车保险费率|

3.1.1 汽车保险费率确定原则

根据保险价格理论,厘定保险费率的科学方法是依据不同保险对象的客观环境和主观条件形成的危险度,采用非寿险精算的方法确定费率的。但是,非寿险精算是一个纯技术的范畴,在实际经营过程中,非寿险精算仅仅是提供一个确定费率的基本依据和方法,而保险人确定汽车保险费率还应当遵循一些基本的原则。

1. 公平合理原则

公平合理原则的核心是确保每一个被保险人的保费负担基本上反映保险标的的危险程度。这种公平合理的原则应在两个层面加以体现。

(1)在保险人和被保险人之间

在保险人和被保险人之间体现公平合理的原则,是指保险人的总体收费应当符合保险价格确定的基本原理,尤其是在附加费率部分,不应让被保险人负担保险人不合理的经营成本和利润。

(2)在不同的被保险人之间

在被保险人之间体现公平合理是指不同被保险人的保险标的的危险程度可能存在较大的差异,保险人对不同的被保险人收取的保险费应当反映这种差异。保险人不但要根据车型、用途的不同划分不同车的费率档次，还要体现同样的车在不同地区、不同时间和不同主体使用上所具有的风险差异性。

 重点、难点提示

由于汽车保险商品存在一定的特殊性，要实现绝对的公平合理是不可能的，所以公平合理只能是相对的。保险人在确定费率的过程中应该注意体现一种公平合理的倾向，力求实现费率确定的相对公平合理。

2. 保证偿付原则

保证偿付原则的核心是确保保险人具有充分的偿付能力。汽车保险的最基本的功能是损失补偿，而损失补偿功能是通过建立汽车保险基金来实现的。汽车保险基金主要由开业资金和保险费两部分构成的。保险费是保险标的的损失偿付的基本资金，是车辆投保人为获得保险人的保险补偿而支付的费用。所以，厘定的保险费率应保证保险公司具有相应的偿付能力，这是保险的基本功能决定的。保险费率过低，直接影响保险基金的实际规模，势必削弱保险公司的偿付能力，从而影响对被保险人的实际保障。

保证偿付能力是保险费率确定原则的关键。保险公司是否具有足够的偿付能力，不仅仅影响到保险业的经营秩序和稳定，同时，也对广大的被保险人乃至整个社会产生直接的影响。

3. 相对稳定原则

相对稳定原则是指保险费率厘定之后，应当在一定时间内保持稳定，不要轻易地变动。由于汽车保险业务存在保费总量大、单量多的特点，经常的费率变动势必增加保险公司的业务工作量，导致经营成本上升。同时也会给投保人带来很多不便，投保人需要不断适应新的费率，从而影响汽车保险业务的开展。

要实现相对稳定的原则，在确定保险费率时就应充分考虑各种可能影响费率的因素，建立科学的费率体系；更重要的是应对未来的趋势做出科学的预测，确保费率的适度超前，从而实现费率的相对稳定。

 重点、难点提示

费率的确定具有一定的稳定性是相对的。一旦经营的外部环境发生了较大的变化，保险费率就必须进行相应的调整，以符合公平合理的原则。随着汽车工业迅速发展，交通环境、市场环境、社会环境和国家的政治政策环境的变化，我国汽车保险费率已经做了相应的调整。2000年7月1日我国开始实施《汽车保险条款》，采取统一费率。2003年1月1日起汽车保险费率厘定放开，由保险公司自主制定，报保监会批准。2006年7月1日，我国正式开展交强险业务后，机动车辆保险的保险费率又趋于统一。2016年1月1日，新规正式实施，依据车辆上年度出险频率、理赔状况、责任主次和车辆状况确定费率的浮动。

4. 促进防损原则

防灾防损是汽车保险的一个重要功能，其内涵是保险公司在经营过程中应协调某一风险群体的利益，积极推动和参与针对这一风险群体的预防灾害和损失的活动，减少或者避免不必要的灾害事故的发生。这样不仅可以减少保险公司的赔付金额和减少被保险人的损失，更重要的是可以保障社会财富、稳定企业经营、安定人民生活、促进社会经济发展。

防灾防损合理费用是指保护、施救行为支出的费用是直接的、必要的，并符合国家有关政策规定。具体应遵循以下几点原则。

（1）保险车辆发生火灾时，被保险人或其允许的驾驶员使用他人非专业消防单位的消防设备，施救保险车辆所消耗的合理费用及设备损失应当赔偿。

（2）保险车辆出险后，失去正常的行驶能力，被保险人雇用吊车及其他车辆进行抢救的费用，以及将车辆拖运到修理厂的运输费用，保险人应按当地物价部门核准的收费标准予以负责。

（3）在抢救过程中，因抢救而损坏他人的财产，如果应由被保险人赔偿的，可予以赔偿。但在抢救时，抢救人员个人物品的丢失，不予赔偿。

（4）抢救车辆在拖运受损保险车辆途中发生意外事故造成保险车辆的损失扩大部分和费用支出增加部分，如果该抢救车辆是被保险人自己或他人义务派来抢救的，应予赔偿；如果该抢救车辆是受雇的，则不予赔偿。

（5）保险车辆出险后，被保险人或其允许的驾驶员或其代表奔赴肇事现场处理所支出的费用，不予负责。

（6）保险人只对保险车辆的施救保护费用负责。例如：保险车辆发生保险事故后，受损保险车辆与其所装货物同时被施救，应按保险车辆与货物的实际价值进行比例分摊赔偿。

（7）保险车辆为进口车或特种车，发生保险事故后，当地确实不能修理，经保险人同意后去外地修理的移送费，可予适当负责。但护送保险车辆者的工资和差旅费，不予负责。

（8）施救、保护费用与修理费用应分别理算。但施救前，如果施救、保护费用与修理费用相加，估计已达到或超过保险金额时，则可推定全损予以赔偿。

（9）保险车辆发生事故后，对其停车费、保管费、扣车费及各种罚款，保险人不予负责。

 重点、难点提示

保险人在厘定保险费率的过程中应将防灾防损的费用列入成本，并将这部分费用用于防灾防损工作。在汽车保险业务中防灾防损功能显得尤为重要。一方面保险公司将积极参与汽车制造商对于汽车安全性能的改进工作，如每年都有一些大的保险公司资助汽车制造商进行测试汽车安全性能的碰撞试验；另一方面保险公司对于被保险人加强安全生产，进行防灾防损工作也会予以一定的支持，目的是调动被保险人主动加强风险管理和防灾防损工作的积极性。

3.1.2 汽车保险费率的确定

1. 汽车保险费率的确定

保险费率：依照保险金额计算保险费的比例，通常以千分率（‰）来表示。

保险金额：简称保额，保险合同双方当事人约定的保险人于保险事故发生后应赔偿（给付）保险金的限额，它是保险人计算保险费的基础。

保险费：简称保费，是投保人参加保险时所交付给保险人的费用。

在市场经济条件下，价值价格规律的核心是使价格真实地反映价值，从而在交易过程中体现公平和对价的原则。能够实现这一目标的途径有以下两个：从被动的角度出发，可以通过市场适度和有序的竞争来实现，但这往往需要付出一定的代价；从主动和积极的角度出发，如果保险人希望能够在市场上生存和发展，就必须探索出确定价格的科学和合理的模式。

微课程9：汽车保险费率如何确定？

就汽车保险而言，保险人同样希望保费设计得更精确、更合理。在不断的统计和分析研究中，人们发现影响汽车保险索赔频率和索赔幅度的危险因子很多，而且影响的程度也各不相同。每一辆汽车的风险程度是其自身风险因子综合影响的结果。所以，科学的方法是通过全面综合地考虑这些风险因子后确定费率。

 重点、难点提示

通常保险人在经营汽车保险的过程中将风险因子分为两类。一是与汽车相关的风险因子，主要包括汽车的种类、使用的情况和行驶的区域等；二是与驾驶人相关的风险因子，主要包括驾驶人的性格、年龄、婚姻状况、职业等。由此各国汽车保险的费率模式基本上可以划分为两大类，即从车费率模式和从人费率模式。

2. 从车费率模式

从车费率模式是以被保险车辆的风险因子作为确定保险费率主要因素的费率确定模式。目前，我国采用的汽车保险的费率模式属于从车费率模式。影响费率的主要因素是与被保险车辆有关的风险因子。

现行的汽车保险费率体系中影响费率的主要变量为车辆的使用性质、车辆生产地和车辆的种类。根据车辆的使用性质划分为营业性车辆与非营业性车辆；根据车辆的生产地划分为进口车辆与国产车辆；根据车辆的种类划分为客车、货车、专用车、摩托车、拖拉机。不同类型车使用性质、行驶区域以及车辆的性能和安全性不同，其风险程度各不相同，从而费率也不相同。

除了上述的三个主要的从车因素外，现行的汽车保险费率还将车辆行驶的区域作为汽车保险的风险因子，即按照车辆使用的不同地区，适用不同的费率，如在深圳和大连采用专门的费率。

 重点、难点提示

从车费率模式具有体系简单、易于操作的特点。同时，由于我国在一定的历史时期被保险的车辆绝大多数是"公车"，驾驶人与车辆不存在必然的联系，也就不具备采用从人费率模式的条件。随着经济的发展和人民生活水平的提高，汽车正逐渐进入家庭，2003年各保险公司制定并执行的汽车保险条款，已开始向从人费率模式方面进行转变。

从车费率模式的缺陷是显而易见的，因为在汽车使用过程中，对于风险的影响起到决定因素的是与车辆驾驶人有关的风险因子。尤其是对汽车保险特有的无赔偿优待与被保险车辆联系，而不是与驾驶人联系，显然不利于调动驾驶人的主观能动性，其本身也与设立无赔偿优待制度的初衷相违背。

3. 从人费率模式

从人费率模式是以驾驶被保险车辆人员的风险因子作为确定保险费率主要因素的费率确定模式。目前，大多数国家采用从人费率模式。影响费率的主要因素是与被保险车辆驾驶人有关的风险因子。

各国采用的从人费率模式考虑的风险因子也不尽相同，主要有驾驶人的年龄、性别、驾驶年限和安全行驶记录等。

① 根据驾驶人的年龄，通常将驾驶人划分为三组。第一组是初学驾驶，性格不稳定，缺乏责任感的年轻人；第二组是具有一定驾驶经验，生理和心理条件均较为成熟，有家庭和社会责任感的中年人；第三组是与第二组情况基本相同，但年龄较大，反应较为迟钝的老年人。通常认为第一组驾驶人为高风险人群，第三组驾驶人为次高风险人群，第二组驾驶人为低风险人群。至于三组人群的年龄段划分是根据各国的不同情况确定的。

② 根据驾驶人的性别划分为男性与女性。研究表明女性群体的驾驶倾向较为谨慎，为此，相对于男性她们为低风险人群。

③ 根据驾驶人的驾龄长短划分。驾龄的长短可以从一个侧面反映驾驶人员的驾驶经验，通常认为从初次领证后的 1～3 年为事故多发期。

④ 根据安全记录划分。安全记录可以反映驾驶人的驾驶心理素质和对待风险的态度，经常发生交通事故的驾驶人可能存在某一方面的缺陷。

重点、难点提示

从以上对比和分析可以看出从人费率相对于从车费率具有更科学和合理的特征，所以我国正在积极探索，逐步将从车费率的模式过渡到从人费率的模式。

4. 我国现行车险费率管理制度

2015 年 3 月 20 日，保监会印发了《深化商业车险条款费率管理制度改革试点工作方案》的通知（保监产险［2015］24 号），确定黑龙江、山东、青岛、广西、陕西、重庆等六个地区为商业车险改革试点地区。同日，中保协发布了商业车险行业示范条款（2014 版）。

（1）商业车险管理制度改革的核心内容

主要体现在以下三个方面。

一是在条款方面，形成以行业示范条款为主体、创新型条款为补充的商业车险条款调整机制，满足社会多层次需求。

二是在费率方面，以市场化为导向，赋予并逐步扩大保险公司商业车险费率拟定自主权。在费率方面，费率结构发生变化。

重点、难点提示

承保端保费计算依据变革

基准保费改为基准保费=基准纯风险保费/(1-附加费用率)，

行业统一根据平均赔付率65%倒推确定

和各保险公司的费用控制水平相关

费率调整系数改为由无赔款优待（NCD）系数、车型系数、渠道系数和自主核保系数连乘。

> 渠道系数、自主核保系数由各公司自行确定

三是在监管方面，监管建立科学有效的条款费率形成、审批机制。以偿付能力监管为核心，加强事中监测和事后问责。

（2）条款修订内容

本次条款修订主要包括以下两方面内容。

一是对商业车险行业示范条款种类进行了基本扩充分类。在示范条款种类方面，行业将推出综合险、基本险、一切险三大类示范条款，各公司可以同时开发创新性条款。

二是对条款有关内容进行了修订，更加有利于被保险人；同时条款措辞更加严谨。

 重点、难点提示

与 09 版 A 条款对比

- 保险金额确定方式改变，解决高保低赔。
- 车损险代位求偿的表述更加清晰，配套机制逐步完备，解决无责不赔。
- 保险责任及除外责任调整，保险责任更加明确，解决条款理解分歧。
- 赔付计算变化。

3.1.3　汽车保险风险因素

汽车保险风险主要取决于车辆自身风险、地理环境、社会环境、驾驶人员四个因素。这四方面因素对车辆的风险影响相当大，有时是某一因素起主要作用，有时是几个因素同时起作用。

1. 车辆自身风险因素

（1）厂牌车型

由于世界各国车厂众多，不同厂家生产的车辆的特点不同，汽车的安全性能也不同。美国、西北欧车辆首先注重的是安全性；日本车的综合性价比较高，但安全性要差于美国及西北欧车；韩国汽车目前在世界上也有一席之地，但在安全性能上均弱于美国、西北欧及日本车，整体上与中国国产车、合资车相当；东欧车及其他类车次之。

 重点、难点提示

一般而言，厂牌车型的风险排列情况为：美国车、西北欧车＜日本车＜韩国车＝国产车＜东欧车及其他类车。所以，不同厂家生产的车辆，所面临的风险也不尽相同，其出险频率也不大相同。

（2）车辆种类

目前国内保险界将机动车辆主要分成客车、货车、专用车、摩托车、拖拉机五种。

① 客车。客车是指用来运送乘客的车辆，其客运能力主要以座位数来衡量。座位数指车辆拥有的可供乘客乘坐的标准座位的数量。

重点、难点提示

座位数的多与少直接关系到两方面的风险。一是乘客责任的风险。一般情况下，座位数越多，运载的乘客数也越多，对于乘客的责任险而言，其风险就会加大。因此，在承保乘客责任险时，要充分考虑车辆的座位数量。二是第三者责任的风险。座位数多的车辆，车体较大，方向也就越不好控制。因此在承保第三者责任险时，会予以适当考虑。

② 货车。货车主要是指用来运送货物的车辆，其货运能力主要以吨位数来衡量。目前国内货车主要分为三类：2 吨以下货车；2 吨至 10 吨以下货车；10 吨及其以上货车。

重点、难点提示

吨位数与座位数的特点较为相似，一个是针对人，一个是针对货物。因此，在承保车上货物责任险时，要充分考虑吨位数。

③ 专用车。专用车主要指具有专门用途的车辆，如油罐车、气罐车、液罐车、冷藏车、起重车、装卸车、工程车、监测车、邮电车、消防车、清洁车、医疗车、救护车等。各种专用车由于具有特殊的使用性能，也就具有特殊的风险性。所以，在承保此类车时应考虑到其特殊性。

④ 摩托车。摩托车包括两轮摩托与三轮摩托。摩托车操纵灵活，但适应性和安全性较差，一旦发生事故造成损失的可能性也较大，所以在承保时要考虑到这一特点。

⑤ 拖拉机。拖拉机主要分农用型拖拉机和运输型拖拉机两类。拖拉机的风险除与其设计、使用功能有关外，还与驾驶员的技术水平有关。

（3）排气量

这里所提及的排气量主要是针对 14 座以下的客车而言，其他车辆则未予以细分。排气量所体现的是汽车的动力性能，一般排气量越大，汽车的动力性能也越好。对于同一类汽车而言，也意味着损失程度越大，风险也就越高。

重点、难点提示

核保时要考虑排气量的因素，尤其是大排气量车辆，在承保时要做好风险评估工作。

（4）车龄

车龄是指最初汽车购置日起至投保（或续保）日止期间的年限，年限以 12 个月的日历年为标准。汽车运行状况同车龄有着直接的关系。汽车的使用年限越长，汽车的磨损和老化程度就越高，从而导致车况越差，因而出险的概率也相应增大。汽车的车龄数据也可以方便和可靠地获得，加上车龄与汽车风险间的正相关关系，因此车龄是保费计算要考虑的重要因素。

（5）安全性能

安全是评价汽车性能最重要的标准之一。决定汽车安全性能水平高低的是各种安全系统和功能之间的相互配合。汽车安全系统主要分为被动安全系统和主动安全系统。被动安全系统是在发生事故时，为避免或减轻人员在车祸中受到伤害而设计的安全系统，如安全带、安全气囊、保险杠、车身的前后吸能区、车门防撞钢梁等。主动安全系统，则是为预防汽车发生事故，避免人员受到伤害而设计的安全系统，常见的主动安全系统有 ABS（防抱死制动系统）、TCS（牵引力控制系统）、ESP（车身电子稳定系统）、BAS（紧急制动辅助系统）、EBD（电子制动力分配系统）、RSC（车体翻覆稳定控制系统）、车距报警装置、高位刹车灯等。主动安全性的好坏决定了汽车产生事故发生概率的多少，而被动安全性的好坏主要决定了事故后车内成员的受伤严重程度。因此，汽车的安全性能是考虑风险的又一个重要因素。

（6）行驶区域

车辆行驶区域指车辆行驶的地域范围。根据目前我国地理情况，我国将车辆行驶区域分为三类，即省内（含直辖市、自治区）行驶、国内行驶、出入国境行驶。

省内行驶：指在某一省、直辖市或自治区所辖的地域范围内行驶。

国内行驶：指在中华人民共和国境内行驶，其范围已包括省内行驶。

出入国境行驶：指车辆不仅在中华人民共和国境内行驶，而且还跨越国境在其他国境行驶。

 重点、难点提示

由于车辆行驶范围不同，驾驶人对不同地区的交通规则、地形、地貌等熟悉程度不同，以及在不同地区造成损失承担的赔偿责任不同，所以车辆的风险状况也不同。整体而言，随着行驶地域的扩大，风险程度积累越大，即省内行驶风险＜国内行驶风险＜出入境行驶风险。

（7）使用性质

不同的车辆有不同的用途，不同的使用性质具有不同的风险。根据车辆的使用性质，国内目前将车辆分为营运车辆、非营运车辆。

 重点、难点提示

整体而言，营运车辆长时间运转，车辆磨损率及事故概率要比非营运车辆高。因此，营运车辆风险比非营运车辆风险要高，即非营运车辆风险＜营运车辆风险。

（8）所属性质

车辆保险极容易发生道德风险，因此在车险核保时，除意外事故的风险因素要考虑外，道德风险也是在核保时要认真考虑的一个因素。道德风险主要由车辆所属性质决定。因此，即使同样是营运车辆，由于其所有人的不同，风险情况也不同。首先就营运车辆而言，企业的营运车辆往往是以车队的形式出现，且是国有或集体企业所有，投保时也往往是将所有车辆投保于一家保险公司。其投保的目的比较明确，就是为意外事故的发生提供保障，因此道德风险因素相对较低。个体营运车辆则与其有区别。由于车辆多为个体营运者所有，投保的目的除为意外事故的发生提供保障外，也往往有潜在的道德风险。

2. 地理环境风险因素

由于车辆是流动的标的，因此地理环境对车辆保险具有相当大的影响。对车辆有影响的地理环境因素包括气候、地形地貌、路面状况、交通流量等。

（1）气候

我国地域广阔，从南到北，从东到西，气候差异很大。东部与南部的气候温暖湿润，雨水较多，雨季较长；西部与北部气候寒冷干燥，雨水较少，但降雪较多。由于气候的差异，对车辆造成的风险也有很大的区别。总体而言，由于东部与南部雨水多，导致车辆锈损较严重，同时在雨季因路面较滑，事故也会增多，此外车辆水浸的现象较多。而西部与北部则因冬季气候寒冷，降雪较多，路面较滑，在冬季事故则明显增多，同时个别地区因异常寒冷，有车内生火取暖情况，容易导致燃烧。气候与交通事故的关系见表3-1。

表3-1　　　　　　　　　　　气候与交通事故的关系

气 候 类 型	事故次数（次）	占总数（%）	经济损失（元）	占总数（%）
雨	12 831	18.23	50 943 392	24.23
雪	231	0.33	1 077 939	0.51
雾	236	0.34	1 380 054	0.66
晴	44 656	64.1	133 067 440	63.3
大风	34	0.05	71 972	0.03
阴	6 973	10.01	20 565 147	9.78
其他	4 708	6.76	3 100 935	1.48
合计	69 669	100	210 206 879	100

注：此表中数据来自于***市道路交通事故年鉴。

（2）地形地貌

由于地域广阔，造成我国地形地貌差异非常大，既有平原、丘陵，又有山地等各种复杂的地形地貌。不同地形地貌，对车辆的风险也有不同的影响。平原地区由于地势平缓、视野开阔，行车比较安全。山地则因地势高低不平、道路曲折、路面狭窄而容易导致事故，甚至恶性事故。

（3）路面状况

路面状况对行车安全及车辆损耗有直接影响。路面状况好的地段，车辆的事故率则相对要低一些；路面差的地段，车辆的事故率则明显要高。

（4）交通流量

交通流量的大小也直接影响到交通事故率的高低。一般来说，交通流量大、情况复杂的路段事故发生率高，如交叉路口高于路段，城市道路高于郊县公路，出入口繁忙路段高于一般路段。

　重点、难点提示

　　在车险核保时，一般应考虑本地区所处的地理位置、地理环境和交通状况，针对不同的地理环境，制定不同的承保政策和措施。

3. 社会环境风险因素

车辆的运行不仅仅涉及车辆本身及自然环境，更重要的还涉及周围的社会环境。社会环境因素对车辆的风险有很大影响。

（1）法制环境

保险企业是一种经营风险的企业，对被保险人承担着意外事故发生后的补偿责任。车辆保险是一种高事故率、高频度补偿的保险业务，并且事故的原因、补偿的对象及补偿的依据均有相当大的差异。在这种情况下，如果法制比较健全，在事故发生后，责任的鉴定、补偿的处理就会有法可依，从而使保险人与被保险人的利益均受到比较全面的保障；否则便会产生很多法律纠纷，为社会带来许多不良影响。

（2）治安情况

车辆保险有一个最明显的风险就是盗窃抢劫或抢夺风险，而这一风险同社会治安状况联系最为密切。我国地域广大，各地社会治安状况有很大的差别。社会治安状况好的地方，盗窃、抢劫或抢夺的发生率就会很低。社会治安情况较差的地区，车险的赔付率较高，因此在这样的地区承保盗窃、抢劫或抢夺责任时，应当采取一定的措施来控制该风险。

4. 驾驶人风险因素

（1）年龄

根据国外保险公司统计数据显示，车辆保险的风险与驾驶人的年龄、性别有相当直接的关系。24岁以下的青年人因年轻气盛，往往喜欢开快车，因而容易出现交通事故，而且容易导致恶性交通事故；54岁以上的人驾车速度相对较慢，但因为反应相对迟钝，也容易导致交通事故；24～54岁年龄的人驾驶则相对安全些。例如，表 3-2 所示为美国交通事故分析（不同年龄段对交通事故贡献率对比）。保险公司针对这种情况，对不同年龄组的人设定不同的系数，并按不同的系数收取保险费。

表 3-2　　　美国交通事故分析（不同年龄段对交通事故贡献率对比）

年龄段	2010 实际数量			2030 推测数据			2010 与 2013 年贡献率变化
	事故百分比	事故频率	事故频率贡献比	事故百分比	事故频率	事故频率贡献比	
15～19	1.6%	10.3	0.162	1.4%	10.3	0.147	−0.015
20～24	5.1%	9.4	0.479	4.7%	9.4	0.438	−0.042
25～29	8.1%	7.5	0.605	7.5%	7.5	0.557	−0.048
30～39	18.5%	6.2	1.140	17.8%	6.2	1.100	−0.040
40～49	21.2%	5.8	1.235	18.9%	5.8	1.101	−0.133
50～59	20.9%	5.4	1.135	17.1%	5.4	0.927	−0.209
60～64	8.9%	5.3	0.469	8.8%	5.3	0.467	−0.002
65～69	6.2%	5.4	0.336	8.5%	5.4	0.460	0.124
70～74	4.1%	5.7	0.235	6.8%	5.7	0.387	0.153
75～79	2.7%	6.2	0.168	4.4%	6.2	0.274	0.105
80～84	1.7%	6.9	0.119	2.5%	6.9	0.175	0.056
85+	1.0%	7.6	0.077	1.5%	7.3	0.115	0.038
总事故发生率	6.161			6.148			−0.012

（2）性别

国外对驾驶员进行分组统计研究的结果表明交通肇事记录同性别有密切的关系。就整体情况而言，男性驾驶员的重大事故肇事概率要比女性高。这主要是因为男性的性别特征决定了其更具有冒险性，驾车速度较快。同时，在饮酒肇事事故中男性的比例也明显高于女性。因此，很多国家的保险公司根据驾驶员的性别设定不同的系数，并按不同的系数收取保险费。

（3）驾驶能力

目前可以比较客观地评估驾驶员个人驾驶能力的因素就是驾驶执照。从总体上而言，由于驾驶经验和车辆的差别，可以认为在私车第三者责任保险中，持有 A 类驾驶证的驾驶员的总体驾驶能力应高于 B 类证，B 类证高于 C 类证；同样，A 类证的总体风险应该小于 B 类证，B 类证小于 C 类证。可见，根据驾照来评估驾驶员个人风险是一个较为有效的手段，而且 C 类证驾驶员的保单应该是核保的重点对象。

（4）经验、职业、婚姻状况

国外保险公司还根据驾驶人的经验、职业及婚姻状况进行了详细的分析统计。统计结果显示，驾驶经验丰富、白领职业及已婚的驾驶员肇事记录较少，而驾驶经验少、非白领职业及未婚的驾驶人的肇事记录则增多。因此，国外保险公司又根据驾驶人的经验、职业及婚姻状况设定不同的系数，并按不同的系数收取保险费。

（5）驾龄

驾龄的长短和事故发生的概率也存在一定的统计规律。一般说来，驾驶年龄越长，出险概率相对要低得多，这类驾驶员的风险也越低。据统计，武汉市驾龄不满 3 年的驾驶员肇事次数占了全部汽车肇事总数的 61.49%；满 5 年不满 6 年的驾驶员肇事次数占了全部肇事总数不足 1%。由此可见，按照驾驶员的驾龄来考虑驾驶员的风险是合理的。

（6）肇事记录

违章是事故的前奏。违章多的驾驶人，事故发生的概率必然很高。对于那些虽无事故发生，但违章不断的驾驶人，其潜在风险也必然很高。因此，把驾驶人的肇事记录作为风险分类的重要变量是公平合理的。第三者责任险的费率与违章记录相挂钩是国际保险界的惯例。

（7）出险记录、品行

被保险人及其允许的驾驶人的出险记录是指他们过去的索赔记录。国外的研究表明，被保险人及其允许的驾驶人过去的索赔记录是对他们未来索赔次数的最优预测变量，比起驾驶人的年龄、性别和驾龄等，能更好地反映驾驶人员的实际风险情况。

重点、难点提示

依据被保险人过去的索赔记录来确定续期保费，能更客观地评估被保险人的风险，使投保人支付的保费与其实际风险大小相对应。

3.2 汽车保险核保

3.2.1 汽车保险核保的原理

1. 核保的概念

保险人在承保时必须经过核保过程。核保是指保险人在承保前，对保险标的的各种风险情况加以审核与评估，从而决定是否承保、承保条件与承保费率的过程。

核保工作的目的在于辨别投保风险的优劣，并使可接受承保的风险品质趋于一致，即对不同风险程度的风险单位进行分类，按不同标准进行承保、制定费率，从而保证承保业务质量，保证保险经营的稳定性。

核保原为海上保险用语。在最初的保险经营时期，其含义为保险业务的经营与承保。随着保险业的发展，后来仅指风险选择，其范围由参与整个经营活动演变为部分的活动。范围逐渐缩小，其技术手段不断提高。风险选择属于保险技术的应用，对于业务经营效益的好坏有直接关系，是保险经营中的重要环节。

 重点、难点提示

在核保工作中，原则上采取内外两重管理机制。首先由保险展业人员（包括业务员和经纪人、代理人）进行初步核保，然后将初步接受的业务交给内部的专业人员审核决定承保与否、承保条件以及费率等。展业部门与核保部门，在立场上是相对的。展业部门力求扩大承保数量，以满足大数法则，同时提高承保增长率和市场占有率。因此其业务中难免出现良莠不齐的现象。保险是一项专业性和技术性较强的工作。鉴于保险公司的业务员与投保人的立场，如要保证每笔业务都符合公司的经营方向及原则，业务来源有利于分散风险，就必须对标的信息及保险合同的内容做进一步的控制，这就要由核保部门来完成这项工作。但在实际核保工作中，对于具体业务也应掌握分寸，把握尺度，防止核保过松或过严。核保过严，虽然对风险控制更有利，但是将增加业务费用，抵消了展业部门的工作，且过多的拒保将使公司形象受到损害；而核保过松，将会影响公司经营目标及经济效益，不利于公司的发展。所以，在核保工作中，应该全面考虑，统一按照行业规章和公司规定严格执行。

2. 核保的原则

（1）保证长期的承保利润

核保时应避免片面追求承保数量的短期行为，这将影响公司的经营目的和方向，不利于公司的长远发展。应该认真做到全面、细致、严格地核保，争取最好的承保条件，保证公司实现长期的承保利润。

（2）提供优质的保险服务

核保时应尽力为客户设计优化的保险方案，充分满足客户的需要，并不断完善以适应客户新的保险要求。通过核保为客户提供全方位和多层次的保险服务，保持客户的数量及长期的客户关系。同时公平对待每一位客户，承保条件和承保费率对所有的客户要一视同仁。

（3）争取市场的领先地位

通过不断提高承保技术来拓展新的业务领域，努力保持市场的领先优势或争取市场的领先地位。核保时应能根据市场的变化，及时调整公司业务规章，保持在市场的竞争力。

（4）谨慎运用公司的承保能力

在任何情况下，都不要在条件不成熟或能力不足的条件下，盲目承保高风险项目或巨额风险。应认真做好风险的控制工作，累积各类风险的经验，为以后的承保和理赔工作打下基础。

（5）坚持规范化的管理

在核保过程中要遵守国家法律、地方法规，遵守行业规章及公司的制度和市场准则。

（6）有效利用再保险支持

以确保公司利润为原则，最大限度地利用再保险，而不是片面依赖于再保险支持。应严格核

保，确定自留额以便合理分散风险，争取实现最大的利润及最小的风险代价。

3.2.2　汽车保险核保的意义

1. 防止逆选择，排除经营中的道德风险

在保险公司的经营过程中始终存在一个信息问题，即信息的不完整、不精确和不对称。这种信息的不对称是指投保人或被保险人比较了解或能较精确评估其自身风险，而保险人却较难做到。尽管最大诚信原则要求投保人在投保时应履行充分告知的义务，但是事实上始终存在着信息不完美和不精确的问题。保险市场信息问题的存在，可能导致投保人或被保险人的道德风险和逆选择，而道德风险与逆选择将给保险公司经营带来巨大的潜在风险。

 重点、难点提示

保险公司通过建立核保制度，由资深人员运用专业技术和经验对投保标的进行风险评估，通过风险评估可以最大限度地解决信息不对称的问题，排除道德风险，防止逆选择。

在保险欺诈的案件中有一个共同的特点就是在投保时虚构保险利益。在汽车保险业务中反映为高估车辆的实际价值。这种现象是可以通过认真和专业的核保予以排除的。

2. 确保业务质量，实现经营的稳定

保险公司是经营风险的特殊行业。它经营的是社会的风险，所以保险公司经营情况良好与否不仅仅是保险公司自身的问题，同时也是整个社会的稳定问题。

保险公司要实现经营的稳定，关键的一个环节是控制承保业务的质量。但是，在实际工作中发展与管理始终是一对矛盾。随着国内保险市场的发展，保险市场竞争日趋激烈，保险公司在扩大业务的同时，经营风险也在不断增大。其主要表现为以下三点。

① 为了拓展业务而急剧扩充业务人员，但这些新人员的素质有限，无法认识和控制承保的质量。

② 保险公司为了扩大保险市场占有份额，稳定与保户的业务关系，放松了对拓展业务方面的管理。

③ 保险公司为了拓展新的业务领域，开发一些不成熟的新险种，签署了一些未经详细论证的保险协议，增加了风险因素。

 重点、难点提示

核保制度是保险公司防范、避免和解决以上种种现象的发生，强化经营风险控制的重要手段。通过建立核保制度，将展业和承保相分离，实行专业化管理，严格把好承保关，可以防止"病从口入"，确保保险公司实现经营的稳定。

3. 扩大市场规模，与国际惯例接轨

中国传统的市场运作模式大都是由保险公司的业务人员通过市场营销工作进行的，这种模式在一个特定的历史时期曾经发挥了重要的作用。但是，随着中国市场经济体制改革的深入和加入国际经济一体化的进程，随着保险市场主体的增加和完善，社会专业分工将成为一个必然的发展趋势。其在保险领域表现为保险中介市场的发育和完善。

一方面外国的保险中介组织对于中国的市场表现出极大的兴趣，纷纷要求进入中国市场。加入 WTO 以来，中国逐步向国外的保险中介机构开放。另一方面中国的保险中介力量也在不断壮大，中国保监会已经批准设立了保险经纪人公司及保险专业代理公司和数以千计的保险兼业代理公司。中国的保险中介组织已经初具规模并将成为推动保险业务发展的重要力量。在看到保险中介组织对于扩大业务的积极作用的同时，也应当注意到其可能带来的负面影响。

重点、难点提示

由于保险中介组织经营目的和价值取向的差异以及人员的良莠不齐，保险公司在充分利用保险中介机构进行业务发展的同时，对于保险中介组织的业务管理更需要加强。核保制度是对中介业务质量控制的重要手段。因此，保险公司核保制度的建立和完善是配合保险中介市场建立和完善的必要前提条件。

4. 实现经营目标，确保持续发展

在市场经济条件下，企业发展的重要条件是对市场进行分析，并在此基础上确定企业的经营方针和策略，包括企业的市场定位、特定业务和客户群的选择。同样，在保险市场的发展过程中，保险公司要在市场上争取和赢得主动，就必须确定自己的市场营销方针和政策。这包括选择特定的业务和客户作为自己发展的主要对象，确定对于各类风险承保的态度，制定承保业务的原则、条款、费率等条件。这些市场营销方针和政策实现的主要手段是核保制度。通过核保制度实现对风险选择和控制的功能，保险公司能够有效地实现其既定的经营目标，并保持业务的持续发展。

3.2.3　汽车保险核保的程序

汽车保险核保的程序包括审核保险单、查验车辆、核定保险费率、计算保险费、核保等必要程序。

1. 审核投保单、查验车辆

业务人员在接到投保单以后，首先根据保险公司内部制定的承保办法决定是否接受此业务。如果不属于拒保业务应立即加盖公章，载明收件日期。

（1）审查投保单首先审查投保单所填写的各项内容是否完整、清楚、准确。

（2）验证结合投保车辆的有关证明，如车辆行驶证、介绍信等，对其进行详细审核。首先检查投保人称谓与其签章是否一致。如果投保人称谓与投保车辆的行驶证标明的不符，投保人需要提供其对投保车辆拥有可保利益的书面证明。其次，检验投保车辆的行驶证是否与保险标的相符，投保车辆是否年检合格。核实投保车辆的合法性，确定其使用性质。检验车辆的牌照号码、发动机号码是否与行驶证一致等。

（3）查验车辆。根据投保单、投保单附表和车辆行驶证，对投保车辆进行实际查验。查验的内容主要包括如下几项。

① 确定车辆是否存在和有无受损，是否有消防和防盗设备等。

② 车辆本身的实际牌照号码、车型及发动机号、车身颜色等是否与行驶证一致。

③ 车辆的操纵安全性与可靠性是否符合行车要求,重点检查转向、制动、灯光、喇叭、刮水器等涉及操纵安全性的因素。

④ 检查发动机、车身、底盘、电气等部分的技术状况。

根据检验结果,确定整车的新旧成数。对于私有车辆一般需要填具验车单,附于保险单副本上。

2. 核定保险费率

应根据投保单上所列的车辆情况和保险公司的《机动车辆保险费率标准》,逐辆确定投保车辆的保险费率。

(1)《机动车辆保险费率表》中车辆种类Ⅰ、Ⅱ类使用说明

① 车辆单独投保第三者责任险,或投保第三者责任险及其附加险时,保险费应根据基本险费率表对应的档次计算。

② 同时投保车辆损失险和第三者责任险时,第三者责任险的保险费在基本险费率表对应档次的固定保险费基础上优惠10%。但投保后不论保险合同是否生效,投保人(被保险人)要求退保车辆损失险时,应补交第三者责任险优惠部分的保险费。

③ 上海、广东、福建、浙江、江苏五省、市的第三者责任险费率,在基本险费率表基础上上浮20%。

④ 集装箱专用运输车辆的车辆损失险和第三者责任险的费率,在基本险费率表对应档次基础上上浮20%。

⑤ 大连市车辆损失险费率在基本险费率基础上上浮20%。

⑥ 同时挂粤、澳号牌的车辆和在深圳特区以外行驶的同时挂粤、港号牌的车辆,其车辆损失险和第三者责任险费率在基本险费率表对应档次基础上上浮20%。

(2)年费率、月费率与日费率使用标准

① 机动车辆保险基本险费率表和机动车辆保险附加险费率表,适用于保险期限为一年保险费率计算。

② 投保时,保险期限不足一年的按短期月费率计收保险费,保险期限不足一个月按整月计算。

3. 计算保险费

(1)一年期保险费计算

根据费率表查定的费率及相应的固定保费,按下列公式计算保费。

车损险保费 = 基本保费 + 保险金额 × 费率

第三者责任险保费 = 按车辆种类及使用性质及选择不同的赔偿限额档次收取固定保险费

全车盗抢险保费 = 盗抢险保险金额 × 费率

车上人员责任险保费 = 每座赔偿限额 × 投保座位数 × 费率

车上货物责任险保费 = 货物损失赔偿限额 × 费率

无过失责任险保费 = 第三者责任险保费 × 费率

车载货物掉落责任险保费 = 该险赔偿限额 × 费率

玻璃单独破碎险保费 = 新车购置价 × 费率

车辆停驶损失险保费 = 日赔偿金额 × 约定的最高赔偿天数 × 费率

自燃损失险保费 = 该险保险金额 × 费率

新增设备损失险保费 = 该险保险金额 × 车辆损失险费率

不计免赔险保费 =（车辆损失险保费 + 第三者责任险保费）× 费率

车辆划痕损失险保费 = 限额 × 费率

（2）短期保险保费

客户投保的保险期限不足一年，按短期费率计算。短期费率分为两类。

① 按日计算保费：适用于已参加保险的被保险人新增车辆投保或同一保险车辆增加其他险种，为统一终止日期而签订的短期保险合同。其计算方法如下。

短期保险费 = 年保费 × 保险天数/365

② 按月计算保费：适用于根据被保险人要求签订的短期保险合同，短期保险的费率根据短期费率表确定，保险期限不足整月的按整月计算。表 3-3 为某保险公司的短期月费率表。

表 3-3　　　　　　　　　　　　　短期月费率表

保险期限（月）	1	2	3	4	5	6	7	8	9	10	11	12
短期月费率（％）	10	20	30	40	50	60	70	80	85	90	95	100

短期保险费年保险费 × 短期月费率

（3）合同解除时的保险费计算

根据《保险法》的有关规定，保险人有权解除合同且不退还保险费的，保险人不退还保险费。根据《保险法》的有关规定，保险人可解除合同但需退还保险费的，保险人按日退还保险费。

① 保险合同生效后，且未发生保险事故的情况下，被保险人要求解除保险合同的，则保险人应按照下述方式计算日费率，收取自保险合同生效日起至保险合同解除日止期间的保险费，并退还剩余部分保险费。

a. 保险合同有效期不足或等于 8 个月的，按年费率的 1/300 计算日费率。

b. 保险合同有效期超过 8 个月且不足一年的，按年费率的 1/365 计算日费率。

② 除法律另有规定或合同另有特别约定外，保险车辆发生车辆损失险保险事故，被保险人获取部分保险赔偿后一个月内提出解除合同的，则保险人应当根据保险合同有效期的长短，按第①项所列方法计算日费率，并将保险金额扣除保险赔款和免赔金额后的未了责任部分的剩余保险费退还被保险人。

③ 被保险人在单独投保第三者责任险时，因保险标的发生灭失，且保险人未支付任何保险赔款情况下，保险人应按年费率的 1/365 计算日费率，并退还未了保险责任部分的保险。

④ 因保险赔偿致使保险合同终止时，保险人不退还保险费。

（4）机动车辆提车暂保单承保的机动车辆

新车购置价在 10 万元以内的，固定保险费 300 元；新车购置价在 10 万元以上，30 万元以内的，固定保险费为 400 元；新车购置价在 30 万元以上的，固定保险费为 500 元。

4. 核保的主要内容

① 投保人资格。对于投保人资格进行审核的核心是认定投保人对保险标的拥有保险利益，汽车保险业务中主要是通过核对行驶证来完成的。

② 投保人或被保险人的基本情况。投保人或被保险人的基本情况主要是针对车队业务的。通过了解企业的性质，是否设有安保部门、经营方式、运行主要线路等，分析投保人或被保险人对车辆管

理的技术管理状况，保险公司可以及时发现其可能存在的经营风险，采取必要的措施降低和控制风险。

③ 投保人或被保险人的信誉。投保人与被保险人的信誉是核保工作的重点之一。对于投保人和被保险人信誉的调查和评估逐步成为汽车核保工作的重要内容。评估投保人与被保险人信誉的一个重要手段是对其以往损失和赔付情况进行了解。那些没有合理原因，却经常"跳槽"的被保险人往往存在道德风险。

④ 保险标的。对保险车辆应尽可能采用"验车承保"的方式，即对车辆进行实际的检验，包括了解车辆的使用和管理情况，复印行驶证、购置车辆的完税费凭证，拓印发动机与车架号码，对于一些高档车辆还应当建立车辆档案。

⑤ 保险金额。保险金额的确定涉及保险公司及被保险人的利益，往往是双方争议的焦点，因此保险金额的确定是汽车保险核保中的一项重要内容。在具体的核保工作中应当根据公司制定的汽车市场指导价格确定保险金额。对投保人要求按照低于这一价格投保的，应当尽量劝说并将理赔时可能出现的问题进行说明和解释。对于投保人坚持己见的，应当向投保人说明后果并要求其对于自己的要求进行确认，同时在保险单的批注栏上明确。

⑥ 保险费。核保人员对于保险费的审核主要分为费率适用的审核和计算的审核。

⑦ 附加条款。主险和标准条款提供的是适应汽车风险共性的保障，但是作为风险的个体是有其特性的。一个完善的保险方案不仅解决共性的问题，更重要的是解决个性问题。附加条款适用于风险的个性问题。特殊性往往意味着高风险，所以，在对附加条款的适用问题上更应当注意对风险的特别评估和分析，谨慎接受和制定条件。

3.2.4 汽车保险核保的运作

核保是保险经营过程中十分重要的环节。建立核保制度对于保证承保业务的质量，控制保险公司经营风险，确保保险业务的健康发展起着举足轻重的作用。所以，各保险公司均十分注重对于核保工作的管理。

1. 核保工作的组织体系

核保工作的组织体系是指保险公司内部运行的以核保为主要目的的组织体系，其建立的核心应当体现权限管理和过程控制的目的。目前，我国机动车保险业一般采取的是一种分级设置的核保组织体系，各级核保组织根据各自的核保权限开展核保工作。全国性的保险公司主要采用总公司、省分公司、地市分公司三级核保组织体系。

2. 核保师制度

核保师制度是一种核保人员技术资格的管理制度。根据等级，核保师一般可分为三级，其中一级核保人的资格最高。

① 一级核保人。一级核保人主要负责审核特殊风险业务，包括高价值车辆的核保、特殊车型业务的核保、车队业务的核保、投保人特别要求业务的核保以及下级核保人员无力核保的业务。一级核保人职责的另一个内容是及时解决其管辖范围内出现的有关核保技术方面的问题，如果自己无法解决，应及时向上级核保部门反映。

② 二级核保人。二级核保人主要负责审核非标准业务，包括不属于三级核保人业务范围的非

标准业务，主要是指在日常工作中可能出现的承保条件方面的问题，如保险金额、赔偿限额、免赔额等有特殊要求的业务。

③ 三级核保人。三级核保人主要负责对常规业务的核保，即按照公司的有关规定对投保单的各个要素进行形式上的审核，又称要素核保。

 重点、难点提示

不是所有的保险业务都从三级核保人开始作业，如非标准业务就可以直接由二级和一级核保人来完成。我国目前还没有普遍实行核保师制度。

3. 核保的具体方式

核保有多种分类方法，通常可以将核保分为标准业务核保和非标准业务核保、计算机智能核保和人工核保、集中核保和远程核保、事先核保和事后核保等。各保险公司往往并非采用某一确定的核保方式，而是结合投保业务的特点将多种核保方式交叉使用，充分发挥不同方式的特点和优越性。

（1）标准业务核保和非标准业务核保

标准业务核保是指常规风险的机动车辆保险业务。其特点是它基本符合机动车辆保险种设计所设定的风险情况，按照公司的有关核保规定就能够进行核保。它具有风险出现频率高或出现后损失巨大的特点，必须加以有效控制。

非标准业务核保无法完全依据公司有关的核保规定进行核保，需由核保人运用保险的基本原理、相关的法律法规和自己的经验，通过研究分析来解决这些特殊的问题。必要时核保人应当向上级核保部门进行请示或组织专家进行论证。

 重点、难点提示

机动车辆保险非标准业务主要有保险金额、赔偿限额、免赔额等有特殊要求的业务，以及特殊车型业务、高档车辆的盗抢险业务、统保协议、代理协议等。

（2）计算机智能核保和人工核保

计算机智能核保指利用计算机，运用特定的程序进行核保工作，这种方式可以减少人的工作量，提高劳动效率及计算精度，但是计算机不能完全代替人工，因此，还需要与人工核保的方式相结合。

（3）集中核保和远程核保

集中核保是一种趋势，它可以有效地解决统一标准和业务规范问题，实现技术和经验最大限度的利用。远程核保是建立区域性的核保中心，利用互联网技术，集中区域内的核保专家对辖区内的所有业务进行集中核保。这种核保方式较以往任何一种核保方式均具有不可比拟的优势，它不仅可以利用核保中心人员技术的优势，还可以利用中心庞大的数据库，实现资源的共享。同时，远程核保还有利于对经营过程中的管理疏漏，甚至道德风险实行有效的防范。

（4）事先核保和事后核保

事先核保是核保人员在接受承保之前对标的的风险进行评估和分析，决定是否接受承保。事后核保是在决定承保之后再对标的的风险进行评估和分析，主要是针对标的金额较小、风险较低、承保业务技术比较简单的业务。

重点、难点提示

　　事后核保业务往往是由一些偏远的经营机构或者代理机构承办，保险公司从人力和经济的角度难以做到事先核保的，可以采用事后核保的方式。所以，事后核保是对未进行事先核保的一种补救措施。

3.2.5　汽车保险核保的技巧

1. 计算保险费工作完成后，应进行核保

　　① 本级核保审核保险单是否按照规定内容与要求填写，有无错漏，审核保险价值与保险金额是否合理。对不符合要求的，退给业务人员指导投保人进行相应的更正。

　　② 审核业务人员或代理人是否验证和查验车辆，是否按照要求向投保人履行了告知义务，对特别约定的事项是否在特约栏内注明。

　　③ 审核费率标准和计收保险费是否正确。

　　④ 对于高保额和投保盗抢险的车辆，要审核有关证件、实际情况是否与投保单填写一致，是否按照规定拓印牌照存档。

　　⑤ 对高发事故和风险集中的投保单位，提出限制性承保条件。

　　⑥ 对费率表中没有列明的车辆，包括高档车辆和其他专用车辆，视风险情况提出厘定费率的意见。

　　⑦ 审核其他相关情况。

　　核保完毕后，核保人应在投保单上签署意见。对超出本级核保权限的，应上报上级公司核保。

2. 上级核保

　　上级公司接到请示公司的核保申请以后，应有重点地开展以下核保工作。

　　① 根据掌握的情况考虑可否接受投保人投保。

　　② 接受投保的险种、保险金额、赔偿限额是否需要限制与调整。

　　③ 是否需要增加特别的约定。

　　④ 协议投保的内容是否准确、完善，是否符合保险监管部门的有关规定。

　　上级公司核保完毕后，应签署明确的意见并立即返回请示公司。核保工作结束后，核保人将投保单、核保意见一并转业务内勤据以缮制保险单证。

|3.3　汽车保险承保|

3.3.1　汽车保险承保工作内容

　　汽车保险是通过业务承保、收取保费、建立保险基金进行的。保险公司雄厚的保险基金的建立、给付能力的加强，有赖于高质量的业务承保。因此，业务承保是汽车保险经营中的首要问题。

这里所说的业务承保其实是一个广义的概念，它包括业务争取——营销，业务选择——核保，做出承保决策及缮制保单、收取保险费的全过程。

汽车承保是指投保人提出投保请求，保险人经审核认为符合承保条件，即同意接受投保人申请，承担保险合同规定的保险责任的行为。汽车保险承保的工作内容一般包括五个方面。

1. 业务争取（营销）

争取汽车保险业务，不断扩大承保面，是每一个汽车商业保险人经营的客观要求，也是发挥保险企业的作用，为社会提供安全保障的必要条件。根据大多数法则要求，承保面越大危险就越分散，经济也就越趋于稳定，因此汽车保险人要重视业务的争取。

2. 业务选择（核保）

汽车保险业务选择是汽车保险核保的过程。汽车保险人通过各种努力，不断提高业务"量"的同时，也要重视业务"质"的选择。提高承保质量，保持经营稳定，追求经济效益是商业保险公司经营的要则。只承保那些"只收取保费，不必履行给付义务"的保险是不现实的想法，也不是保险人经营的宗旨。保险业务的选择，目的是使保险人在承担危险责任的时候能处于主动、有利的地位。所以业务选择对汽车保险业务来说是至关重要的环节。

3. 做出承保决策

保险承保人员对通过一定途径收集的核保信息资料加以整理，并对这些信息经过承保选择和承保控制之后，做出以下承保决策。

① 正常承保。对于属于标准风险类别的保险标的，保险公司按标准费率予以承保。

② 优惠承保。对于属于优质风险类别的保险标的，保险公司按低于标准费率的优惠费率予以承保。

③ 有条件的承保。对于低于正常承保标准但又不构成拒保条件的保险标的，保险公司通过增加限制性条件或加收附加保费的方式予以承保。

④ 拒保。如果投保人投保条件明显低于保险人的承保标准，保险人就会拒绝承保。对于拒绝承保的保险标的，要及时向投保人发出拒保通知。

4. 收取保费

交付保险费是投保人的基本义务，向投保人及时足额收取保险费是保险承保中的一个重要环节。为了防止保险事故发生后的纠纷，在签订保险合同中要对保险费交纳的相关事宜予以明确，包括保险费交纳的金额及交付时间以及未按时交费的责任。

5. 出具保单

承保人作出承保决策后，对于同意承保的投保申请，由签单人员缮制保险单或保险凭证，并及时送达投保人手中。

3.3.2　汽车保险承保流程

汽车保险承保流程主要可以分成五个步骤：保险展业→投保申请→核保→出具保单→回访。

1. 保险展业

保险展业即保险人争取保户，推销保险单。它保险人开展保险业务的一项重要组织工作，包含准备工作、保险宣传、保险方案设计等。

2. 申请投保

投保单是投保人向保险人申请订立保险承保作业流程合同的书面要约，由投保人在申请保险时填写。投保人根据保险公司提供的一些资料，如条款和费率等填写保险单并将其交付给保险人，这一行为就是保险合同订立过程中的要约。保险人根据投保人提交的投保单，进行审核认为其符合保险条件并在投保单上签章就做出了对于投保人要约的承诺。在完成以上步骤之后，保险合同即成立。

3. 核保

保险核保是指保险人对于投保人的投保申请进行审查核实。

4. 出具保单

核保通过后，由业务人员收取保费，出具保单。

5. 回访

要建立客户回访、登记制度，实行一车一户管理制。每项保险业务应指定专人负责，对客户每半年至少回访一次，做好跟踪服务，及时掌握投保人及其投保车辆的需求及动态。

微课程 10：汽车保险单证有哪些？

3.3.3　汽车保险单证的管理

1. 机动车辆保险单证的类型

机动车辆保险的单证分为两大类。一类是正式的单证，包括投保单、保险单和批单；另一类是相关的单证，包括保险证和急救担保卡，以及其他保险抢救卡。

重点、难点提示

当前，保险单是由中国保监会统一监制的，而投保单、保险证和急救担保卡则是由各家保险公司根据自己的格式要求进行印制的。

2. 保险单证的管理

保险单证的管理主要集中在印制、领用和销毁三个环节。在管理的过程中应当注意各个环节的相互衔接，强化有关人员的责任，切实加强对保险单证的管理工作。

（1）单证的印制

单证管理从印制开始，故应当注意加强对单证印制的管理。目前，保险单是采用中国保监会统一监制的模式，所以不存在保险单印制方面的问题。对于其他单证的印制管理，首先是印刷厂的选择。应选择一个具有一定技术和管理水平的印刷厂，要求印刷厂按照有价单证印刷的管理方式对于承印的保险单证进行印刷管理，防止单证从印刷厂流失。其次是清样和核对工作。避免付印中出现错误，同时应对单证进行统一的编号，以便对单证进行集中管理。最后是验收和交接工作。在印制之后应进行严格的验收和交接，已经验收合格的单证应立即移交单证仓库。

（2）单证的领用

应建立健全的保险单证领用制度。单证的领用制度包括领用单证的审批、领用单证的登记、单证的核销和单证的回收。

领用单证的审批制度是指经营单位在需要领用单证时，应按照一定的程序申请和审批，单证仓库的管理人员按照审批发放单证。领用单证的登记制度是指单证仓库应建立严格的进出仓库制度，建立专门的登记簿以便对单证的发放进行管理，使用登记簿对每一次领用的单证的名称、数量、号码、经办人进行如实记录。单证的核销制度是指将验收进入仓库的单证的编号进行统一的管理，对领用的单证进行核销，跟踪相应编号的保单的去向，并配合业务管理部门对于单证的使用进行管理。单证的回收制度是指对作废的单证必须进行回收。单证作废的情况有两种：一种是在使用过程中，由于在单证的缮制中出现错误，造成单证作废；另一种是由于单证的改版，造成单证的作废。

（3）单证的销毁

应加强对回收作废单证的管理，防止这些空白的单证流入非法的渠道。对于作废的单证应进行集中的销毁，并对销毁的单证进行登记和记录。

3.3.4　汽车保险单证的签发

1. 缮制保险单

业务内勤接到投保单及其附表以后，根据核保人员签署的意见，即可开展缮制保险单的工作。

保险单原则上应由计算机出具，暂无计算机设备而只能由手工出具的营业单位，必须得到上级公司的书面同意。

① 计算机制单的，将投保单有关内容输入到保险单对应栏目内，在保险单"被保险人"和"厂牌型号"栏内登录统一规定的代码。录入完毕检查无误后，打印出保险单。

② 手工填写的保险单，必须是保监会统一监制的保险单。保险单上的印制流水号码即为保险单号码。将投保单的有关内容填写在保险单对应栏内，要求字迹清晰、单面整洁。如有涂改，涂改处必须有制单人签章，但涂改不能超过3处。制单完毕后，制单人应在"制单"处签章。

保险单缮制完毕后，制单人应将保险单、投保单及其附表一起送复核人员复核。

重点、难点提示

① 双方协商并在投保单上填写的特别约定内容，应完整地载明到保险单对应栏目内。如果核保有新的意见，应该根据核保意见修改或增加。

② 无论是主车和挂车一起投保，还是挂车单独投保，挂车都必须单独出具有独立保险单号码的保险单。在填制挂车的保险单时，"发动机号码"栏统一填写"无"。当主车和挂车一起投保时，可以按照多车承保方式处理，给予一个合同号，以方便调阅。

③ 特约条款和附加条款应印在或加贴在保险单正本背面，加贴的条款应加盖骑缝章。应注意，责任免除、被保险人义务和免赔等规定的印刷字体，应该与其他内容的字体不同，以提醒被保险人注意阅读。

2. 复核保险单

　　复核人员接到保险单、投保单及其附表后，应认真对照复核。复核无误后，复核人员在保险单"复核"处签章。

3. 收取保险费

　　经复核保险单无误以后，收费人员向投保人核收保险费，并在保险单"会计"处和保险费收据的"收款人"处签章，在保险费收据上加盖财物专用章。

重点、难点提示

　　只有被保险人按照约定交纳了保险费，该保险单才能产生效力。

4. 签发保险单证

　　汽车保险合同实行一车一单（保险单）和一车一证（保险证）制度。投保人交纳保险费后，业务人员必须在保险单上注明公司名称、详细地址、邮政编码及联系电话，加盖保险公司业务专用章。根据保险单填写"汽车保险证"并加盖业务专用章，所填内容应与保险单有关内容一致，险种一栏填写各公司规定的险种代码或简称，电话应填写公司报案电话，所填内容不得涂改。

重点、难点提示

　　签发单证时，交由被保险人收执保存的单证有保险单正本、保险费收据（保户留存联）、汽车保险证。对已经同时投保车辆损失险、第三者责任险、车上人员责任险、不计免赔特约险的投保人，还应签发事故伤员抢救费用担保卡，并做好登记。

5. 保险单证的补录

　　手工出具的汽车保险单、提车暂保单和其他定额保单，必须按照所填内容录入到保险公司的计算机车险业务数据库中，补录内容必须完整准确。补录时间不能超过出单后的第十个工作日。

重点、难点提示

　　单证补录必须由专人完成，由专人审核，业务内勤和经办人不能自行补录。

6. 保险单证的清分与归档

　　投保单及其附表、保险单及其附表、保险费收据、保险证，应由业务人员清理归类。投保单

汽车保险与理赔（第2版）

的附表要加贴在投保单的背面，保险单及其附表需要加盖骑缝章。清分时，应按照以下送达的部门清分。

① 财务部门留有的单证：保险费收据（会计留存联）、保险单副本。

② 业务部门留存的单证：保险单副本、投保单及其附表、保险费收据（业务留存联）。留存业务部门的单证，应由专人保管并及时整理、装订、归档。

 重点、难点提示

每套承保单证应按照保险费收据、保险单副本、投保单及其附表、其他材料的顺序整理，按照保险单（包括作废的保险单）流水号码顺序装订成册，并在规定时间内移交档案部门归档。

涉及追偿案件，**接收客户索赔资料时，提醒客户以此方式索赔会影响费率浮动，导致第二年保险费增加。**告知被保险人义务以及未履行义务导致的不利结果，并在核赔人员的指导下，采取积极主动的和解处理方式，减少客户和公司损失，维护双方的利益。

3.3.5　汽车保险的批改

在保险单签发以后，因保险单或保险凭证需要进行修改或增删时，所签发的一种书面证明称为批单。汽车保险批改作业的结果通常用这种批单表示。

一般在保险合同主体及内容变更的情况下，保险合同需要进行相应变更。当汽车保险合同生效后，如果保险汽车的所有权发生了变化，汽车保险合同是否继续有效，取决于申请批改的情况。如果投保人或被保险人申请批改，保险人经过必要的核保，签发批单同意，则原汽车保险合同继续有效。如果投保人或被保险人没有申请批改，汽车保险不能随着保险汽车的转让而自动转让，汽车保险合同也不能继续生效。

 重点、难点提示

保险车辆在保险有效内发生转卖、转让、赠送他人，变更使用性质，调整保险金额或每次事故最高赔偿额，增加或减少投保车辆，终止保险责任等，都需申请办理批改单证。填具批改申请书送交保险公司，保险公司审核同意后，出具批改单给投保人存执。存执粘贴于保险单正本背面。保险凭证上的有关内容也将同时批改异动，并在异动处加盖保险人业务专用章。

为此，我国《机动车辆保险条款》也规定："在保险合同有效期内，保险车辆转卖、转让、赠送他人、变更用途或增加危险程度，被保险人应当事先书面通知保险人并申请办理批改。"同时，一般汽车保险单上也注明"本保险单所载事项如有变更，被保险人应向本公司办理批改手续，否则，如有任何意外事故发生，本公司不负赔偿责任。"的字样，以提醒被保险人注意。

批改作业的主要内容包括以下几点。

① 保险金额增减。

② 保险种类增减或变更。

③ 车辆种类或厂牌型号变更。

④ 保险费变更。

⑤ 保险期间变更。

重点、难点提示

当办理保险车辆的过户手续时。应将保险单、保险费收据、新的车辆行驶证和有原被保险人签章的批改申请书等有关资料交送保险人。保险人审核同意后，将就车辆牌照号和被保险人姓名和住址等相关内容进行批改。批改涉及的保险费返还，应根据相应规定执行。

3.3.6   汽车保险的退保

车辆保险中的交强险一般是不能退的，除非出现车辆报废或者车辆丢失等情况才能退保。商业险是随时可以退保的，但会按天扣钱，另外还要扣去部分销售费用。

1. 退保的条件

车辆退保时首先必须满足如下两个条件。
① 车辆的保险单必须在有效期内。
② 在保险单有效期内，该车辆没有向保险公司报案或索赔过。

重点、难点提示

从保险公司得到过赔偿的车辆不能退保；仅仅向保险公司报案而未得到赔偿的车辆也不能退保。

2. 退保的流程

退保时要向保险公司递交退保申请书，说明退保原因和从什么时间开始退保，并签字或盖章，交给保险公司的业务管理部门。保险公司业务管理部门对退保申请进行审核后，出具退保批单，批单上注明退保时间及应退保费金额，同时收回汽车保险单。然后退保人持退保批单和身份证，到保险公司的财务部门领取应退还的保险费。

重点、难点提示

保险公司计算应退保费是用投保时实缴的保险费金额，减去保险已生效的时间内保险公司应收取的保费，剩下的余额就是应退的保险费。

$$应退保险费 = 实缴保险费 - 应收取保险费$$

退保的关键在于应收取保险费的计算。一般按月计算，保险每生效一个月，收 10% 的保险费，不足一个月的按一个月计算。

3. 退保需提供的单证

① 退保申请书：写明退保原因和时间，被保险人是单位的需盖章，是个人的需签字。

---

② 保险单：需要原件。若保险单丢失，则需事先补办。

③ 保险费发票：一般需要原件，有时复印件也可以。

④ 被保险人的身份证明：被保险人是单位的需要单位的营业执照；是个人的需要身份证。

⑤ 证明退保原因的文件。

- 因车辆报废而退保，需提供报废证明。
- 因车辆转卖他人而退保，需提供过户证明。
- 因重复保险而退保，需提供两份保险单。

|3.4　汽车消费贷款保险承保|

3.4.1　汽车贷款

汽车贷款是指贷款人向借款人发放的用于购买汽车（含二手车）的贷款，包括个人汽车货款，经销商汽车贷款和机构汽车贷款。贷款人是指在我国境内依法设立的、经中国银行业监督管理委员会及其派出机构批准经营人民币贷款业务的商业银行、城乡信用社及获准经营汽车贷款业务的非银行金融机构。

 重点、难点提示

汽车贷款利率按照中国人民银行公布的贷款利率规定执行，计、结息办法由借款人和贷款人协商确定。汽车贷款的贷款期限（含展期）不得超过5年，其中，二手车贷款的贷款期限（含展期）不得超过3年，经销商汽车贷款的贷款期限不得超过1年。

1. 个人申请的基本条件

① 年满18周岁具有完全民事行为能力，且在中国境内有固定住所的中国公民。

② 具有稳定的职业和经济收入，能保证按期偿还贷款本息。

③ 在贷款银行开立储蓄存款户，并在申请贷款期间有不低于银行规定的购车首期款存入贷款银行。

④ 能为购车贷款提供贷款银行认可的担保措施。

⑤ 没有犯罪、欠债不还或赌博习惯以及吸毒等不良记录。

⑥ 愿意接受银行和保险人认为必要的其他条件。

微课程 11：怎样申请
最合适的车贷？

2. 法人申请的基本条件

① 与受理公司处于同一城市区域。在当地注册登记，具有法人资格的企业、事业单位，出租汽车公司或汽车租赁公司应具有营运许可证。

② 在相关银行开立账户，并在申请贷款期间有不低于银行规定的购车首期款存入银行。

③ 信用良好，收入来源稳定，能够按期偿还贷款本息。

④ 提供贷款人认可的财产抵押、质押或有足够的代偿能力的单位或个人作为第三方保证。

⑤ 事业法人应提供其上级拨付事业经费的财政部门出具的担保函。

⑥ 愿意接受银行和保险人认为必要的其他条件。

3. 贷款额度

贷款人发放自用车贷款的余额不得超过借款人所购汽车价格的 80%；发放商用车贷款的金额不得超过借款人所购汽车价格的 70%；发放二手车贷款的金额不得超过借款人所购汽车价格的 50%。

前款所称汽车价格，对新车是指汽车实际成交价格（不含各类附加税、费及保费等）与汽车生产商公布的价格的较低者，对二手车是指汽车实际成交价格（不含各类附加税、费及保费等）与贷款人评估价格的较低者。

 重点、难点提示

贷款人应建立借款人资信评级系统，审慎确定借款人的资信级别，依据资信级别发放相应的贷款额度。对个人借款人，应根据其职业、收入状况、还款能力、信用记录等因素确定资信级别；对经销商及机构借款人，应根据其信贷档案所反映的情况、高级管理人员的资信情况、财务状况、信用记录等因素确定资信级别。

4. 期限和利率

① 消费贷款期限可根据借款人购车的用途予以确定，自用车辆贷款期限最长不超过 5 年（含 5 年），一般为 3 年；营运车辆贷款期限最长不超过 3 年（含 3 年）。

② 利率按照中国人民银行有关规定的同期贷款利率执行。

5. 贷款人应提供的资料

① 个人需要提供的资料：借款人如实填写的《汽车消费贷款申请表》；合法有效的身份证明：本人身份证、户口本及其他有效居留证件。已婚者还应当提供配偶的身份证明材料；目前供职单位出具的收入证明：有效的财产证明、纳税证明；与本行特约经销商签订的购车合同或协议；购车的自有资金证明：已预付给特约经销商的应提供收款收据；担保资料。

② 法人需要提供的资料：企业法人营业执照或事业单位法人执照，法人代码证，法定代表人证明文件；与经销商签订的购车合同或协议；经审计的上一年度及近期的财务报表，人民银行颁发的《贷款卡》或《贷款证》；出租汽车公司等需出具出租汽车营运许可证（或称经营指标）；担保所需的证明或文件包括抵（质）押物清单和有处分权人（含财产共有人）同意抵、质押的证明，有权部门出具的抵押物所有权或使用权证明，书面估价证明，同意保险的文件，质押物须提供权力证明文件，保证人同意履行连带责任保证的文件、有关资信证明材料；缴付首期购车款的付款证明。

6. 贷款程序

汽车贷款流程如图 3-1 所示。

① 客户咨询：客户咨询，领取贷款的有关资料。

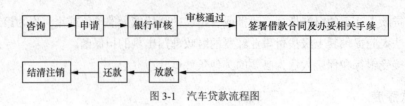

图 3-1　汽车贷款流程图

② 客户递交申请资料：客户填写申请表格，向经办行或委托受理网点递交有关资料。

③ 贷款人委托经销商对借款人进行调查了解。借款人与经销商签订购车合同、交首付款等。

④ 资格审查：在受理客户申请后，对借款人的资信情况、偿还能力、材料的真实性进行审查，并在规定的时间内给予申请人明确答复。

⑤ 办理手续：经审查符合贷款条件后，贷款人即与客户签订借款合同、担保合同，并办理必要的抵押登记手续和保险手续。

⑥ 贷款通知：贷款人通知经销商和客户，由经销商协助客户办理购车所需各种手续，客户提车，贷款人发放贷款，将贷款全额划入经销商账户。

⑦ 按期还款：客户按借款合同约定的还款日期、还款方式偿还本息。客户按合同预定全部归还贷款本息后，贷款人将退还客户被收押的有关单证。

7. 汽车贷款的还款方式

对于期限在 1 年以内的贷款，客户应在贷款到期日一次性还本付息、利随本清；对于期限在 1 年以上的贷款，客户可选择按月"等额本息"或"等额本金"还款方式。每月还本付息额计算公式见表 3-4。

表 3-4　　　　　　汽车贷款的还款方式计算公式

计算方法	每月还本付息额
等额本息还款法	贷款总额 × 月利率 + 贷款总额 × 月利率 ÷ [(1 + 月利率)还款总月数 − 1]
等额本金还款法	贷款本金 ÷ 还款总月数 +(贷款本金 − 已归还本金累计额) × 月利率

8. 汽车消费贷款的主要模式

目前通行的汽车消费贷款主要有三种模式，即抵押加担保、标的物抵押加信用保证保险和标的物抵押加第三方反担保。在每一种模式中，责权利关系也不尽相同。

（1）抵押加担保

抵押加担保方式最早推出。在 1998 年 10 月，中国建设银行推出的抵押加担保方式是由贷款购车人以银行存单、有价证券等质押，房产等物品抵押，再加上担保人担保。这种方式的责、权、利在银行一方，也就是说由银行承担风险责任，决定贷款购车人能否贷到购车款的权利在银行；从中获得利益的，当然也是银行。

 重点、难点提示

贷款购车人的权利在于获得所购车辆的使用权，并在使用过程中获得利益，同时，有责任按约定时间、金额归还银行贷款的本息。汽车经销商的责任是向贷款购车人提供合格的、用户满意的汽车及服务，其权利就是用户提走汽车之后，要求银行在约定时间内将车款（全部车款）划拨到汽车经销商账户。

（2）标的物抵押加信用保证保险

这种方式要求贷款人购车后，按国家担保法，须将贷款所购车辆抵押给银行，同时还要求贷款购车人向保险公司购买个人信用保证保险。

重点、难点提示

贷款购车人购买个人信用保证保险后，承担风险的责任已由银行转移到保险公司身上。也就是说，如果贷款购车人遇有不测，失去归还贷款本息的能力，风险责任由保险公司承担并且由保险公司负责归还贷款购车人所欠银行的本息。贷款购车人的责、权、利以及汽车经销商的责任同第一种模式。

（3）标的物抵押加第三方反担保

这种方式是由汽车经销商向贷款购车人提供的全程担保，并将贷款所购车辆抵押给汽车经销商。

重点、难点提示

这种方式主要特点就是贷款购车人提出贷款购车申请之后，由汽车经销商进行对贷款购车人的资信调查。汽车经销商认为贷款购车人的资信合格后，由汽车经销商帮助贷款购车人向银行申请贷款。贷款购车人提走汽车后，按约定时间、数额由汽车经销商代银行收缴车款本息。

这种方式下，由于汽车经销商向贷款购车人收取一定比例的担保服务管理费（一般数额相当于个人信用保证保险的保费），所以风险责任完全由汽车经销商承担起来。一旦贷款购车人遇有不测，汽车经销商需将其所欠车款本息归还银行。银行的权利就是审核批准贷款购车人的资格，其责任就是当贷款购车人提走汽车后，及时将全部车款划拨给汽车经销商。

由于银行能以多年贷款风险管理经验与汽车经销商多年开展分期付款售车的经验、化解风险的能力进行有机结合，从而使汽车消费信贷的管理日臻完善，也使汽车消费贷款业务得到了迅猛发展。特别是在我国个人信用资质评价体系尚未建立、信用制度不足的环境下，商家全程担保模式的优越性日益显现出来。

3.4.2　汽车消费贷款保证保险

汽车消费贷款保证保险是指以借款合同所确定的贷款本息为标的，投保人根据被保险人的要求，请求保险人担保自己信用的一种保险。如果在规定的期限内，因投保人未按照借款合同履行还款义务，致使被保险人遭受经济损失的，保险人负赔偿责任；保险人履行赔偿责任后，有权向投保人或提供担保的第三方担保人追偿。

近几年来，汽车越来越多地通过汽车消费贷款业务走进千家万户。银行为了有效化解风险，对保险公司提供的机动汽车消费贷款保证保险需求有大幅提高的趋势。

1. 基本概念

（1）投保人

汽车消费贷款投保人是指根据中国人民银行《汽车消费贷款管理办法》的规定，与被保险人订立《汽车消费贷款合同》，已贷款购买汽车的中国公民、外国人、企业、事业单位法人。

（2）被保险人

汽车消费贷款被保险人指为投保人提供贷款的、在中华人民共和国境内依法设立的、经中国银行业监督管理委员会及其派出机构批准经营人民币贷款业务的商业银行、城乡信用社及获准经营汽车贷款业务的非银行金融机构。

2. 保险责任与责任免除

投保人未能按《汽车消费贷款合同》规定的期限偿还欠款逾期满一个月的，视为保险责任事故发生。保险责任事故发生后六个月，投保人不能履行规定的还款责任，保险人负责偿还投保人的欠款。但是下列几种情况可以免除相应责任。

① 由于下列原因造成投保人不按期偿还欠款，导致被保险人的贷款损失时，保险人不负责赔偿。

- 战争、军事行动、暴动、政府征用、核爆炸、核辐射或放射性污染。
- 因投保人的违法行为、民事侵权行为或经济纠纷致使其车辆及其他财产被罚没、查封、扣押、抵债及车辆被转卖、转让。
- 因所购车辆的质量问题及车辆价格变动致使投保人拒付或拖欠车款。

② 由于被保险人对投保人提供的材料审查不严或双方签订的《汽车消费贷款合同》及其附件内容进行修订而事先未征得保险人书面同意，导致被保险人不能按期收回贷款的损失，保险人不负责赔偿。

③ 由于投保人不履行《汽车消费贷款合同》规定的还款义务而致的罚息、违约金，保险人不负责赔偿。

3. 保险期限和保险金额

① 汽车消费贷款保险期限是从投保人获得贷款之日起，至付清最后一笔贷款之日止，但最长不得超过《汽车消费贷款合同》规定的最后还款日后的一个月。

② 汽车消费贷款保险金额为投保人的贷款金额（不含利息、罚息及违约金）。

4. 相关方义务

（1）投保人义务

投保人必须在本合同生效前，履行以下义务。

① 一次性缴清全部保费。

② 必须依法办理抵押物登记。

③ 必须按中国人民银行《汽车消费贷款管理办法》的规定为抵押车辆办理车辆损失险、第三者责任险、盗抢险、自燃损失险等保险，且保险期限至少比汽车消费贷款期限长六个月，不得中断或中途退保。

（2）被保险人义务

① 被保险人发放汽车消费贷款的对象必须为贷款购车的最终用户。

② 被保险人应按中国人民银行《汽车消费贷款管理办法》的规定严格审查投保人的资信情况，在确认其资信良好的情况下，方可同意向其贷款。

重点、难点提示

资信审查时应向投保人收取以下证明文件，并将其复印件提供给保险人。内容包括个人的身份证及户籍证明原件，工作单位人事及工资证明或居委会出具的长期居住证明，法人的营业执照、税务资信证明等。

③ 被保险人应严格遵守国家法律、法规，做好欠款的催收工作和催收记录。

④ 被保险人与投保人所签订的《汽车消费贷款合同》内容如有变动，须事先征得保险人的书面同意。

⑤ 被保险人在获得保险赔偿的同时，应将其有关追偿权益书面转让给保险人，并协助保险人向投保人追偿欠款。

⑥ 被保险人不履行上述规定的各项义务的，保险人有权解除保险合同或不承担赔偿责任。

5. 赔偿处理

① 当发生保险责任范围内事故时，被保险人应立即书面通知保险人，如属刑事案件，应同时向公安机关报案。

② 被保险人索赔时应先行处分抵押物抵减欠款，抵减欠款不足部分由保险人按保险合同规定赔偿办法予以赔偿。被保险人索赔时如不能处分抵押物，应向保险人依法转让抵押物的抵押权，并对投保人提起法律诉讼。

③ 被保险人索赔时，应向保险人提供以下有效单证：索赔申请书；汽车消费贷款保证保险和汽车保险保单正本；《汽车消费贷款合同》（副本）；《抵押合同》；被保险人签发的《逾期款项催收通知书》；未按期付款损失清单；保险人根据案情要求提供的其他相关证明材料。

④ 在符合规定的赔偿金额内实行 20%的免赔率。

⑤ 关于抵押物的处分及价款的清偿顺序按照《抵押合同》的规定处理。

6. 其他事项

① 本保险合同生效后，不得中途退保。

② 发生保险责任事故后，被保险人从通知保险人发生保险责任事故当日起六个月内不向保险人提交规定的单证，或者从保险人书面通知之日起一年内不领取应得的赔款，即作为自愿放弃权益。

③ 在汽车发生全损后，投保人获得的汽车保险赔偿金应优先用于偿还汽车消费贷款。

④ 保险人和被保险人因本保险项下发生的纠纷和争议应协商解决。如协商不成，可向人民法院提起诉讼。除事先另有约定外，诉讼应在保险人所在地进行。

7. 费率规章

投保人所买保险的保险期限和费率见表 3-5。投保人所交保险费按下式计算：

$$保险费 = 保险金额 \times 保险费率$$

表 3-5 保险期限和费率

保险期限	1 年	2 年	3 年	4 年	5 年
费率	1%	2%	3%	4%	5%

重点、难点提示

保险期限不足六个月的，按六个月计算，费率为 0.5%；保险期限超过六个月不满一年的，按一年计算，即费率为 1%。

例 3.1 保险期限为 2015 年 4 月 1 日至 2016 年 7 月 1 日，保险期限为一年三个月，则保险期限按一年六个月计算，费率为 1% + 0.5%，即 1.5%；保险期限为 2013 年 4 月 1 日至 2015 年 11 月 1 日，保险期限为二年七个月，则保险期限按三年整计算，费率为 2% + 1%，即 3%。

3.4.3 分期付款售车信用保险

分期付款售车是我国汽车销售行业采取的多种汽车销售方式之一。为确保汽车销售商开展的分期付款销售汽车业务的顺利进行，也为了让保险业适应当前国内汽车销售的新变化，寻找新的车险业务增长点，我国设立了汽车分期付款售车信用保险这一特别约定保险。中国人民保险公司于 1998 年颁布了现行的汽车分期付款售车信用保险条款试用条款。

1. 保险双方界定

① 投标保人、被保险人：汽车分期付款售车信用保险的投标保人、被保险人是分期付款的售车人。

② 担保人：汽车分期付款售车信用保险的担保人指按照被保险人的要求，接受分期付款购车人的请求，为分期付款购车人所欠债务承担连带责任者。

2. 保险责任与责任除外

① 购车人在规定的还款期限到期三个月后未履行或仅部分履行规定的还款责任，保险人负责偿还该到期部分的欠款或其差额。

② 如购车人连续两期未偿还到期欠款，保险代购车人向被保险人清偿第一期欠款后，于第二期还款期限到期三个月后，向被保险人清偿购车人所有的欠款。

③ 由于下列原因造成购车人不按期偿还欠款，导致被保险人的经济损失时，保险人不负责赔偿。

- 战争、军事行动、核爆炸、核辐射或放射性污染。
- 因购车人的违法犯罪行为以及经济纠纷致使其车辆及其他财产被罚没、查封、扣押、抵债。
- 因所购车辆的质量问题致使购车人拒付或拖欠车款。
- 因车辆价格变动致使购车人拒付或拖欠车款。
- 被保险人对购车人资信调查的材料不真实或售车手续不全。
- 被保险人在分期付款售车过程中的故意和违法行为。

3. 保险期限和保险金额及相关费率

保险期限是从购车人支付规定的首期付款日起，至付清最后一笔欠款日止，或至该份购车合同规定的合同期满日为止，二者以先发生为准，但最长不超过三年。

保险金额为购车人首期付款（不低于售车单价的 30%）后尚欠的购车款额（含资金使用费）。

$$保险费 = 保险金额 \times 保险费率$$

汽车分期付款售车信用保险的保险费率见表 3-6。

表 3-6　　　　　　　　　　　　　　分期付款售车信用保险费率

分期付款时间费率	6 个月 0.06%	7～12 个月 1%		
分期付款时间费率	1 年 1%	1 年 3 个月 1.25%	1 年 6 个月 1.50%	1 年 6 个月 1.50%
分期付款时间费率	2 年 2%	2 年 3 个月 2.25%	2 年 6 个月 2.5%	2 年 9 个月 2.75%
分期付款时间费率	3 年 3%			

4. 赔偿处理

① 当发生保险责任范围内事故时，被保险人应立即书面通知保险人，如属刑事案件，应同时向公安机关报案。

② 被保险人索赔时应交回抵押车辆，由保险人按保险合同规定处分抵押物抵减欠款，抵减欠款不足部分由保险人按本条款赔偿办法予以赔偿。

③ 若被保险人无法收回抵押车辆，应向担保人追偿；若担保人拒绝承担连带责任时，被保险人就提起法律诉讼。

④ 被保险人索赔时，根据出险情况提供相关有效证明文件。

 重点、难点提示

相关有效证明文件包括：索赔申请书（应注明购车人未履行按期偿还余款和担保人未履行连带责任的原因、索赔金额及其计算方法）；分期付款购车合同；保单正本；被保险人签发的《逾期款项催收通知书》；未按期付款损失清单；代收款银行提供的代收款情况证明；向担保人发出的索赔文件；县及县以上公安机关出具的立案证明；法院受理证明；产品质量检验报告或裁决书；保险人要求提供的其他相关文件。

3.4.4　汽车消费贷款保险投保

1. 投保人条件

汽车消费贷款保证保险的投保人应是年满 18 周岁具有完全民事行为能力的自然人，或依法成立的、能够独立承担民事责任的企（事）业法人。

2. 担保人条件

担保人依据其性质不同，其条件要求也不尽相同。

（1）自然人

① 具有完全民事行为能力的中国公民。

② 具有稳定的职业和经济收入或易于变卖的资产，有能力按期偿还购车款项。

③ 能够提供保险人认可的担保。

（2）法人

① 中国境内的企业、事业法人单位或国家机关（不含分支机构或派出机构）。

② 具有偿还购车款能力。

③ 能够提供保险人认可的担保。

凡法律或银行规定不能作为担保人的单位或个人，不论何种理由，均不得作为汽车消费贷款保证保险投保人的担保人。

3. 投保流程

投保人办理汽车消费贷款保证保险的基本流程如图 3-2 所示。

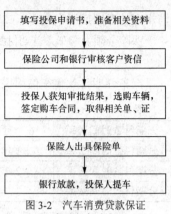

图 3-2　汽车消费贷款保证保险投保流程

 重点、难点提示

投保人办理汽车消费贷款保证保险需要准备的相关资料主要有投保人及其配偶的身份证、户口本原件及复印件；投保人及其担保人的收入证明材料；抵押或质押合同、抵押或质押证书；与汽车销售商签订的购车合同；担保书、承保调查表等。

3.4.5　汽车消费贷款保险承保

汽车消费贷款保证保险承保是保险人与投保人签订保险合同的过程，包括展业、受理投保、核保、缮制与签发保险单证等程序。

1. 展业

（1）展业准备

① 学习掌握汽车消费贷款保证保险的基本知识。

② 进行市场调查与研究，选择合适的保险对象。

 重点、难点提示

具体调查内容包括调查与分析本区域内银行、汽车生产商、销售商和社会大众对消费贷款的态度，合理预测市场的发展前景；调查分析与预测个人和法人对汽车消费贷款的实际购买力、参与程度以及当地的汽车年销售量等情况；了解银行、销售商、购车人对保险的态度、需求及希望与保险公司合作的方式；调查分析实施消费贷款售车的车型、销售价格及变化趋势。

③ 同选定的银行、销售商、公证机关、公安交通管理部门等签订合作协议，明确合作方式、各方的职责、权利及义务。

④ 展业材料准备与培训。根据合作协议，向有关合作方及时提供汽车消费贷款保证保险的条款、费率规章、投保单及其他有关资料。对银行与销售商的相关业务人员进行培训，使他们掌握消费贷款保证保险的有关规定，能够指导投保人正确填写投保单。

（2）展业宣传

备齐保险条款与相关资料以后，向银行、汽车生产商、销售商和贷款购车人做好宣传。重点宣传保证保险的特点、优势及本公司的网络优势、技术优势、实力水平、信用优势和服务优势等。

2. 受理投保

（1）指导填写投保单

① 业务人员应依法履行告知义务，按照法律所要求的内容对条款及其含义进行告知，特别对条款中的责任免除事项、被保险人的义务以及其他容易引起争议的部分，应予以解释和说明。

② 业务人员应提示投保人履行如实告知义务，特别是对可能涉及保险人是否同意承保或承保时需要特别约定的情况应提示投保人详细询问。

③ 业务人员在投保人提出投保申请时，应要求其按照保证保险条款的规定提供必需的证明材料。

（2）收取投保单及其相关资信证明并初步审核

业务人员应对填写完整的投保单和所附的资信证明材料进行初步审查，必要时要调查核实。对于审核无误的投保单，由业务负责人签署"拟同意承保"意见后交投保人。如果合作协议有明确规定，可直接交给银行或销售商。

重点、难点提示

业务人员对投保单初步审查的内容包括以下两点。

① 审核证明文件或材料是否齐全，是否符合银行指定的汽车消费贷款管理办法。

② 在审核时，对于存在疑点或证明材料有涂改、伪造等痕迹的，应通过派出所、居委会或开户银行予以核实。必要时可以通过消费贷款保证保险问询表予以落实，并让消费贷款购车人确认后，附贴在投保单上。

3. 核保

核保的内容包括以下几点。

① 对受理投保单时初步审查的有关内容进行复核。

② 审核投保单的保险金额是否符合条款规定，投保人购车的首付款是否符合规定。

③ 审核贷款合同和购车合同是否合法并且真实有效；银行与销售商在办理消费贷款和购车手续时，是否按照规定严格把关。

④ 审核投保人是否按照条款的规定为消费贷款所购的车辆办理了规定内容的保险。

⑤ 审核贷款协议是否明确按月、按季分期偿还贷款，不得接受一年一次的还款方式。

⑥ 审核投保人是否按照与银行签订的抵押、质押或保证意向书，办理了有关抵押、质押或保证手续。

⑦ 审核投保人所购车辆的用途与还款来源。

重点、难点提示

对上述核保内容审核以后，应签署核保意见，明确是否同意承保或是否需要补充材料以及是否需要特别约定等。如果核保后同意承保，应将贷款合同、购车合同和相关证明材料复印一套留存。

4. 缮制保险单证

业务人员根据核保意见缮制保险单证，具体内容包括以下4点。

① 缮制汽车消费贷款保证保险保单，保险期限应长于贷款期限，保险金额不得低于贷款金额。

② 根据贷款金额、贷款期限等正确选择费率并计算保险费。

③ 汽车消费贷款保证保险不单独出具保险证，但为明示需要，应在车辆基本险与附加险的保险证上标注"保证保险"字样。

④ 复核人员按照规定程序和内容，对保险单证进行复核并签章。

5. 收取保险费

财务人员按照保单核收保险费并出具保险费收据。投保人应一次交清保证保险的保险费。

6. 签发保险单证

保险费收取后，业务人员在保险单证上加盖公章，将保险单正本交被保险人。

7. 归档管理

保险单副本一联交投保人，一联交财务，剩下一联连同保费收据业务联、复印的贷款合同、购车合同及有关证明材料等资料整理归档。

3.4.6　汽车消费贷款保险合同的变更、终止、解除

1. 合同变更

① 变更事项：包括变更保险期限，变更购车人住址和电话、购车单位联系地址、银行账户及联系电话，变更其他不影响车辆还款和抵押物登记的事项。

② 变更申请：购车人在保险期限内发生变更事项，应及时提出申请。

③ 办理批改：在办理批改时，应注意审核批改事项是否将产生意外风险，从而决定是否接受批改申请。

2. 合同终止

遇有下列情况之一，则汽车消费贷款保证保险的合同终止。

① 贷款购车人提前偿还所欠贷款。

② 贷款所购车辆因发生车辆损失险、盗抢险或自燃损失险等车辆保险责任范围内的全损事故获得保险赔偿，并且赔款足以偿还贷款的。

③ 因履行保证保险赔偿责任。

④ 保证保险期满。

3. 合同解除

遇有下列情况之一，保险合同将被解除。

① 投保人违反《保险法》或《担保法》等法律、法规，保险人可以发出书面通知解除合同。

② 被保险人违反国家相关法律法规和消费贷款规定的，保险人有权解除合同。

③ 投保人根据国家相关的法律法规，提出解除合同。

④ 投保人未按期足额缴纳汽车保险保费，且被保险人未履行代缴义务的，保险人有权解除合同。

⑤ 法律、法规规定的其他解除合同的事由。

4. 办理收退费

① 经保险人同意延长保险期限的，根据延长后的实际期限选定费率，补收保险费。

② 投保人提前清偿贷款，按照实际还贷时间按月计算保险费，多收部分退还投保人。

③ 贷款所购车辆因发生车辆损失险、盗抢险或自燃损失险责任范围内的全损事故获得保险赔偿，并且已优先清偿贷款的，保证保险合同终止，并退还从清偿贷款之日起至保证保险合同期满的全部保险费。

3.4.7　汽车消费贷款保险的理赔

1. 接受报案

① 接受报案人员在接到报案时，应按照本书第 4 章的报案部分要求，对报案人进行询问，并填写《报案记录》，通知业务人员。

② 业务人员根据《报案记录》，尽快查阅承保记录，将符合理赔的案件登入《保证保险报案登记簿》。

③ 业务人员在接受报案的同时，需向被保险人提供《索赔申请书》和《索赔须知》，并指导其详细填写《索赔申请书》。同时向被保险人收取下述原始单证：汽车消费信贷保证保险保单和汽车保险单正本、《汽车消费贷款合同》（副本）、《抵押合同》或《质押合同》或《保证合同》、被保险人签发的《逾期款项催收通知书》、未按期付款损失清单。

2. 查抄底单

业务人员根据出险通知，应尽快查抄出汽车消费贷款保证保险保单与批单、汽车保险的保险单与批单，并在所抄单证上注明抄单时间和出险内容。

3. 立案

① 业务人员应根据被保险人提供的有关资料进行初步分析，提出是否立案的意见与理由，上报业务负责人。

② 业务负责人接到报告后，应及时提出处理意见。

③ 业务人员根据负责人的意见办理立案或不立案的手续。立案的应在汽车保险单上做出标记；不予立案的应以书面形式通知被保险人。

4. 调查

（1）调查要求

调查工作必须双人进行，应着重第一手材料的调查。所有调查结果应做出书面记录。

（2）调查方式与重点

① 对已经掌握的书面材料进行分析，确认被保险人提供的书面材料是否全面、真实。

② 向被保险人取证，了解投保人逾期未还款的具体原因、被保险人催收还款的工作情况。

③ 向个人投保人的工作单位或所在居委会（村委会）调查，了解投保人收入变动情况；向法人投保人的上级单位或行政主管部门了解其经营情况。

④ 向有关单位和个人调查抵押物的当前状况。

⑤ 通过其他途径调查，并结合以上调查结果，明确是否存在条款所载明的责任免除事项，以及投保人、被保险人是否有违反条款规定义务的行为。

5. 制作调查报告

调查人员在调查结束后应写出调查报告，全面详细地记录调查结果并做出分析。

6. 确定保险责任

业务人员应根据调查报告和收集的有关材料，依照条款和有关规定全面分析，确定是否属于保险责任。形成处理意见后报地市级分公司车险部门审定，拒赔案件应逐级上报至省级公司审定。

7. 抵押物处理

① 保险事故发生后，保险人应及时通知被保险人做好抵押物处理的准备工作。

② 保险人应与被保险人、投保人（抵押人）共同对抵押物进行估价，或共同委托第三人进行估价。所估价值由各方同意后，签订《估价协议书》。协议书所确定的金额为处理抵押物的最低金额。

③ 被保险人按照《估价协议书》的规定处理抵押物，所得价款优先用于偿还欠款。

④ 被保险人不能处分抵押物的，应对投保人提起诉讼，抵押物的抵押权转归保险人，保险人应会同被保险人办理抵押权转移的各项手续。

8. 赔款理算

理赔人员根据前述条款的规定，依据调查报告、索赔通知书和估价协议等有关材料进行赔款理算，具体计算方法如下。

① 抵押物已由被保险人处理的：

$$赔款 = （保险金额 - 已偿贷款 - 抵押物的处分金额）× 80\%$$

② 抵押物抵押权转归保险人的：

$$赔款 = （保险金额 - 已偿贷款）× 80\%$$

③ 抵押物灭失且不属于汽车保险赔款责任，且投保人未提供新的抵押物的，保险费也按照上述②的计算方法确定。

上述两公式中的"已偿贷款"，不包括投保人已经偿还的贷款利息；"抵押物的处分金额"是指抵押物处分后，被保险人实际得到的金额，即扣除处分抵押物所需的费用及其他相关费用后的余额。

投保人以其所购车辆作为贷款抵押物的，因逾期还款，车辆依抵押合同被处分后，投保人为其投保的汽车保险的保险责任即行终止。被保险人应按照保险合同的规定，为投保人办理汽车未了责任期保险费的退费手续。

贷款所购车辆发生车辆损失险、盗抢险，以及自燃损失险保险责任范围内的全损事故后，汽车保险的被保险人得到的赔款，应优先用于偿还汽车消费贷款。此时，汽车保险的理赔人员，应书面通知贷款银行向保险公司提出优先偿还贷款申请，并书面通知汽车保险的被保险人，要按照合同的规定将赔款优先用于偿还贷款。优先偿还的范围仅限于所欠的贷款本金。优先偿还贷款后的赔款余额应交汽车保险的被保险人。赔款优先清偿贷款后，保证保险合同即行终止。保险人应按照保险合同中关于收退费的规定，为投保人办理保证保险未了责任期保险费的退费手续。

9. 缮制赔款计算书

计算完赔款以后，要缮制赔款计算书。赔款计算书应该分险别、项目计算，并列明计算公式。赔款计算应尽量用计算机出单，并做到项目齐全、计算准确。手工缮制的，应确保字迹工整、清晰，不得涂改。业务负责人审核无误后，在赔款计算书上签署意见和日期，然后送交核赔人员。

10. 核赔

核定赔款的主要内容包括以下几点。

（1）审核单证

① 审核被保险人提供的单证、证明及相关材料是否齐全、有效，有无涂改、伪造等。

② 审核经办人员是否规范填写有关单证，必备的单证是否齐全等。

③ 审核相关签章是否齐全。

（2）核定保险责任

主要审核是否属于保险责任。

（3）审核赔付计算

审核赔付计算是否准确。属于本公司核赔权限的，审核完成后，核赔人员签字并报领导审批；属于上级公司核赔的，核赔人员提出核赔意见，经领导签字后报上级公司核赔。在完成各种核赔和审批手续后，转入赔付结案程序。

11. 结案登记与清分

① 业务人员根据核赔的审批金额填发《赔款通知书》及赔款收据；被保险人在收到《赔款通知书》后，在赔款收据上签章，财会部门即可支付赔款。在被保险人领取赔款时，业务人员应在保险单正、副本上加盖"××××年××月××日出险，赔款已付"字样的印章。

② 赔付结案时，应进行理赔单据的清分。一联赔款收据交被保险人；一联赔款收据连同一联赔款计算书送会计部门作付款凭证；一联赔款收据和一联赔款计算书或赔案审批表，连同全案的其他材料作为赔案案卷。

③ 被保险人领取赔款后，业务人员按照赔案编号，录入《汽车消费信贷保证保险赔案结案登记》。

12. 理赔案卷管理

理赔案卷要按照一案一卷整理、装订、登记、保管。赔款案卷应单证齐全、编排有序、目录清楚、装订整齐。一般的保证保险的理赔案卷单证包括赔款计算书、赔案审批表、出险通知书、索赔申请书、汽车消费贷款保证保险的保险单及批单的抄件、抵押合同、调查报告、估价协议书、权益转让书，以及其他有关的证明与材料等。

13. 客户回访服务与统计分析

（1）客户回访

① 消费贷款保证保险业务要指定专人负责。对客户应每半年回访一次，做好跟踪服务，及时掌握购车人（投保人）、被保险人的需求与动态。

② 建立客户回访、登记制度。实行一车一户管理制，及时记录还款情况。

③ 与银行建立定期联络制度，协助银行做好消费贷款还款跟踪服务。

④ 建立消费贷款购车人与所购车辆档案。内容包括购车人的基本资信情况、车辆使用情况、安全驾驶记录、保险赔款记录、还款记录等。

（2）统计分析

① 按期做好不同车型、不同车辆价格范围、不同职业与地域的购车人、不同销售商、银行等方面的专项量化分析，报上级公司。

② 各省级分公司对专项统计的业务报表和消费贷款保证保险的经营情况分析，应按季度上报总公司，由总公司上报中国保监会。

小　结

1. 保险人确定汽车保险费率应当遵循的基本原则有公平合理原则、保证偿付原则、相对稳定原则、促进防损原则。

2. 保险费率是依照保险金额计算保险费的比例，通常以千分率（‰）来表示。

3. 每辆汽车的风险程度是其自身风险因子综合影响的结果，科学的方法是通过全面综合地考虑这些风险因子后确定费率。

4. 从车费率模式是以被保险车辆的风险因子作为确定保险费率主要因素的费率确定模式。目前，我国采用的汽车保险的费率模式属于从车费率模式。影响费率的主要因素是与被保险车辆有关的风险因子。

5. 从人费率模式是以驾驶被保险车辆人员的风险因子作为确定保险费率主要因素的费率确定模式。目前，大多数国家采用从人费率模式。影响费率的主要因素是与被保险车辆驾驶人有关的风险因子。

6. 汽车保险风险主要取决于车辆自身风险、地理环境、社会环境、驾驶人员四个因素。

7. 保险人在承保时必须经过核保过程。核保是指保险人在承保前，对保险标的的各种风险情况加以审核与评估，从而决定是否承保、承保条件与承保费率的过程。

8. 汽车保险核保的程序包括审核保险单、查验车辆、核定保险费率、计算保险费、核保等必要程序。

9. 汽车承保是指投保人提出投保请求，保险人经审核认为符合承保条件，即同意接受投保人申请，承担保险合同规定的保险责任的行为。汽车保险承保一般包括业务争取（营销）、业务选择（核保）、做出承保决策及缮制保单、收取保险费的全过程。

10. 车辆保险中的交强险一般是不能退的，除非出现车辆报废或者车辆丢失等情况才能退保。商业险是随时可以退保的，但会按天扣钱，另外还要扣去部分销售费用。

11. 目前通行的汽车消费贷款主要有三种模式，即抵押加担保、标的物抵押加信用保证保险和标的物抵押加第三方反担保。

12. 汽车消费贷款保证保险是指以借款合同所确定的贷款本息为标的，投保人根据被保险人的要求，请求保险人担保自己信用的一种保险。

13. 保险期限不足六个月的，按六个月计算，费率为 0.5%；保险期限超过六个月不满一年，按一年计算，即费率为 1%。

14. 汽车消费贷款保证保险承保是保险人与投保人签订保险合同的过程，包括展业、受理投保、核保、缮制与签发保险单证等程序。

| 习　　题 |

1. 什么是汽车消费贷款？汽车消费贷款有哪些具体规定？

2. 什么是汽车消费贷款保证保险？什么是汽车分期付款售车信用保险？二者的区别是什么？

3. 汽车消费贷款保证保险和汽车分期付款售车信用保险的保险责任和除外责任分别是什么？

4. 简述办理汽车消费贷款保证保险和汽车分期付款售车信用保险的程序。

5. 简述车贷险的理赔的程序。

6. 名词解释：汽车消费贷款保证保险

7. 填空

（1）为了获得汽车消费贷款，借款人可以采取_____、_____或以第三方保证等形式进行担保。

（2）汽车消费贷款保证保险理赔程序包括_____、_____、_____处理和_____等。

8. 简述

汽车消费贷款保证保险投保人、被保险人义务有哪些？汽车消费贷款保证保险的核保内容主要包括哪些？

第 4 章
汽车保险事故理赔

【学习目标】

- 了解汽车保险理赔的原则、特点及意义
- 能够指导被保险人依据索赔流程进行汽车保险事故索赔
- 掌握汽车保险事故定损、核损的流程及步骤
- 能正确完成汽车保险常见事故赔款额的理算

|4.1 汽车保险事故索赔|

4.1.1 汽车保险事故报案

投保人、被保险人或者受益人在保险事故发生后，应当及时通知保险人。一般情况下，被保险人应在保险事故发生后 48 小时内通知保险人。

1. 报案方式

报案是指被保险人在发生事故之后以各种方式通知保险人，要求保险人进行事故处理的行为。及时报案也是被保险人履行合同义务的一个重要内容。通常，被保险人可以通过电话、上门、电报、传真等方式向保险人的理赔部门进行报案。各保险公司也都开通了专线电话，指定专人受理报案事宜。表 4-1 为国内保险行业部分保险公司的客服电话。

表 4-1　　　　　　　　　　国内保险行业部分保险公司的客服电话

公 司 名 称	客 服 电 话
中国人民财产保险股份有限公司	95518
阳光财产保险股份有限公司	95510
中国太平洋保险股份有限公司	95500
中国平安财产保险股份有限公司	95512
永安财产保险股份有限公司	95502
中华联合财产保险股份有限公司	95585

续表

公 司 名 称	客 服 电 话
天安财产保险股份有限公司	95505
安盛天平财产保险股份有限公司	95550
安邦财产保险股份有限公司	95569

对于在异地出险的，如果保险人在出险当地有分支机构，则被保险人可以直接向保险人的当地分支机构进行报案；如果保险人在当地没有分支机构，则被保险人应直接向承保公司报案。不同事故可以选择不同的报案方式。

① 单方财产损失。一般多采取现场拨打被保险车辆投保公司的报案电话，告知保险公司保险单号或者车牌号。目前车辆基本上都有交强险标志，保险单号就在交强险标志的上角。

② 多方财产损失。如果是多方车辆发生交通事故（追尾事故除外），需要第一时间拨打公安机关交通管理部门交通事故报警电话 122 报案，出具责任判定书。有责任的一方或多方需要通知自己的保险公司进行现场查勘。

重点、难点提示

追尾事故责任很明确，往往就是后车责任，只需要通知保险公司就可以。此类事故大多数保险公司都会放弃现场查勘。但需要多方车辆同时到保险公司指定定损点进行定损，如一方缺席，则会导致事故不成立，给责任方造成免赔，导致无谓的损失。

③ 多方财产损失与人员伤亡。此类事故原则上要以保证受伤人员生命安全为第一位，事故处理比较复杂。建议如有此类事故，要及时通知为被保险车辆投保的相关人员或者是经销商。

重点、难点提示

伤亡人员在医院的所有花费，被保险车辆车主必须要保存好所有的病历、发票及伤亡人员的身份证复印件。

2. 报案原则

① 无论单方事故还是双方事故，假如造成了人员伤亡，一定要在向保险公司报险的同时拨打 122 交通事故报警电话，通知交警勘察现场，判定双方责任，确定赔付比例。同时，应在第一时间救治伤者。

② 事故发生后，在报险之前尽量不要移动车辆，以免破坏现场及相关痕迹，为保险公司及交警勘察现场增加难度，影响事实及责任的判定。当然，假如责任明确，必要时在保证损失不扩大的前提下，可以对车辆进行合理移动。例如，事故发生后，投保车辆处于悬崖边缘时，应该及时移动。《中华人民共和国道路交通安全法》也有规定："交通事故发生后，当事人应当积极配合公安机关交通管理部门的事故现场处理工作，将车辆移至不妨碍交通的地点并清理现场。当事人车辆无法自行驶离的，由当事人或者公安机关交通管理部门通知清障公司将车辆移至不妨碍交通的地方，所需费用由当事人承担。"例如，两车追尾造成了交通拥堵，车主应该配合交管部门移动事故车辆。

③ 随身携带有摄影摄像器材的当事人，可在事故发生报险后自行拍摄现场情况，留下影像资料。对于单方事故，某些时候影像资料可以起到代查勘的作用。对于双方事故，这些资料也能起到证明事实经过的作用，成为明确双方责任的依据之一。

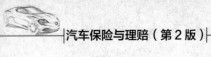

④ 事故发生后，当事人尽可能第一时间亲自向保险公司打电话报险，并如实说明事故经过，不得隐瞒相关信息或欺骗保险公司，否则将对事故经过判断和责任认定造成干扰，影响定损及赔付工作正常进行。

⑤ 驾驶员应随身携带自己的身份证、驾驶证以及被报险车辆的行驶证和保险卡，以便保险公司确认当事人身份以及是否投保车辆。

3. 报案要素

（1）报案时机

保险事故发生后，应妥善保护好现场，在 24 小时之内通知警察，在 48 小时内通知保险公司。如实陈述事故发生经过，并提供相关资料。

（2）报案方式

常见报案方式包括网上报案、电话报案、到保险公司报案、理赔员转达报案和传真报案等。

（3）报案时应陈述的要素

说明事故的发生地点、时间、车型、车牌号码、事故起因、有无发生火灾或爆炸、有无人员伤亡、是否已造成交通堵塞等。说出出险人员的姓名、性别、年龄、住址、联系电话并待对方挂断电话后，再挂机。

4. 报险注意事项

① 事故发生后，应妥善保护好现场，在 24 小时之内通知警察。无现场无交警处理案件，保险公司原则上不予受理。

② 事故发生后，必须及时向保险公司报案，报案时限为事故发生后 48 小时内。

③ 车（物）在修理之前必须先经保险公司定损。

微课程 12：教你车险报案的小技巧

5. 受理报案操作流程

受理报案工作主要是进行报案记录。其操作流程如图 4-1 所示。

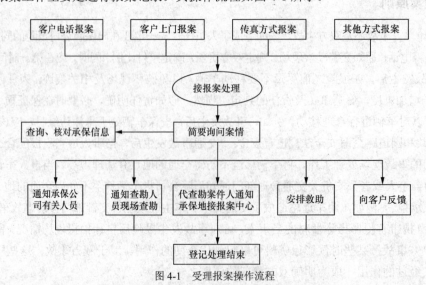

图 4-1 受理报案操作流程

6. 受理报案

受理报案时，报案记录工作主要包括询问案情、填写报案记录；查询、核对出险车辆承保、理赔信息（包括商业机动车保险和机动车交通事故责任强制保险）；生成对应的报案记录；确定案件类型（本地自赔案、本代案件和外代案件）。

（1）询问案情、填写报案记录

在接到被保险人报案时，保险公司的接报案人员应询问报案人姓名，被保险人姓名或名称，驾驶员姓名，保单号码，保险险别，出险标的的厂牌型号、牌照号码、使用性质及所属关系，出险时间、地点、原因与经过，估计损失金额等要素，并在报案记录上记录。

主要询问以下信息。

① 保险车辆的有关信息：保单号码、被保险人名称、牌照号码、牌照底色和厂牌型号等。非车险、意外险主要询问保单号码、被保险人名称等。

② 出险信息：出险时间、出险地点、出险原因、驾驶人姓名、事故经过和事故涉及的损失等。

③ 报案人信息：报案人姓名、联系电话等（为防止修理厂在被保险人不知情的情况下私自制造现场，查勘时必须核实报案人身份，同时与被保险人联系，了解情况）。

④ 第三者车辆信息：对于涉及第三者车辆的事故，应询问第三者车辆车型、号牌号码、牌照底色以及保险情况（提醒报案人查看第三者车辆是否投保了交强险）等信息。如果第三者车辆也是本公司承保且在事故中负有一定责任，则一并登记，进行报案处理。

 重点、难点提示

事故涉及的损失按"本车车损""本车车上财产损失""本车车上人员伤亡""第三者车辆损失""第三者人员伤亡""第三者车上财产损失""第三者其他财产损失"和"其他"的分类方式进行询问。

（2）查验保险情况

接受报案后，应尽快查抄出险车辆的保险单和批单。

① 查询是否重复报案。对连续两起以上事故的出险时间在 10 天以内的案件，要认真进行核查，并将有关情况告知查勘定损人员，要求其在现场查勘时，予以进一步调查。

② 查验出险时间是否在保险期限以内，核对驾驶员是否为保单中约定的驾驶员、保险费是否交付、被保险人是否存在不足额投保，初步审核报案人所述事故原因与经过是否属于保险责任等情况。

 重点、难点提示

无承保记录的，先按无保单报案处理。

（3）生成报案记录

根据出险车辆的承保情况生成报案记录，报案记录与保单号一一对应。

① 出险车辆的交强险和机动车商业保险在一个保单号下承保的，生成一条报案记录。

② 出险车辆的交强险和机动车商业保险在多个保单号下承保的，在各保单项下生成对应的报案记录，并在各个报案记录之间建立关联关系。

（4）指导填写有关单、证，说明后续理赔安排

接报案人员在登记报案信息后，应向报案人员说明索赔程序以及注意事项。

① 接报案人员在接受现场报案的同时，应向被保险人提供"出险报案表"和"索赔申请书"，并指导其据实详细填写。

　　② 若被保险人非现场报案，应在查勘现场时请被保险人及时填写"出险报案表"和"索赔申请书"。

　　表 4-2 和表 4-3 分别为某保险公司机动车辆保险出险报案表和机动车辆保险索赔申请书。

表 4-2　　　　　　　　　　　　　机动车辆保险出险报案表

被保险人：				保险单号：		
厂牌型号：		号牌号码：		牌照底色：		车辆种类：
出险时间：				出险原因：		
报案人：				报案时间：		
报案方式：□电话　□传真　□上门　□其他				是否第一现场报案：□是　□否		
联系人：				联系电话：		
出险地点：				出险地邮政编码：		
出险地点分类	□高速公路　□普通公路　□城市道路 □乡村便道和机耕道　□场院及其他			车辆已行驶里程：		已使用年限：
				车辆初次登记日期：		
处理部门：□交警　　□其他事故处理部门　　□保险公司　　□自行处理					排量，功率：	
驾驶人情况	驾驶人姓名：			初次领证日期：　　年　　月　　日		
	驾驶证号码：□□□□□□□□□□□□□□□□□□					
	准驾车型：			性别：□男　□女		年龄：
	职业分类	□职业驾驶员　□国家社会管理者　□企业管理人员				
		□私营企业主　□专业技术人员　□办事人员				
		□个体工商户　□商业服务业员工　□产业工人				
		□农业劳动者　□军人　　□其他				
	文化程度	□研究生及以上　□大学本科□大专　□中专　□高中　□初中及以下				

事故经过：（请您如实填报事故经过。报案时的任何虚假、欺诈行为，均可能成为保险人拒绝赔偿的依据。）

报案人签字：

年　　月　　日

事故处理结果：

查勘人员签字：

年　　月　　日

表 4-3　　　　　　　　　　　　　机动车辆保险索赔申请书

被保险人：				保险单号：	
厂牌型号：		号牌号码：		牌照底色：	车辆种类：
出险时间：				出险原因：	
报案人：				报案时间：	
报案方式：□电话　□传真　□上门　□其他				是否第一现场报案：□是　□否	
联系人：				联系电话：	
出险地点：				出险地邮政编码：	
出险地点分类	□高速公路　□普通公路　□城市道路 □乡村便道和机耕道　□场院及其他			车辆已行驶里程：	已使用年限：
				车辆初次登记日期：	

续表

	处理部门：□交警　□其他事故处理部门　□保险公司　□自行处理			排量/功率：
驾驶人情况	驾驶人姓名：		初次领证日期：　　年　　月　　日	
	驾驶证号码：□□□□□□□□□□□□□□□□□□			
	准驾车型：	性别：□男　□女	年龄：	
	职业分类	□职业驾驶员　□国家社会管理者　□企业管理人员 □私营企业主　□专业技术人员　□办事人员 □个体工商户　□商业服务业员工　□产业工人 □农业劳动者　□军人　□其他		
	文化程度	□研究生及以上　□大学本科　□大专　□中专　□高中　□初中及以下		

事故经过：（请您如实填报事故经过。报案时的任何虚假、欺诈行为，均可能成为保险人拒绝赔偿的依据。）

报案人签字：
　　　年　　月　　日

————————：
本人的保险车辆发生的上述事故已结案，相关的索赔材料已整理齐全，现特向贵公司提出索赔申请。
本人声明：以上所填写的内容和向贵公司提交的索赔材料真实、可靠，没有任何虚假和隐瞒。
此致

被保险人签章：
　　　年　　月　　日

4.1.2　汽车保险事故索赔流程

被保险人发生保险事故，保险公司审核保险责任、处理保险赔偿的过程称为理赔；被保险人向保险公司申请赔偿的行为则称为索赔。

 重点、难点提示

索赔与理赔是一个问题的两个方面。

汽车保险事故的索赔一般有以下几个步骤，如图 4-2 所示。

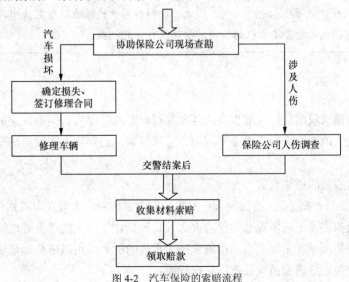

图 4-2　汽车保险的索赔流程

4.1.3　汽车保险事故索赔中的权利和义务

1. 权利

被保险人保险理赔的权利，主要是指保险金请求权。保险金请求的时间是有法定时限要求的，根据《保险法》第二十六条的规定，人寿保险以外的其他保险的被保险人或者受益人，对保险人请求赔偿或者给付保险金的权利，自其知道保险事故发生之日起二年不行使而消灭。人寿保险的被保险人或者受益人对保险公司请求给付保险金的权利，自其知道保险事故发生之日起五年不行使而消灭。因此，广大被保险人在出险后，应当及时在法定时限的期间内向保险公司申请保险赔偿或申请给付保险金，否则将因为时效的届满，而丧失向保险公司索赔的权利。

2. 2016车险新规定——无责也可先行获赔

如果车主购买了车损险，保险公司通常只会对车主在事故中负有责任的情况下出现的车辆损失进行赔偿，车主无责任时则不赔偿，即"无责不赔"。

而2016车险新规定，因第三者对被保险机动车的损害而造成保险事故，保险公司自向车主赔偿保险金之日起，在赔偿金额范围内代位行使车主对第三者请求赔偿的权利。保险公司不得通过放弃代位求偿权的方式拒绝履行保险责任。

以后豪车车主们购买了新车损险后，一旦豪车被撞，而对方又无力赔偿时，豪车车主就有望先从保险公司获得维修费用，再由保险公司向肇事方追偿。

重点、难点提示

《保险法》在规定了被保险人保险金请求权的同时，又赋予了被保险人在索赔时的预付保险金的请求权。依据《保险法》第二十六条规定，保险公司自收到赔偿或者给付保险金的请求和有关证明、资料之日起六十日内，对其赔偿或者给付保险金的数额不能确定的，应当根据已有证明和资料可以确定的最低数额对被保险人先予支付。因此，在一些冗长的保险理赔案件中，广大被保险人在保险索赔时应注意预付保险金请求权的行使，以确保自身的利益。

3. 义务

在享有保险金请求权的同时，被保险人还须履行保险法和保险合同中规定的各项义务。但在不同险种中被保险人的索赔中的义务是不同的，总体说来，被保险人在保险理赔中须履行以下两项基本义务。

（1）发生保险事故的通知义务

《保险法》第二十一条规定，被保险人在发生了保险事故后，应当立即通知保险人，将发生保险事故的事实以及损害发生的情况通知保险人。其目的是让保险人能够及时地调查保险事故发生的原因，查证损失情况，并采取适当的措施来防止损失的扩大。用以避免因延误时间而增加调查的困难，防止被保险人隐瞒或消灭证据等欺诈行为。

重点、难点提示

如果被保险人在保险事故发生后，经过一段合理的时间，并且能够通知而没有向保险人发出通知的，即违反了这一义务。依据不同保险险种的规定，保险公司往往有权拒绝赔偿。

（2）提供索赔单证的义务

《保险法》第二十二条规定，为了获取保险公司的赔付，被保险人在提出索赔要求的时候，应当按照有关保险立法和保险合同的规定，向保险公司提交有关的索赔单证，以此证明保险事故发生的事实和损失数额，否则将承担相应的违约责任。保险公司则可视不同情况和险种对被保险人的有关索赔请求不予赔付。

被保险人应在认真阅读保险条款的基础上，从权利与义务的角度去认识自身的保险索赔，更好地与保险公司相配合开展保险理赔工作，从而能及早地领取保险金或保险赔款，以使所购买的保险产品能更好地起到保险保障的作用，更好地发挥保险的补偿和给付的职能。

4.1.4　汽车保险事故索赔

保险车辆发生事故后，被保险人应当采取合理的保护、施救措施，防止和减小损失的扩大，按照保险公司要求进入保险索赔程序。

1. 出险后向保险公司报案

出险后被保险人应保护好事故现场，并立即向事故发生地交警部门报案，同时通知保险公司。这是保险车辆发生保险事故后，客户进入保险索赔程序的第一步。各保险公司的车险条款投保人、被保险人义务部分，都明确规定了保险事故发生后，被保险人应当及时通知保险人，否则保险公司有权拒绝赔偿或增加免赔。

 重点、难点提示

报案时客户需要提供保险单号码、被保险人名称、车牌号、事故发生的时间、地点、原因以及造成的损失情况等。

被保险人以电话的方式向保险公司报案的，事后要到保险公司在其工作人员的指导下填写《汽车索赔申请书》，见表4-4。

表 4-4　　　　　　　**财产保险股份有限公司汽车保险索赔申请书**

报案号：				保险单号		
被保险人			车牌号码		使用性质	
报案人		联系电话	驾驶员		联系电话	
出险时间	年　月　日　时　分	出险地点		报案时间	年　月　日　分	
出险原因	□碰撞　□倾覆　□盗抢　□火灾　□爆炸　□台风　□自燃　□暴雨　□其他					
开户银行			账号			
开户名						
出险原因及经过：以上信息为报案人报案时所描述，如需补充，请在备注栏中填写						

续表

备注：兹声明本人报案时所陈述以及补充填写的资料均为真实情形，没有任何虚假和隐瞒，否则，愿放弃本保险单之一切权利并承担相应的法律责任。

被保险人（报案人）签章：　　　　　　　　　　联系电话：　　　　　　年　月　日

重要提示：

1. 保险人受理报案、现场查勘、参与诉讼、进行抗辩、向被保险人提供专业建议等行为，均不构成保险人对赔偿责任的承诺。

2. 请按案件类型提供以下资料（在索赔过程中，我公司可能需您提供以下单证外的其他资料，届时我公司将及时通知您。感激您对我们工作的理解和支持）。

单方肇事无 人员伤亡	1、2、3、4、6、7	1. 索赔申请书	14. 汽车保险盗抢立（破）案表
		2. 驾驶证（正、副本）复印件	15. 行驶证原件
单方肇事涉 及人员伤亡	1、2、3、4、6、7、8、 9、10、11、12、23	3. 行驶证（正、副本）复印件	16. 附加费证原件
		4. 交通事故证明	17. 购车发票原件
双方肇事车 损案	1、2、3、4、5、6、 7、23	5. 交通事故损害赔偿调解书	18. 整套车钥匙（原车配）
		6. 修车发票	19. 县级以上公安未破获证明
		7. 施救费及相关费用票据	20. 养路费注销证明
双方肇事车 损涉及人 伤案	1、2、3、4、5、6、 7、8、9、10、11、 12、23	8. 伤残诊断证明、病历及医疗发票	21. 权益转让书
		9. 交通事故评残证明	22. 被保险人营业执照或身份证复印件
		10. 交通事故死亡证明	
盗抢险案件	1、13、14、15、16、 17、18、19、20、21、 22、23	11. 被抚养人及家庭关系户籍证明	23. 其他相关材料
		12. 伤者及护理人员工资证明	备注：火烧车需提供消防部门出具的火灾鉴定报告证明
		13. 保单正本	

重点、难点提示

① 被保险人出险后要保护好事故现场，采取合理施救措施并立即通知保险公司。

② 报案的方式：电话报案或者到保险公司报案。

2. 协助保险公司现场查勘

现场查勘是保险公司理赔的关键环节之一，是确定保险责任的重要依据。现场查勘指保险公司理赔人员到事故现场，开展调查，了解出险情况，及时掌握事故的第一手资料，取得处理赔案的依据。查勘的主要内容包括查明出险时间，了解出险时间是否在保险有效期限内；查明出险地点，查明出险地点是否与报案地点和保单约定行驶区域范围相符，对擅自移动出险地点或谎报出险地点的查明原因；查明出险车辆情况，查实保险车辆及第三方车辆的车型、牌照号码、发动机号、行驶证，并与保险单核对；查清驾驶员的情况，查清驾驶员姓名、准驾车型、初次领证时间、驾驶证有效性、是否为被保险人允许的驾驶员等；查明事故原因，这是现场查勘的重点，应确定出险原因是否属于保险责任范围；初步核实损失情况，核实保险车辆和第三者车辆或财产的损失部位、损失程度，估计损失金额，对造成第三者人身伤害的事故，掌握伤亡人数、伤势及抢救、治疗情况。

查勘结束后，查勘人员应按照上述内容据实填写《汽车保险查勘报告》。

（1）汽车损失保险的现场查勘

现场查勘是指保险理赔人员亲临车辆肇事现场，深入调查、全面了解和及时掌握事故的第一手资料，并协助保户进行防灾防损的工作过程。现场查勘是理赔工作的重要环节，通过现场查勘能了解出险情况，掌握第一手资料，取得处理赔案的依据。保险公司根据案情大小和出险地点，安排现场查勘或到公安交通管理部门了解出险情况。对于重大事故,应迅速到第一现场查勘。查勘人员接到查勘通知后,应迅速携带机动车辆保险报案表等相关单证以及定损笔记本电脑和数码相机等查勘工具赶赴事故现场。查勘人员到达事故现场时,如果事故尚未控制或人员及车辆尚处在危险中,应协同被保险人和有关部门采取积极施救和保护措施。

(2)现场查勘的意义

① 现场查勘是重大交通事故案件刑事及民事诉讼程序的重要环节。交通事故立案、调查、提起公诉和审判是刑事诉讼活动的四项程序。现场查勘是刑事诉讼第一、二道程序中的重要环节。事故发生后,必须对现场、肇事车辆、物品、人员损伤、道路痕迹等进行现场调查。

② 现场查勘是保险赔付的基础工作。对于保险车辆,一旦发生交通事故,就涉及赔付问题。只有通过第一现场的查勘才能确定事故的真伪、事故原因及事故态势,确定赔付的基本依据和确认是否为骗保案件。

③ 现场查勘是事故处理的起点和基础工作。只有通过严格细致的现场查勘,才能正确揭示事故的发生、发展过程;通过对现场各种物证痕迹等物理现象的分析研究,发现与事故有关联的逐项内在因素。也只有通过周密的现场查勘、询问当事人、访问证明人等调查活动,才能掌握第一手材料,对案情做出正确的判断。有了正确的判断,就能正确认定事故责任,追究事故责任者的法律责任,维护受害人的正当权益。

④ 现场查勘是收集证据的基本措施。证据是查明事故原因和认定事故责任的基本依据。车辆交通事故是一种纯物理现象,交通事故的发生必然引起现场内客观事物的变化,在现场留下痕迹物证。因此,对现场进行细致、反复的查勘,对现场遗留下的各种痕迹物证加以认定和提取,经过检验与核实就成为事故分析的第一证据。

⑤ 现场查勘是侦破交通肇事逃逸案件的重要环节。现场是交通事故行为的客观反映。交通肇事逃逸的行为不可避免地引起现场各种交通要素的变化,留下痕迹和物品。通过现场查勘取得的各种痕迹证物等证据,是分析案情、揭露逃逸人的特征、侦破逃逸案件的重要依据。

(3)现场查勘的目的

① 确定事故的性质。通过客观、细致的现场查勘证明案件是刑事性质的交通事故,还是单纯的交通事故,是否为骗保而伪造事故,对事故进行划分和提供处理依据。

② 查明事故情节及要素。通过现场的各种痕迹物证,对事故经过进行分析调查,查明事故的主要情节和交通违法因素。

③ 确认事故原因。通过对现场周围环境、道路条件的查勘,可以了解道路、视距、视野、地形、地物对事故发生的客观影响;通过对当事人和证明人的询问和调查,可以确认当事人双方违反交通法规的主观因素。

(4)现场查勘的原则

① 及时迅速。现场查勘是一项时间性很强的工作。要抓住案发不久、痕迹比较清晰、证据未遭破坏、证明人记忆犹新的特点,取得证据。反之,到案不及时,就可能由于人为和自然的原因,使现场遭到破坏,给查勘工作带来困难。所以,事故发生后查勘人员要用最快的速度赶到现场。

② 细致完备。现场查勘是事故处理程序的基础工作。现场查勘一定要做到细致完备、有序。查勘过程中,不仅要注意发现那些明显的痕迹证物,而且特别要注意发现那些与案件有关的不明显的痕迹证物。切忌走马观花、粗枝大叶的工作作风,以免由于一些意想不到的过失使事故处理陷于困境。

③ 客观全面。在现场查勘过程中,一定要坚持客观、科学的态度,要遵守职业道德。在实际

中可能出现完全相反的查勘结论，要尽力防止和避免出现错误的查勘结果。

（5）现场查勘的内容

现场查勘主要查明以下四项内容。

① 出险地点。要查明出险地点是否与报案地点和保单约定行驶区域范围相符，是否是第一现场，如果现场已经变化或移动，要查明原因。对未经交通事故处理部门同意擅自移动现场的，既不是为抢救伤员和抢救物资所需，又不是妨碍交通安全的，要视情节轻重和实际情况确定是否负赔偿责任。

② 出险时间。要查明出险时间是否在保险有效期内，对投保时已出险或期满后未办续保手续的应拒绝理赔。对于为了达到骗赔目的，在出险后补办保险手续，并谎报出险时间的人，还应追究其法律责任。

③ 出险原因。要查明出险原因是否属于保险责任范围。对无证驾驶、酒后开车、违章行驶和故意行为等原因造成的损失应拒绝赔偿。

④ 初步核定损失。查勘人员应会同被保险人初步核定保险车辆和第三者车辆或财产的损失部位、损失程度，估计损失金额。

（6）缮制查勘报告

理赔人员在完成现场查勘任务后，应根据查勘的实际情况缮制查勘报告，其内容包括承保情况，出险时间、地点、原因和经过，损失范围和程度，施救情况和费用，定损和修理意见，以及通过查勘发现承保工作中存在的问题和对被保险人交通安全措施不力的修改意见。

（7）代查勘

当出险所在地的保险公司接到本系统外地车辆出险通知后，有代为查勘的职责，并应尽快与承保公司取得联系，把现场查勘记录及查勘费用收据发送承保公司，见表4-5。

表4-5 汽车保险查勘报告

被保险人		厂牌车型		牌照号码			
出险地点		出险时间		使用性质			
行驶证有效期		出险类型	□单方肇事	□双方肇事		□多方肇事	□其他
驾驶证号码		驾驶证有效期					
驾驶员姓名		性别	□男□女	婚姻状况	□已婚□单身	职业	
出险原因	□碰撞 □倾覆	□火灾 □爆炸	□台风 □暴雨	□自燃 □其他			
保单行驶区域	□省内 □全国	□出入境					

查勘意见：

根据查勘情况初步判断，被保险人在本次事故中负：
□全部责任 □主责 □同责 □次责 □无责 □无法判定

发动机号、车架号拓印件粘贴处：

预估损失	损失项目	预估损失金额	现场图
	本车车损		
	第三者车损		
	第三者人伤		
	第三者物损		
	施救费		查勘时间： 查勘地点
	合计金额		查勘人： 年 月 日

在保险公司人员现场查勘过程中，客户需要积极协助、配合保险公司工作人员进行拍照、查

勘。对保险公司调查、了解的事故具体情况如实告知。如为车辆被盗案的，还需要被保险人协助进行调查笔录。

3. 配合保险公司确定损失、人伤调查，签订车辆修理协议书

这一步骤是指保险公司会同被保险人及事故有关当事人依据保险单、条款、法规和各类标准，通过协商进一步确定事故车辆及相关财产损失、核定事故中人员伤亡的费用。这一步骤主要内容为车辆定损、确定其他财产损失、确定人员伤亡费用等三方面。

（1）车辆定损

① 由保险公司定损员与被保险人、第三者车辆损坏方一起进行车辆定损，确定受损车辆维修更换项目。受损车辆未经保险公司定损人员同意而由被保险人自行修理的，保险公司将重新核定修理费用或拒绝赔偿。

② 定损时，应详细核对本次事故造成的损失部位和修理项目，逐项列明修理工时费、换件项目及金额。对更换的零部件，保险公司定损员要在汽车保险定损报告明细表（见表4-6）中列明，交核价员审核。

表4-6　　　　　　　　　　　　汽车保险定损报告明细表

被保险人：　　　　　　　　　　　　　　　　　　　　　　　　共 页 第 页

牌照号码		肇事车保单号			
发动机号		底盘号			
厂牌车型		出险时间	年 月 日 时	保险险别	□车损险 □第三者
生产年月		排气量（L）		变速器形式	□自动 □手动
发动机型号	□化油器 □电喷	安全装置		□安全气囊 □ABS系统 □无安全装置	

序号	更换配件名称	数量	配件价格	序号	更换配件名称	数量	配件价格
						材料费小计	
材料费小计					查勘定损人： 年 月 日		

牌照号码		肇事车保单号码			
发动机号		车架号（VIN）			
厂牌车型		出险时间	年 月 日 时 分	保险险别	□车损险 □第三者
生产年月		排气量（L）		变速器形式	□自动 □手动
安全装置	□安全气囊 □ABS系统 □无安全装置				

更换配件名称	数量	配件价格	修理项目	工时费	
			事故拆装：		
			事故钣金：		
			机修：		

续表

更换配件名称	数量	配件价格	修理项目	工时费	
			电工：		
			事故油漆：		
1. 材料					
2. 材料					
3. 材料			工时费合计：		

本页未尽之栏目，请见损失确认明细表

1. 经甲乙丙三方协商，完全同意按以上核定的价格修理。

总计工料费人民币　　佰　　拾　　万　　仟　　佰　　拾　　元　　角　　分（￥　　）

2. 乙方按以上核定项目保质保量修理，且履行以上核定的修理及换件项目。如有违背，甲方有权向乙方追回价格差额。

3. 乙方保证在_____日内保质保量按时完成修理；若违约，愿意赔偿因拖延时间而造成丙方的利润损失。

4. 丙方对以上核定的修理项目和价格无任何异议。如存在修理质量问题或价格问题或价格超标，由乙方负全部责任。

5. 特别约定：（1）本公司查勘受理、损失确认不代表最终的赔偿承诺；

　　　　　　　（2）如果车辆损失不属于保险责任，以上损失确认仅作参考，不具有法律效力。

乙方（修理厂）签章： 年　月　日	丙方（车方）签章： 年　月　日	甲方（保险公司）签章： 年　月　日

③ 保险公司与被保险人和第三者车损方协商修理、换件项目和费用。协商一致后，共同签订《车辆修理定损协议书》。

④ 受损车辆原则上以修复为主，一次性定损。定损完毕后，由被保险人自选修理厂或到保险人推荐的修理厂修理。

（2）其他财产的损失

对于第三者责任险的财产和投保了附加车上货运责任险的承运货物在事故中损坏的，保险人应会同被保险人和有关人员逐项清理，确定损失数量、损失程度和损失金额，填写财产损失清单。同时要求被保险人或相关人员提供有关货物、财产的发票。核对后，保险公司定损员在清单上签署审核意见。

（3）确定人员伤亡费用，进行人伤调查

对第三者责任险和车上责任险的人员伤亡费用，保险公司根据保险单约定和有关法律、法规及规定处理。具体做法如下。

① 事故结案前，所有费用均由被保险人先行支付。凡是被保险人自行承诺或支付的费用，结案时保险公司根据事故责任认定书、事故调解书、相关证明及有关法律法规重新审核，对不合理的部分予以剔除。如被保险人处理事故时的生活补助费、招待费、医疗费中的自费药等。

② 当事故中涉及人员伤亡时，被保险人应向保险公司提供人员伤亡的有关情况（伤者、亡者人员姓名、所在医院等），以便保险公司开展人伤调查，对医疗费、抚养费、伤残补助等相关费用进行核查，确定费用。

 重点、难点提示

为保障被保险人、客户的权益，受损车辆一定要经过保险公司定损人员拍照、定损后，再送修理厂修理，不要擅自修理。涉及第三者人员伤亡的费用支付，应先向保险公司理赔人员咨询后，再予支付。否则车主自行承诺和支付的费用中，不合理的部分保险公司不予赔偿。

4. 收集材料索赔

事故处理结案后或被盗车辆在保险公司规定的时间范围内未侦破的，被保险人应尽快收集索赔需要的材料，向保险公司办理索赔。根据保险事故的不同，客户索赔必须提供的相关材料也不一样，一般案件索赔材料见表 4-7，人员伤亡案件索赔材料见表 4-8，货物财产损失案件索赔材料见表 4-9，盗抢险案件索赔材料见表 4-10，火灾险案件索赔材料见表 4-11。

表 4-7　　　　　　　　　　　　　一般案件索赔材料

单证名称	出具部门及要求
汽车保险出险通知书	投案人填写，盖被保险人公章
道路交通事故责任认定书	公安交警部门出具原件
道路交通事故损害赔偿调解书	公安交警部门出具原件
事故车定损报告	保险公司定损人填制，由保险人、被保险人、汽修厂、第三者单位盖章
保险车辆修理合同	合同各方盖章
驾驶证复印件	当事驾驶员驾驶证（包括正、副证）复印件
行车证复印件	保险车辆行车证（包括正、副证）复印件
修车表及明细	原件
施救费用发票	施救单位出具原件

表 4-8　　　　　　　　　　　　　人员伤亡案件索赔材料

单证名称	出具部门及要求
受伤人员伤情诊断证明、病历	治疗医院出具原件
受伤人员医疗费单据	治疗医院出具单据
伤残评定证明	公安法医鉴定机关出具原件
受伤及护理人员误工证明	受伤、护理人员所在单位出具
销户证明、户口簿复印件	死亡者居所地派出所出具
交通费、住宿费票据	原件、出租车票除外
今后医疗费证明	治疗医院出具原件
户籍关系证明	伤者与被抚养人关系证明，伤亡者居所地派出所出具原件

表 4-9　　　　　　　　　　　　　货物财产损失案件索赔材料

单证名称	出具部门及要求
损失费用清单	被保险人填写，并盖被保险人公章
货物、财产价值证明	生产厂家、购销单位出具的有关受损货物、财产的价值证明
货物、财产修理合同	合同各方盖章
修理发票及明细	原件
事故证明	货物、财产拥有单位的损失证明
有关货物、财产的合同和协议	与受损货物、财产有关的合同和协议

表 4-10　　　　　　　　　　　　　盗抢险案件索赔材料

单证名称	出具部门及要求
公安证明	县级以上公安刑侦部门出具的盗抢证明原件
车辆报停手续	公安车辆管理部门出具原件
遗失声明	省市级以上报刊刊登；载明车辆被盗时间、地点、车号、发动机号、型号、颜色、联系电话、联系人等

续表

单证名称	出具部门及要求
保险单、批单、保险凭证	原件
购车发票	原件
行车执照	正副本原件
车辆购置附加费凭证	原件
车钥匙	全部，包括遥控器
保险车辆的有关材料	包括商检单、罚没证明、合格证等
被保险人员营业执照或身份证复印件	—
权益转让书	一式两份，盖被保险人公章

表4-11　　　　　　　　　　　　火灾险案件索赔材料

单证名称	出具部门及要求
火灾原因证明	公安消防部门出具的证明原件
判决书	人民法院出具原件
仲裁书	仲裁委员会出具原件

重点、难点提示

　　事故处理结案后，应根据保险公司的要求准备索赔的材料，备齐后及时向保险公司申请索赔。《保险法》规定，汽车保险自被保险人或受益人知道保险事故发生之日起二年不索赔的，将丧失索赔权。

5. 领取赔款

　　被保险人提供齐全、有效的索赔材料后，保险公司根据条款、索赔材料进行赔款理算，经过缮制、核损等环节确定赔偿金额。被保险人按照保险公司的通知或约定到保险公司领取赔款。一般保险双方确认赔偿数额后，保险公司在十日内做出赔偿。

　　在保险公司结案后，应尽快领取赔款。领取时要携带被保险人及取款人的身份证。如被保险人为单位的，需要单位出具同意领取赔款的证明或者提供账号、开户行以转账的方式领取赔款。

| 4.2　汽车保险事故定损与核损 |

　　汽车保险事故的定损与核损是对保险事故所造成的损失情况进行现场和专业的调查和查勘，对损失的项目和程度进行客观和专业的描述和记录，对损失价值进行确定的过程。常见的定损与核损方式有协商定损、公估定损、聘请专家定损等。

　　协商定损是由保险人、被保险人以及第三方协商确定保险事故损失费用的过程。公估定损是由专业的公估机构负责对保险事故损失进行确定的过程，保险公司根据公估机构的检验报告进行赔款理算。这种引入由没有利益关系的第三方负责定损核损工作的模式，能更好地体现保险合同公平的特点，避免了合同双方的争议和纠纷。聘请专家定损是对于个别技术性、专业性要求极高的案件，聘请专家进行定损，以保证全面、客观、准确地确定保险事故损失费用，维护合同双方的合法权益。

　　目前，在车险实务中通常采用的是协商定损的定损核损方式。

4.2.1　汽车保险事故定损与核损流程

保险车辆出险后的定损与核损的内容有车辆定损、人员伤亡费用的确定、施救费用的确定、其他财产损失的确定和残值处理等。常见的汽车保险事故定损与核损流程如图 4-3 所示。

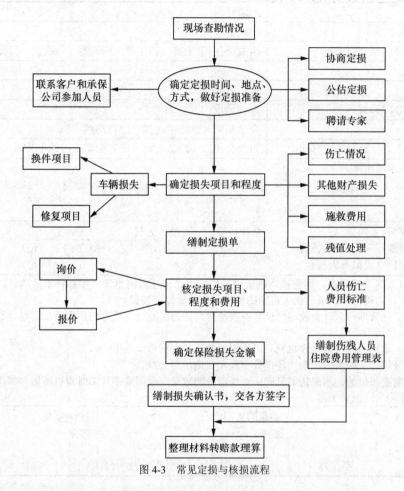

图 4-3　常见定损与核损流程

4.2.2　汽车保险事故定损

1. 车辆定损的基本步骤

车辆的损失是由其修复的费用所决定的，而修复费用由零配件价格、修理材料费用和维修工时费用构成。

① 结合出险现场查勘记录，详细核定事故造成的车辆损失部位、损失项目和损失程度。

② 本着实事求是、合情合理的原则与被保险人、可能涉及的第三方和维修人员协商确定维修方案，包括换件项目和修复项目，并逐项列明维修所需的工时定额、工时单价、需要更换的零部件等。

③ 对于必须更换的零部件进行询价、报价。

④ 对各维修项目的修复费用进行累加即为车辆损失，协商一致后与各方签订《机动车辆保险

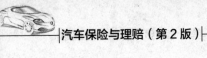

车辆损失情况确认书》。表 4-12 为某保险公司《机动车辆保险车辆损失情况确认书》，表 4-13 和
表 4-14 为其所附《修理项目清单》和《零部件更换项目清单（代询价单）》。

表 4-12　　　　　　　　　　　机动车辆保险车辆损失情况确认书

承保公司：

报案编号：		条款类别：	
被保险人：		出险时间：	
保险单号：		出险地点：	
保险金额：	号牌号码：	事故责任：□全部　□主要　□同等　□次要　□无责　□单方	
厂牌型号：			
制造年份：	发动机号：	定损时间：	
车架号码（VIN 号）：		定损地点：	
发动机型号：		变速箱形式：□手动挡　□自动挡	
送修时间：	修复竣工时间：	报价公司：　□总公司　□省公司　□地市公司	

损失部位及程度概述：

换件项目共计　　项	总计金额：（人民币大写）	（￥：　　元）
修理费总计金额：（人民币大写）		（￥：　　元）
残值作价金额：（人民币大写）		（￥：　　元）

保险合同当事人各方经协商，同意按本确认书及所附"修理项目清单""零部件更换项目清单"载明的
修理及更换项目为确定本次事故损失范围的依据，并达成如下协议。

1. 本确认书所列修理费总计金额均已包含各项税费，其为保险公司认定的损失最高赔付金额，超过此金
额部分，保险公司不予赔付。

2. 修理项目、修理工时费及修理材料费以所附"修理项目清单"为准。

3. 更换项目及换件工时费以所附"零部件更换项目清单"为准。

4. 更换项目需要报价的，本确认书只确认更换项目的数量，金额及换件工时费以所附"零部件更换项目
清单"中的保险公司报价为准。

保险公司 签章： 　　　　年　月　日	被保险人 签章： 　　　　年　月　日	被保险人 签章： 　　　　年　月　日

表 4-13　　　　　　　　　　　修理项目清单

承保公司：

报案编号：　　　　　　　　　　　共　页，第　页　　　　　　　　　条款类别：

保险单号：		厂牌型号：	
保险金额：		号牌号码：	

序号	修理项目名称	工时	工时费	材料费	备注
1					
2					
3					
4					
5					
6					
	小计				

表 4-14　　　　　　　　　　零部件更换项目清单（代询价单）

承保公司：

报案编号：　　　　　　　　　　　　　　　共　页，第　页　　　　　　　　条款类别：

保险单号：　　　　　　厂牌型号：　　　　　　　本栏为保险人内部询报价使用
号牌号码：　　　　　　保险金额：

序号	零部件		配件编号	数量	工时费	估计价格	报价	备注
	部位	名称						
1								
2								
3								
4								
5								
6								
	小计							

2. 车辆损失的确定

车辆损失由各维修项目所必须更换的零配件价格、修理材料费和维修工时费用累加而成，零配件价格的高低和维修工时费用的合理与否是确定车辆损失的关键。

（1）零配件价格的确定

在保险事故车辆修理费用的构成中，零配件价格所占的比例相当大。轿车维修中，配件价格所占修理费用的比例更是高达 70% 以上。加之由于零配件的生产厂家众多，市上不仅有原厂或正规厂家生产的产品，还有许多其他小厂生产的产品，这就导致了零配件市场鱼龙混杂、价格差异较大的现象。即使是同样的零配件，由于生产厂家的生产调整市场供求的变化、地域的差别等多种原因也可能造成零配件价格的不稳定。特别是进口车零部件没有统一的价格标准，零配件价格浮动很大。能否准确掌握零配件的价格信息是能否合理确定车辆损失的关键。为此，保险公司也认识到必须建立一个完整、准确、动态的报供结合的零配件报价体系。

在实际工作中，定损核损人员根据换件项目，使用报价系统确定零配件价格。对于报价系统中没有的车型或无法确定损失的，由报价员按规定进行询报价工作。

（2）维修工时费用的确定

目前，我国汽车维修行业执行的是管制价格。各省交通主管部门和物价管理部门根据当地市场和物价指数情况，联合制定并颁布"机动车辆维修行业工时定额和收费标准"，规定各类维修项目的维修工时定额和工时单价，并以此作为机动车辆维修行业的定价依据。因而有：

$$维修工时费用 = \sum 维修工时定额 \times 工时单价$$

其中，维修工时定额是指在一定作业条件下完成某项维修作业所消耗的劳动时间的标准，工时单价是指在生产过程中单位工时的收费标准。

3. 车辆定损时应注意的问题

① 注意区分本次事故和非本次事故造成的损失，以及事故损失和正常维修保养的界限。

② 经保险公司书面同意，对保险事故车辆损失原因进行鉴定的费用，保险公司负责赔偿。

③ 受损车辆未经保险公司和被保险人共同查勘定损而自行送修的，根据

微课程 13：教你汽车
定损小技巧

条款规定，保险人有权重新核定修理费用或拒绝赔偿。

4. 人员伤亡费用的确定

人员伤亡费用是指由于保险事故致使自然人的生命、健康、身体遭受侵害，造成致伤、致残、致死的后果以及其他损害，从而引发的各种费用支出。保险事故常会造成人员伤亡，可能导致第三者责任险及其相关附加险的赔偿。

保险公司以《最高人民法院关于审理人身损害赔偿案件若干问题的解释》中规定的赔偿范围、项目和标准以及保险合同中的约定作为核定赔偿的依据。

（1）人员伤亡费用的赔偿范围

按照《最高人民法院关于审理人身损害赔偿案件若干问题的解释》的规定，人员伤亡费用可以赔偿的范围包括如下几类。

① 医疗费。受伤人员在治疗期间发生的，由本次事故造成的损伤的治疗费用。

② 误工费。事故伤者、残者，或死者生前抢救治疗期间以及家属参加事故处理、办理丧葬事宜期间，由于误工减少的收入。

③ 护理费。伤者、残者，或死者生前抢救治疗期间，因伤势严重，生活无法自理，经医院证明，所需专门护理人员的人工费用。

④ 住院伙食补助费。伤者在住院期间的伙食补助费用。

⑤ 营养费。伤者在治疗期间必要的营养费用。

⑥ 残疾赔偿金。对在事故中造成残疾的人员的赔偿费用。

⑦ 残疾辅助器具费。因残疾需要配制补偿功能器具的费用。

⑧ 丧葬费。事故中死亡人员的有关丧葬费用。

⑨ 死亡补偿费。对于在事故中死亡人员的一次性补偿。

⑩ 被扶养人生活费。死者生前或残者丧失劳动能力前实际抚养的、没有其他生活来源的人的生活费用。

⑪ 交通费。指事故中的受害人及其家属在治疗、处理事故、办理丧葬事宜期间发生的合理的交通费用。

⑫ 住宿费。交通事故中的受害人及其家属在治疗、处理事故、办理丧葬事宜期间发生的合理的住宿费用。

（2）人员伤亡费用的赔偿标准

根据《最高人民法院关于审理人身损害赔偿案件若干问题的解释》和机动车辆商业保险示范条款的有关规定，上述赔偿项目的具体赔偿标准如下。

① 医疗费。根据结案前实际发生的治疗费用，凭医疗机构出具的医药费、住院费等收款凭证，结合病历和诊断证明等相关证据，按照公费医疗的标准确定。根据医疗证明或者鉴定结论确实需继续治疗的，可以予以赔偿。

② 误工费。根据误工者的误工时间和收入状况确定。误工时间根据有关部门出具的证明确定。受害人因伤致残持续误工的，误工时间可以计算至定残日前一天。误工者有固定收入的，误工费按照实际减少的收入计算。误工者无固定收入的，按照其最近三年的平均收入计算；误工者不能举证证明其最近三年的平均收入状况的，可以参照事故发生地相同或者相近行业上一年度职工的平均工资计算。但是，误工费计算的前提必须是由于误工导致了收入的减少，如果虽有误工但是

实际收入并没有减少，不计误工费。

③ 护理费。根据护理人员的收入状况和护理人数、护理期限确定。护理人员有收入的，参照误工费的规定计算；护理人员没有收入或者雇佣护工的，参照当地护工从事同等级别护理的劳务报酬标准计算。护理人员原则上为一人，但医疗机构或者鉴定机构有明确意见的，可以参照确定护理人员人数（一般最多为二人）。护理期限应计算至受害人恢复生活自理能力时止。受害人因残疾不能恢复生活自理能力的，可以根据其年龄、健康状况等因素确定合理的护理期限，但最长不超过十年。受害人定残后的护理，应当根据其护理依赖程度并结合配制残疾辅助器具的情况确定护理级别。

④ 住院伙食补助费。参照当地国家机关一般工作人员的出差伙食补助标准予以确定。

⑤ 营养费。根据受害人伤残情况参照医疗机构的意见确定。

⑥ 残疾赔偿金。根据受害人丧失劳动能力程度或者伤残等级，按照事故发生地上一年度城镇居民人均可支配收入或者农村居民人均纯收入标准，自定残之日起按 20 年计算。但 60 周岁以上的，年龄每增加一岁减少一年；75 周岁以上的，按 5 年计算。伤残等级共分 10 级，伤残等级与对应赔偿比例见表 4-15。

表 4-15　　　　　　　　　　　　伤残等级与对应赔偿比例

伤残等级	1	2	3	4	5	6	7	8	9	10
赔偿比例（%）	100	90	80	70	60	50	40	30	20	10

残疾赔偿金 = 事故发生地上一年度城镇居民人均可支配收入（农村居民人均纯收入）×
　　　　　　赔偿年限 × 伤残等级对应的赔偿比例

受害人因伤致残但实际收入没有减少，或者伤残等级较轻但造成职业妨害，严重影响其劳动就业的，可以对残疾赔偿金做相应调整。

⑦ 残疾辅助器具费。按照国产普通适用器具的合理费用标准计算。辅助器具的更换周期和赔偿期限参照配制机构的意见确定。

⑧ 丧葬费。按照事故发生地上一年度职工月平均工资标准，以 6 个月总额计算。

⑨ 死亡补偿费。按照事故发生地上一年度城镇居民人均可支配收入或者农村居民人均纯收入标准，按十年计算。但 60 周岁以上的，年龄每增加一岁减少一年；75 周岁以上的，按五年计算。

死亡补偿费 = 事故发生地上一年度城镇居民人均可支配收入（农村居民人均纯收入）×
　　　　　　赔偿年限

⑩ 被扶养人生活费。根据扶养人丧失劳动能力程度（一般要求 5 级以上），按照事故发生地上一年度城镇居民人均消费性支出和农村居民人均年生活消费支出标准计算。被扶养人为未成年人的，计算至 18 周岁；被扶养人无劳动能力又无其他生活来源的，计算 20 年。但 60 周岁以上的，年龄每增加一岁减少一年；75 周岁以上的，按 5 年计算。被扶养人还有其他扶养人的，赔偿义务人只赔偿受害人依法应当负担的部分。被扶养人有数人的，年赔偿总额累计不超过上一年度城镇居民人均消费性支出额或者农村居民人均年生活消费支出额。

被抚养人生活费 = 事故发生地上一年度城镇居民人均消费性支出（农村居民人均年生活
　　　　　　消费支出）× 抚养年限 × 抚养比例

⑪ 交通费。按事故发生地国家一般工作人员出差的交通费标准计算，以正式票据为凭。

⑫ 住宿费。按事故发生地国家一般工作人员出差的住宿费标准计算，以正式票据为凭。

（3）确定人员伤亡费用时应注意以下几个问题

① 全程介入伤者的治疗过程，全面了解伤者受伤和治疗的情况、各类检查和用药情况。对于一些疑难的案件，可以委托专业医疗人员协助。

② 伤者需要转医赴外地治疗时，须由所在医院出具证明并经事故处理部门同意。伤残鉴定费需经过保险人同意，方可赔偿。

③ 事故结案前，所有费用均由被保险人先行支付。待结案后，被保险人提供有关单、证，由保险人进行核损理算。

④ 定损核损人员应及时审核被保险人提供的有关单、证，对其中不属于赔偿范围的项目，如精神损失补偿费、困难补助费、招待费、请客送礼费等应予以剔除。同时，定损核损人员要对伤亡人员的有关情况进行调查，重点调查被扶养人的情况和收入水平、医疗费、伤残鉴定证明等证明文件的真实性、合法性、合理性，对不真实、不合理的费用应予以剔除。

5. 其他财产损失的确定

保险事故除了可能造成车辆本身的损失外，还可能导致其他财产的损毁，从而引发第三者责任险和车上货物损失险的赔偿责任。其他财产损失的确定，应会同被保险人和有关人员逐项清理，确定损失数量、损毁程度和损失金额。同时，要求被保险人提供损失财产、货物的原始发票，货物运单，起运地货物价格证明等能够证明损失财产或货物实际价值的证据。

6. 施救费用的确定

施救费用是指当保险标的遭遇保险责任范围内的灾害事故时，被保险人或其代理人、雇佣人员等采取措施抢救保险标的，防止损失扩大而支出的必要的、合理的费用。在机动车辆保险中施救费用主要是指对于倾覆车辆的起吊费用、抢救车上货物的费用、事故现场的看守费用、临时整理和清理费用以及必要的转运费用。

施救费用的确定必须坚持合理、有效的原则，严格按照条款规定的事项进行确定。

① 被保险人使用他人（非专业消防单位）的消防设备，施救保险车辆所消耗的费用及设备损失等可以赔偿。

② 保险车辆出险后，雇用吊车和其他车辆进行抢救的费用，以及将出险车辆拖运到修理厂的运输费用，按当地物价部门颁布的收费标准予以赔偿。

③ 在抢救过程中，因抢救而损坏他人的财产，如果应由被保险人承担赔偿责任的，可酌情予以赔偿。

④ 抢救车辆在拖运受损保险车辆途中发生意外事故造成的损失和费用支出，如果该抢救车辆是被保险人自己或他人义务派来抢救的，应予赔偿；如果该抢救车辆是有偿的，则不予赔偿。

⑤ 保险车辆出险后，被保险人赶赴肇事现场处理所支出的费用，不予赔偿。

⑥ 保险公司只对保险标的的施救费用负责，对非承保财产共同施救时，其施救按两类财产的获救价值比例分摊。

⑦ 保险车辆为进口车或特种车，发生保险责任范围内的事故后，当地确实不具能力的，经保险公司同意去外地修理的移送费等可以赔偿，但护送车辆者的工资费不予负责。

⑧ 车辆损失险的施救费用是一个单独的保险金额，但交强险和第三者责任险的施救费用不是一个单独的责任限额。第三者责任险的施救费用与第三者损失金额相加不得超过第三者责任险的责任限额。

7. 残值处理

残值处理是指保险公司根据保险合同履行了赔偿责任并取得对于受损物资的所有权后，对于这些损余物资的处理。

在通常情况下，对于残值的处理均采用协商作价折归被保险人并在保险赔款中扣减的做法。如果协商不成，也可以将已经履行赔偿责任并取得所有权的损余物资收回。这些收回的物资可以委托有关部门进行拍卖处理，处理所得款项冲减赔款。

4.2.3　汽车保险事故核损

核损是指在授权范围内独立负责理赔工作质量的人员，按照保险条款和保险公司有关规章制度对赔案进行审核的过程。核损的核心是体现权限管理和过程控制。

1. 核损操作流程

核损人员在本级核损权限内开展工作。属于上级公司核损范围的，核损人员提出核损意见后，报上级公司审核。图 4-4 所示为核损操作流程。

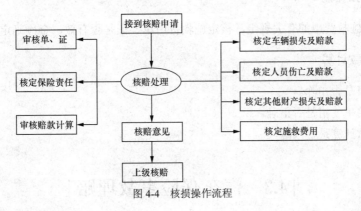

图 4-4　核损操作流程

2. 审核单、证

① 审核确认被保险人按规定提供的单、证、证明及材料是否齐全有效，有无涂改、伪造，是否严格按照单、证填写规范认真、准确、全面地填写。

② 审核经办人员是否规范填写与赔案有关的单、证。

③ 审核签章是否齐全。

3. 核定保险责任

① 核定被保险人与索赔人是否相符，驾驶员是否为保险合同约定的驾驶员。

② 核定出险车辆的厂牌型号、牌照号码、发动机号、车架号与保险单、证是否相符。

③ 核定出险原因是否属于保险责任范围。

④ 核定出险时间是否在保险期限内。

⑤ 核定事故责任划分是否准确合理。

⑥ 核定赔偿责任是否与承保险别相符。

4．核定车辆损失及赔款

① 核定车辆定损项目、损失程度是否准确、合理。

② 核定更换零部件是否按规定进行了询报价，定损项目与报价项目是否一致。

③ 核定换件部分拟赔款金额是否与报价金额相符。

④ 核定残值确定是否合理。

5．核定人员伤亡费用及赔款

① 核定伤亡人员数、伤残程度是否与调查情况和证明相符。

② 核定人员伤亡费用是否合理。

③ 核定被抚养人口、年龄是否真实，生活费计算是否合理、准确。

6．核定其他财产损失及赔款

根据照片和被保险人提供的有关货物、财产的原始发票等有关单、证，核定其他财产损失金额和赔款计算是否合理、准确。

7．核定施救费用

根据案情和施救费用的有关规定，核定施救费用单、证是否有效，金额确定是否合理。

8．审核损款计算

① 审核残值是否扣除。

② 审核免赔率使用是否正确。

③ 审核损款计算是否准确。

|4.3 汽车保险事故理赔|

4.3.1 汽车保险理赔流程

汽车保险理赔流程对于不同的保险公司有一些细微差别，对于不同的实际业务类型也不是千篇一律的。但从总体而言，都要经过接受报案、现场查勘、确定保险责任、定损核损、赔款理算、核损、结案处理、支付赔款等几个步骤，如图 4-5 所示。

重点、难点提示

保险事故的主要理赔程序包含报案与立案、施救与查勘定损、理算赔款、给付赔款。

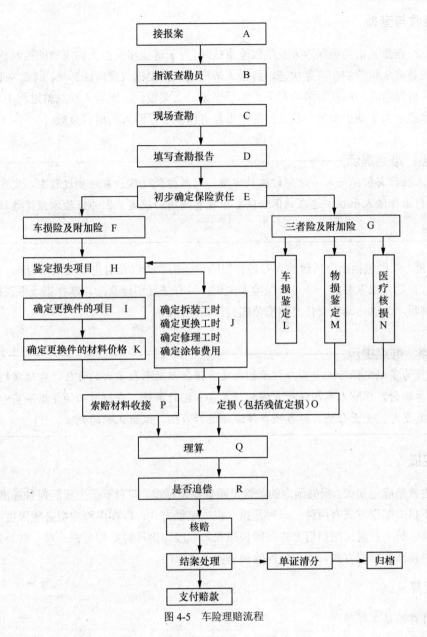

图 4-5　车险理赔流程

1. 报案与立案

① 报案的方式。报案是指被保险人在发生了保险事故之后通知保险人。它是被保险人履行合同义务的一个重要内容。

② 报案登记。报案登记是指保险人在获悉被保险人发生保险事故后进行的备案工作。它包括报案记录、查验保险情况、填写出险通知书。在受理报案的同时，应向被保险人提供保险车辆出险通知书和索赔须知，并指导被保险人根据实情详细填写。

③ 立案。对于不符合保险合同条件的案件，业务人员应在出险通知书、机动车辆报案、立案登记簿上签注不予立案的原因和"不予立案"，并向被保险人做出书面通知。对于符合保险合同条件的案件，应进行立案登记，正式确立案件。

2. 施救与查勘

① 施救。施救是指当被保险人发生保险事故时，为了防止损失扩大而采取的控制危险的措施。施救的目的是将危险控制在萌芽状态，将损失降至最低。根据《保险法》第四十二条的规定，施救的主体为被保险人。但在很多情况下，由于报案、立案较快，保险人在施救过程中已经介入，而施救的本意是为了减少损失，其直接的结果是可以减少保险人的赔付金额。

 重点、难点提示

保险人往往与被保险人一起制订施救方案，完成施救过程。在施救过程中，发生必要的、合理的费用由保险人承担，这在《保险法》中也有明确的规定。因为保险人应是施救结果的最大受益人。

② 查勘。查勘包括出险后保险人对各种保险单证的核查以及对出险现场的查勘。其中，对出险现场进行查勘是很重要的一环。对保险人来说，只有进行实地查勘，掌握第一手证据，才能做出正确的判断，为以后确定责任及赔偿范围提供判定依据。

 重点、难点提示

查勘是为了确定保险人是否应该承担保险责任，以及承担多大的责任，即通常所说的责任审核和核算给付。保险人承担保险责任必须具备一定的条件，查勘时必须根据事实和保险合同条款，认真思考，全面分析，对各项条件逐一进行审核，做出正确的判断。

3. 定损

定损也就是确定损失。损失确定的关键是确定赔偿标准，即对于损失按照何种标准进行赔偿。通常情况下损失赔偿方式有两种。一种是第一损失赔偿方式，即在保险定损金额限度内，按照实际损失赔偿；另一种是比例赔偿方式，即按照保障程度比例计算赔偿金额。对一些特定的情况也应采取一些特殊的赔偿方式，如定值保险和重置价值保险。

4. 理算

（1）理算的基本程序

理算的基本程序主要可以分为对赔案文件的形式审核、实质审核和赔款计算三个基本步骤。形式审核是对赔案文件在形式上的符合性进行审核，确定这些文件是否具有形式上的合法性、符合保险合同以及理赔的要求。实质审核是对赔案文件的内容进行审核，包括判断文件的真实性、合法性和合理性。然后，再进行赔款计算。

（2）理算的单证及要求

在进行理算工作之前，应先进行相关单证的收集工作。单证的收集主要是要求被保险人提供，因为在被保险人向保险人提出索赔申请的同时负有举证的义务，以支持其提出的要求。

（3）理算报告的编制

理算报告是赔款计算的依据之一，是对检验、定损及对理赔结案前工作的总结。

微课程 14：车险理赔
应准备哪些材料？

（4）赔款计算书

赔款计算书是支付赔款的正式凭证。各栏应根据保险单、现场查勘报告、理算报告及有关证明单证详细核对后填写。

（5）赔款支付和权益转让

在完成了赔款计算工作之后，就转入向被保险人支付赔款的程序。

重点、难点提示

赔款支付和权益转让主要包括赔款的支付方式、赔款收据和权益转让书等方面。

① 赔款支付方式。赔款支付方式是指保险人向被保险人给付赔款的方式和对象。支付的方式通常可以用银行转账、现金支票和现金的方式；支付的对象通常是被保险人或者投保人，有时经过被保险人的授权直接将赔款支付给修理厂，涉及第三者责任的案件，根据《保险法》的规定可以直接支付给受害的第三者。

② 赔款收据。赔款收据是被保险人或者赔款受益人接收赔款的证明。

③ 权益转让书。权益转让书是指在保险公司向被保险人支付了赔款之后，被保险人将其在保险事故中可能拥有的权益转让给保险人，以便保险公司代位追偿。

5. 赔付与善后处理

保险人经核算确定给付金额后，应办理结案手续，并向投保人、被保险人或者受益人发出领取赔款的通知；按合同约定或法律规定的时间，迅速予以给付，如果赔付延迟，将承担违约责任。

重点、难点提示

保险赔付后，一般会出现下列三种情况。

① 保险合同终止，保险人与被保险人之间不再存在保险合同关系。

② 继续履行保险合同，这种情况在财产保险中较为普遍。当保险财产遭受全部或部分损失经保险人赔偿以后，保险合同继续有效，但其保险金额应相应减少。如需恢复保险金额，应补缴相应的保险费。

③ 因第三者对保险标的的损害而造成保险事故的，保险人自向被保险人赔偿保险金之日起，在赔偿金额范围内代位行使被保险人对第三者请求赔偿的权利。在此种情况下，投保人、被保险人或者受益人应该在领取保险赔偿时，在权益转让书上签字，以表明自己已将向第三人追偿损失的权利转让给保险人，并有义务协助保险人向第三者追偿。

6. 续保与无赔款优待

保险公司应有专人负责办理续保与无赔款优待。

① 续保。保险人应在机动车辆保险合同临近期满前，一般为一个月前将到期通知单寄送被保险人，通知被保险人前来办理续保手续。发现问题的客户，如决定续保，则要解决以下问题。

- 查清保险车辆的出事原因。
- 保险车辆会不会再次发生同类事故。

- 增加特约条款，使被保险人采取预防措施。

② 无赔款优待。被保险人办理续保手续时，经办人员应查阅原保险单副本及赔款记录、出险记录、逐辆核实赔款及出险情况。经核实无误，对被保险人在原保险期限内或自原保险起期至续保之时无赔款且已受理而未决赔案的车辆，则按车辆以原保险所载应交保费的一定比例，计算无赔款优待金额，出具批单及退费收据各一式3份，经复核与主管领导批准后，按支付流程办理付款、登录和归档。

4.3.2 汽车保险事故赔款理算

赔款理算是保险公司按照法律和保险合同的有关规定，根据保险事故的实际情况，核定和计算应向被保险人赔付金额的过程。

1. 损失确定的基本原则

损失确定的关键是确定赔偿标准，即对于损失按照何种标准进行赔偿。对于机动车保险事故导致的部分损失、全部损失和推定全部损失，其赔偿标准有所不同。

（1）部分损失

赔偿标准是按照重置价值进行赔偿。从修理工艺的角度看，不可能把车辆恢复到出险前的状况。如果采用比例赔付的方式，则存在实际操作上的困难，同时也不利于切实维护被保险人的利益。所以，对于部分损失按照重置价值进行赔偿是合理的。

（2）全部损失

赔偿标准采用补偿的方式，即按照出险时车辆的实际价值进行赔偿。因为如果按照重置价值进行赔偿，极易诱发道德风险。

（3）推定全部损失

推定全部损失是指受损车辆损坏严重，难以修复且修复费用已经超过甚至远远超过车辆出险时的实际价值。为确定合理的赔偿方案及控制赔偿金额，保险公司往往会与被保险人协商，推定保险车辆全部损失，按照出险时的保险车辆的实际价值进行赔偿。

赔款理算工作一般可以分为单证审核、赔款理算、缮制赔款计算书三个步骤。

 重点、难点提示

在赔款理算的过程中，一般是先划分事故责任，再根据双方责任大小确定赔偿金额。但是，2011年5月1日起开始实施的《道路交通安全法》第七十六条规定："机动车发生交通事故造成人身伤亡、财产损失的，由保险公司在机动车第三者责任强制保险责任限额范围内予以赔偿……"根据这一规定，机动车发生交通事故造成人身伤亡、财产损失的，不论被保险人是否承担事故责任，首先由交强险在责任限额范围内进行赔偿。这与过去"以责论处"的赔偿原则有较大区别。随着与交强险配套的《机动车交通事故责任强制保险条例》（2012年修订）于2013年3月1日起的施行，保险车辆发生交通事故的损害赔偿原则已经确定，这给车险业务赔款理算机制带来重大变革。现在机动车发生交通事故造成人身伤亡、财产损失的，首先由交强险在责任限额范围内进行赔偿。超过责任限额的部分，被保险人如果购买了商业保险，在商业保险金额或责任限额范围内按照"以责论处"的原则，确定赔偿金额。

2. 单证审核

在进行理算工作之前，应先进行相关单证的收集。单证的收集主要是要求被保险人在向保险人提出索赔申请的同时提供支持其索赔请求的有关单证。保险公司理赔员根据被保险人提供的有关单证进行理算。

单证审核主要包括形式审核和实质审核。

① 形式审核。形式审核是指理赔员对被保险人提供的有关单证形式上的符合性进行审核，确定这些证明文件是否符合保险合同及理赔实务的要求。

② 实质审核。实质审核是指理赔员对被保险人提供的有关单证的真实性、合法性和合理性进行审核。

真实性审核是对单证真伪的判定。在机动车保险案件中存在大量作为理算依据的各种证明文件，这些证明文件的真伪将直接影响赔偿金的给付。目前，在机动车保险案件的处理过程中发现的单证真实性的问题主要是伪造和涂改单证，使这些证明文件有利于其自身利益。

合法性审核是对单证出具部门的行政行为是否基于客观事实、是否依法行政进行确认。在机动车保险赔款理算过程中发现的单证合法性的问题主要是有关职能部门及其工作人员出于其他原因没有严格执行政策，出具了与实际情况不符的单证。例如有的基层单位在出具事故死亡人员抚养对象的证明文件中弄虚作假等。

合理性审核是对伤员抢救、受损财产修复、事故处理等过程中的费用支出是否合理和必要进行认定。

保险人对被保险人提交的索赔单证认真审核后，对其中不符合规定的项目和金额予以剔除；认为有关证明和资料不完整的，及时通知被保险人补充提供有关单证。审核无误的，应根据保险事故的实际情况结合保险条款的有关规定，按照险种分别计算应向被保险人实际支付的赔款数额。

各类保险案件所要求提供的单证主要包括以下几类。

① 索赔申请书，保险单正本，事故处理部门出具的事故证明，法院、仲裁机构出具的裁定书、裁决书、调解书、判决书、仲裁书，被保险人自行协商处理交通事故的协议书，机动车行驶证复印件，肇事驾驶人驾驶证和被保险人身份证明等。

② 涉及车辆损失的还需提供车辆损失情况确认书及修理项目清单和零部件更换项目清单、车辆修理的正式发票、修理材料清单和结算清单等。

③ 涉及其他财产损失的还需提供财产损失确认书，设备总体造价及其损失程度证明，设备恢复的工程预算，财产损失清单，购置、修复受损财产的有关费用单据等。

④ 涉及人员伤亡还需提供医院诊断证明，出院通知书，需要护理人员证明，医疗费报销凭证、处方、治疗用药明细单据，伤、残、亡人员的误工证明及收入情况证明，法医伤残鉴定书，死亡证明，被抚养人的证明材料，派出所出具的受害者家庭情况证明，户籍证明，丧失劳动能力证明，交通费、住宿费报销凭证，参加事故处理人员工资证明以及向第三者支付赔偿费用的付款凭证等。

⑤ 涉及车辆盗抢案件的还需提供机动车行驶证（原件）、公安刑侦部门出具的盗抢案件立案证明、车辆购置费（税）凭证、机动车登记证书、车辆停驶手续证明、机动车来历凭证、全套车钥匙、车辆权益转让书、保险单证正本及保险卡等。被保险人按照要求提供理赔所需的单证之后，保险人应与被保险人办理单证的交接手续，并对被保险人提供的有关单证进行审核。

3. 赔款理算

计算赔款是理赔工作的关键。赔款理算是理算人员根据被保险人提供的经审核无误的有关费用单证，按车辆损失险、第三者责任险、施救费、车辆附加险等分别计算赔款数额。

 重点、难点提示

　　保险车辆肇事后经现场查勘、调查、定损以至事故车辆修复后，由被保险人提供单证、事故责任认定书、损害赔偿调解书、车辆估损单、修理清单和修车发票以及各种其他赔偿费用单据，经保险责任审定、损失费用核定后，应按车辆损失险、第三者责任险、施救费、车辆附加险等分别计算赔款数额。

（1）车辆损失险的赔偿计算

在汽车保险合同有效期内，保险车辆发生保险责任范围内的事故而遭受的损失或费用支出，保险人按以下规定赔偿。交通事故的经济赔偿部分，以《道路交通事故处理办法》及出险当地的道路交通事故处理规定为原则计算赔款。计算赔款的方法如下。

① 车辆全部损失的赔款计算。汽车全部损失是指保险标的因碰撞、倾覆或火灾事故造成车辆无法修复，即整车损毁；或保险标的受损严重，车辆修复费用极高，基本上接近于保险车辆的保险金额，已失去修复价值；或按国家有关汽车报废条件，达到报废程度，由保险公司的查勘定损人员推定全损。车辆全损赔付款计算公式如下。

a．保险金额>出险时实际价值，按出险时实际价值计算。

$$赔款 = （实际价值 - 残值）\times 事故责任比例 \times （1 - 免赔率）$$

b．保险金额≤出险当时的实际价值，按保险金额计算。

$$赔款 = （保险金额 - 残值）\times 事故责任比例 \times （1 - 免赔率）$$

注：此处残值应为：

$$残值 = 总残值 \times \frac{保险金额}{实际价值}$$

免赔率是指汽车保险每次赔款计算中，应按规定扣除的按责免赔比例。免赔率的高低与被保险人承担的事故责任成正比。

 重点、难点提示

　　注意区分车辆的实际价值和车辆的保险金额。车辆残值应根据车辆损坏程度、残余部分的有用价值与被保险人协商作价折归被保险人，并在赔款计算中扣除。

② 车辆部分损失的赔款结算。车辆部分损失是指保险车辆出险受损后，尚未达到"整体损毁"或"推定全损"的程度，仅发生局部损失，通过修复，车辆还可继续使用。

汽车部分损失的赔款计算，也应区分两种不同情况分别计算。

a．保险金额按投保时新车购置价确定的，当保险金额等于或高于出险时新车购置价，部分损失按照实际修复费用赔偿。但每次以不超过保额或出险当时的实际价值为限，如果有残值应在赔款中扣除。

$$赔款 = （实际修复费用 - 残值）\times 事故责任比例 \times （1 - 免赔率）$$

b. 保险金额低于投保时的新车购置价，发生部分损失按照保险金额与投保时的新车购置价比例计算赔偿。但每次以不超过保额为限，如有残值应在赔款中扣除。

$$赔款 = （实际修复费用 - 残值）×（保险金额/新车购置价）×$$
$$事故责任比例 ×（1 - 免赔率）$$

重点、难点提示

车辆出险时实际价值的确定

　　汽车发生事故推定全损后，如何确定发生事故前车辆原有的实际价值，目前我国还没有一个比较准确的核定方法。因为车辆的使用条件、环境以及车辆的维护保养、修理情况千差万别。同样一种车型，同时投入运行，但其使用强度以及车辆状况的差异，也就是车辆的实际价值可能相差悬殊。

　　现在确定车辆实际价值通常的做法是按照国家关于汽车使用更新报废条件中的使用年限，比照现行车辆重置价值采取按使用年限折旧的方法予以确定。也可以按各地汽车交易市场同一车型、同一使用年限的车辆交易平均价格参照确定。

　　折旧按每满一年扣除一年计算，不足一年的部分，不计折旧。

　　折旧率按国家有关规定执行，但最高折旧金额不超过新车购置价的80%。

重点、难点提示

　　修复费用的确定以保险公司查勘定损人员出具的事故车辆估价单估损金额为准。残值是指部分损失车辆更换下来的零部件的残余价值，通常情况下按所更换配件价值的 2% 计算，但所更换的配件无残余价值（如风挡玻璃、灯具、橡胶塑料件等）则考虑不予扣除残值。

　　保险车辆损失赔偿及施救费用以不超过保险金额为限。如果保险车辆按全损计算赔偿或部分损失的一次赔款金额与免赔金额之和等于保险金额时，车辆损失险的保险责任即行终止。但保险车辆在保险期限内，不论发生一次或多次保险责任范围内的损失或费用支出，只要每次的赔款加免赔金额之和未达到保险金额，其保险责任仍然有效，保险人应按原保险金额继续负责。

（2）施救费的计算

　　施救费的赔偿是保险赔偿责任的一个组成部分，是在施救费用核定的基础上进行计算的。通常保险人只承担为施救、保护保险车辆及其财物而支付的正常、必要、合理的费用，保险人在保险金额范围内按施救费赔偿；但对于保险车辆装载的货物、拖带的未保险车辆或其他拖带物的施救费用，不予负责。施救的财产中，含有本保险合同未保险的财产，如果两者费用无法划分，应按本保险合同保险财产的实际价值占总施救财产的实际价值的比例分摊施救费用。计算公式如下。

　　保险车辆施救费 = 总施救费 × 保险金额/（保险金额 + 其他被施救财产价值）

　　例 4.1　某保险车辆的保险金额 40 000 元，车上载运货物价值 30 000 元，发生属保险责任范围内的单方事故，保护与施救费用共支出 1 000 元。试计算应赔付的施救费用。

　　解：保险车辆施救费赔款 = 1 000 × [40 000/（40 000 + 30 000）] = 571.43（元）

（3）第三者责任险的赔偿计算

保险车辆发生第三者责任事故时，应按《道路交通事故处理办法》及有关法规条例规定的赔偿范围、项目和标准以及保险合同的规定进行处理。在保险单载明的赔偿限额内核定、计算赔偿金额，对被保险人自行承诺或支付的赔偿金额，保险人有权重新核定或拒绝赔偿。计算赔款数额时，按以下两种情况采用不同的公式来计算。

① 按事故责任比例，当被保险人应负赔偿金额超过保险赔偿限额时：

$$保险赔款 = 赔偿限额 \times （1 - 免赔率）$$

② 按事故责任比例，当被保险人应负赔偿金额等于或低于赔偿限额时：

$$赔款 = 应负赔偿金额 \times （1 - 免赔率）$$

对被保险人自行承诺或支付的赔偿金额，如不符合《道路交通事故处理办法》规定的赔偿范围、项目和标准及保险合同规定，且事先未征得保险人同意，保险人在计算赔款时应扣除。

第三者责任险的保险责任为连续责任。保险车辆发生第三者责任事故，保险人赔偿后，每次事故无论赔款是否达到保险赔偿限额，在保险期限内，第三者责任险的保险责任仍然有效，直至保险期满。

第三者责任事故赔偿后，对受害第三者的任何赔偿费用的增加，保险人不再负责。

（4）车辆附加险赔款计算

① 全车盗抢险。

全部损失：
$$赔款 = 保险金额 \times （1 - 免赔率）$$

部分损失：
$$赔款 = 实际修复费用 - 残值$$

注：赔款金额不得超过保险金额

② 车上责任险。

a. 车上人员伤亡费用或货物损失费用与所负责任比例之积没有超过赔偿限额

$$赔款 = 实际损失 \times 所负责任比例 \times （1 - 免赔率）$$

b. 车上人员伤亡费用或货物损失费用与所负责任比例之积超过赔偿限额

$$赔款 = 赔偿限额 \times （1 - 免赔率）$$

③ 无过失责任险。

a. 损失金额未超过赔偿限额

$$赔款 = 实际损失 \times （1 - 20\%）$$

b. 损失金额超过赔偿限额

$$赔款 = 赔偿限额 \times （1 - 20\%）$$

④ 车载货物掉落责任险。

a. 损失金额未超过赔偿限额

$$赔款 = 实际损失 \times （1 - 20\%）$$

b. 损失金额超过赔偿限额

$$赔款 = 赔偿限额 \times （1 - 20\%）$$

⑤ 玻璃单独破碎险。

$$赔款 = 实际损失$$

⑥ 车辆停驶责任险。

a. 未超过最高赔偿天数

$$赔款 = 约定日赔偿金额 \times 约定修理天数$$

b．超过最高赔偿天数

$$赔款 = 约定日赔偿金额 \times 约定最高赔偿天数$$

⑦ 自燃损失险。

a．全部损失：$\qquad$ 赔款 = （保险金额 − 残值）× （1 − 20%）

b．部分损失：$\qquad$ 赔款 = （实际损失 − 残值）× （1 − 20%）

⑧ 新增加设备损失险。

a．损失金额与所负责任比例之积未超过保险金额

$$赔款 = 损失金额 \times 所负责任比例 \times （1 − 免赔率）$$

b．损失金额与所负责任比例之积超过保险金额

$$赔款 = 保险金额 \times （1 − 免赔率）$$

⑨ 不计免赔特约险。

$$赔款 = 车损险免赔金额 + 第三者责任险免赔金额$$

 重点、难点提示

　车上责任险的保险责任：被保险人在投保车损险及第三者责任险后，若附加投保车上（人员、货物）责任险，则保险人负以下赔偿责任。

　① 保险车辆因发生车辆损失险规定范围内的灾害事故，致使车上人员伤亡或货物损毁，依法应由被保险人承担的经济赔偿责任。

　② 被保险人对上述人员伤亡或货物损毁进行抢救、施救所发生的合理费用。

　③ 已投保汽车盗抢险的被保险人，在本车被劫时车上人员伤亡。

4. 缮制赔款计算书

　　赔款计算书是支付赔款的正式凭证，见表 4-16。业务人员要对赔款计算书中各栏内容详细填写，确保项目齐全、数字正确。损失计算要分险种，分项目计算并列明计算公式，同时注意免赔率也要分险种计算。赔款计算书缮制完毕后，经办人员要签章并注明缮制日期。业务负责人审核无误后，在赔款计算书上签注意见和日期，送核赔人审核。

表 4-16　　　　　　　　　　　　机动车保险赔款计算书

保险单号：　　　　　　　　　　　　　　　　　　　　　　　　　立案编号：
报案编号：　　　　　　　　　　　　　　　　　　　　　　　　　赔款计算书号：

被保险人			条款类别	
厂牌型号		车辆购置价	事故类别	
号牌号码		车损险保险金额	责任比例	
出险日期	年　月　日	第三者险责任限额	免赔比例	
出险地点		保险期限	自　年　月　日零时起至　年　月　日24时止	
分险别赔款计算公式				
交强险 医疗费用赔偿 死亡伤残赔偿 财产损失赔偿				

续表

支付抢救费用（人民币大写）：			元（¥： 元）
垫付抢救费用（人民币大写）：			元（¥： 元）
交强险赔款合计（人民币大写）：			元（¥： 元）

车损险

第三者险

附加险

鉴定费： 元	代查勘费： 元	诉讼、仲裁费： 元
其他费用： 元	预付赔款： 元	损余物资/残值金额： 元
商业保险赔款合计（人民币大写）：		元（¥： 元）
赔款总计（人民币大写）：		元（¥： 元）

经理签字：	主管签字：	核赔师签字：	经办人签字：
年 月 日	年 月 日	年 月 日	年 月 日

上级审批意见：

年 月 日

4.3.3　汽车保险事故核赔

汽车保险事故赔偿计算后，核赔员在授权范围内负责理赔质量，根据保险条款及保险公司内部相关制度对赔案进行审核。

 重点、难点提示

核赔是对整个赔案处理过程进行控制。核赔对理赔质量的控制主要体现在核赔员对赔案的处理过程。一是及时了解保险标的出险原因、损失情况，对重大案件，应参与现场查勘；二是审核、确定保险责任；三是核定损失；四是审核赔款计算。

1. 审核单证

审核被保险人按规定提供的单证、经办人员填写赔案的有关单证是否齐全、准确、规范和全面。

2. 核定保险责任

包括被保险人与索赔人是否相符；驾驶员是否为保险合同约定的驾驶员；出险车辆的厂牌型号、牌照号码、发动机号、车架号与保险单证是否相符；出险原因是否属保险责任；出险时间是否在保险期限内；事故责任划分是否准确合理；赔偿责任是否与承保险别相符等。

3. 核定车辆损失及赔款

包括车辆定损项目、损失程度是否准确、合理；更换零部件是否按规定进行了询问报价，定损项目与报价项目是否一致；换件部分拟赔款金额是否与报价金额相符；残值确定是否合理等。

4. 核定人员伤亡及赔款

根据查勘记录、调查证明和被保险人提供的事故责任认定书、事故调解书和伤残证明，依照国家有关道路交通事故处理的法律、法规规定和其他有关规定进行审核；核定伤亡人员数、伤残程度是否与调查情况和证明相符；核定人员伤亡费用是否合理；被抚养人姓名、年龄是否真实，生活费计算是否合理、准确等。

5. 核定其他财产损失赔款

根据照片和被保险人提供的有关货物、财产的原始发票等有关单证，核定财产损失、损余物资处理等有关项目和赔款。

6. 核定施救费用

根据案情和施救费用的有关规定，核定施救费用有效单证和金额。

7. 审核赔付计算

审核残值是否扣除，免赔率使用是否正确，赔款计算是否准确等。如果上级公司对下一级进行核赔，应侧重审核普通赔案的责任认定和赔款计算的准确性；有争议赔案的旁证材料是否齐全有效；诉讼赔案的证明材料是否有效；保险公司的理由是否成立、充分；拒赔案件是否有充分证据和理由等。

重点、难点提示

结案时，《机动车辆保险赔款计算书》上赔款的金额必须是最终审批金额。在完善各种核赔和审批手续后，方可签发《机动车辆保险领取赔款通知书》通知被保险人。

4.3.4　汽车保险事故结案处理

1. 通知被保险人领取赔款

在赔案经过分级审批通过之后，工作人员打印《机动车保险领取赔款通知书》，同时产生赔案编号，并填写在赔款计算书上，反映在赔案案卷中，同时通知被保险人，并通知财务部门支付赔款。

2. 支付赔款

① 在保险单正、副本上加盖"×年×月×日出险，赔款已付"的签章。
② 被保险人领取赔款后，按赔案编号填写机动车保险已决赔案登记簿。
③ 在机动车保险报案、立案登记簿中注明赔案编号、赔案日期，作为续保时进行费率浮动的依据。

重点、难点提示

被保险人领取赔款后，业务人员按赔案编号输录《机动车辆保险已决赔案登记簿》，同时在《机动车辆保险报案、立案登记簿》备注栏中注明赔案编号、赔案日期，作为续保时是否给付无赔款优待的依据。

3．未决赔案

未决赔案指截止到规定的统计时间，已经完成定损、立案，尚未结案的赔款案件，或被保险人尚未领取赔款的案件。

重点、难点提示

未决赔案处理原则是：定期进行案件跟踪，对可以结案的案件，须督促被保险人尽快备齐索赔材料，赔偿结案；对尚不能结案的案件，应认真核对、调整估损金额；对超过时限，被保险人不提供手续或找不到被保险人的未决赔案，按照注销案件处理。

4．清分单、证

有关理赔单、证按下列要求进行清分。

① 清分给被保险人的单、证为赔款收据。

② 清分给财务部门的单、证有赔款收据、赔款计算书（或赔案审批表）。

③ 存入赔案案卷的单、证有赔款收据，赔款计算书（或赔案审批表），其他全案单、证。

4.3.5 汽车保险理赔案卷管理

1．编制损失计算书

理赔人员完成保险责任的确定、损失费用的审核后，应按理赔计算原则及方法，编制《机动车辆损失计算书》。编制计算书时应注意以下几个问题。

① 有关证明和单证材料要齐全，如报案登记表、出险通知书、查勘理赔工作报告、原始单据、第三者人身伤亡的医疗费单据、赔偿第三者的收款收据、施救费用清单和单据、查勘费用单据、汽车修理项目清单和费用单据、公安交通管理部门出具的责任裁定材料、现场照片以及修车协议书（车辆估损单）等有关材料。如果保户原始单证入账无法提供，可用加盖财务公章的抄件或复印件，并注明原始凭证入账日期和会计凭证编号。

② 《机动车辆损失计算书》是支付赔款的正式凭证。各栏要根据保险单、查勘理赔工作报告及有关证明单证详细核对填写，项目要齐全，计算要准确，数字、字迹要清晰，不可有任何涂改。损失计算要列明计算公式，经办人员盖章。

2．赔案综合报告书

赔案综合报告书是对一个赔案整个处理过程简明扼要的文字表述，要求文字表达准确、简练，内容要全面。任何人（包括赔案复核人、审核人）看了赔案综合报告后，能够对保险标的的承保情况、事故发生情况、保险责任确定以及损失费用核定情况有所了解，并能清楚整个赔案处理是否准确合理。

赔案综合报告书包含的要素有以下几点。

① 保险标的承保情况：包括被保险单位或被保险人、车辆损失险投保金额、车辆重置价、第三者责任险限额、附加险投保情况、保险有效期限等。

② 事故情况：包括事故发生时间、地点，事故类型（碰撞、倾覆或其他自然灾害）；交通事

故处理机关经查勘事故现场后，分析认定事故责任情况以及损害赔偿调解；经济损失分担情况（包括承担比例及损失赔偿费用）。

③ 保险责任确定情况：保险公司查勘定损人员现场查勘调查情况以及依据保险条款对是否属于保险责任的确定。

④ 损失费用核定情况：损失费用核定应分项表述。如车辆损失费用核定情况、施救费用核定情况、第三者损失费用核定情况（人、车、物）、附加险损失费用核定情况。在分项表述时应重点表述核减、剔除费用的原因及依据。

⑤ 赔款分项计算情况及总赔款数。

重点、难点提示

赔案综合报告一般情况下要求全用文字表述。考虑到理赔内勤的工作量以及综合报告的简单明了，对一些基本通用情况，如保险标的的承保情况及事故处理情况中的事故发生时间、地点、事故类型等，可采用表格形式，其他要素则采用文字表述形式。

3. 赔案材料的整理与装订

机动车辆保险理赔案卷内的理赔材料，一般排列顺序如下。

① 赔案审批单。

② 赔案综合报告书及赔款计算书。

③ 出险通知书。

④ 机动车辆保险单抄件。

⑤ 保险车辆出险查勘记录（现场查勘报告）。

⑥ 事故责任认定书、事故调解书或判决书及其他出险证明文件。

⑦ 保险车辆损失估价单（含附加车上责任险损失估价单）。

⑧ 第三者责任损失估价单（车、物）。

⑨ 事故损失照片（含事故现场照片、车辆损失照片、物资损坏照片）。

⑩ 损失技术鉴定书或伤残鉴定书（含病历、诊断证明）。

⑪ 有关原始单据。要求分类排列：车辆修复原始发票及修理厂修理清单；车辆施救票据；物资损坏修复费用票据；人员受伤医疗票据；其他赔偿费用票据；剔除不合理的费用单据，并另行粘贴，以便退还给被保险人。

⑫ 赔款收据。

⑬ 权益转让书。

⑭ 其他有关证明、材料。

重点、难点提示

案卷装订时，原始单据、照片一律要求贴在粘贴单上，要排列整齐有序。各种材料每页应在其右上角空白处依序编号。案卷目录应能反映出案卷内各种材料的数量（特别是原始票据数量），做到编排有序，目录清楚。案卷装订应按各保险公司有关档案装订的规定进行，案卷装订要整齐牢固、美观大方。

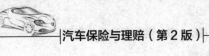

4. 理赔案卷的管理

理赔案卷应做到一案一档，防止一档多案。理赔案卷在入档之前，理赔内勤人员要认真进行《理赔档案案卷保管登记簿》登记。

登记的主要内容有归档日期、案卷序号、赔案编号、被保险人姓名等。登记簿要指定内勤人员专人管理，便于查找调阅案卷。

案卷管理是一项长期、细致的工作，应指定专人负责管理。通常当案卷整理、装订完毕并分类编号登记后，应按类号装盒归档，有序陈放，并按业务档案的管理规定进行妥善保管。

4.3.6　我国车险行业的服务规范

针对消费者反映较集中的车险、意外险、健康险等服务问题，中国保险行业协会牵头制订了《全国机动车辆保险服务承诺》和《全国个人意外伤害保险、健康保险服务承诺》，并正式向社会公布。中国人保、中国人寿、平安、太平洋等目前国内市场上经营这三类保险业务的保险公司的负责人共同签署了承诺协议。中国保险行业协会牵头制定的服务承诺是全行业的基础服务承诺和基本服务标准，开展汽车保险业务的保险公司必须遵守。

服务承诺对消费者关心的问题，尤其是承保和理赔的时限做出了明确的规定，强调了保险公司的告知义务，并要求各公司都要向社会公布报案、咨询电话，切实为消费者提供周到服务。在《机动车辆服务承诺》中，明确了保险公司应当设立和公布报案、咨询电话，实施全年无间断接受报案、咨询服务；对向客户推荐的汽车修理厂的修理质量等履行监督职责；对事故责任和保险责任明确、单证齐全、真实且不涉及人员受伤的 2 000 元以下小额赔款建立快捷的理赔服务机制；对有人员伤亡或重大财产损失的案件，如事故责任和保险责任明确，但暂不能确定赔付金额的，保险公司可根据保险人已经支付的费用先行赔付 30%～50%。在《个人意外伤害保险、健康保险服务承诺》中，明确保险公司对于索赔材料齐全、属于保险责任且不需要调查的案件，在十个工作日内必须做出理赔决定；对十个工作日内不能确定结果的索赔案件，应将理赔进展通知客户。

这一服务承诺仅仅是规定了车险、健康险、意外险服务及理赔方面的基本程序和时限，应该说是一个最基本的标准。《全国机动车辆保险服务承诺》的颁布，对我国汽车保险行业优质服务起到了积极的推动作用，各保险公司为投保的客户都精心准备了不同的贴心服务。具体规范服务项目包括以下 18 个方面。

1. 采用全国统一的专线电话受理报案和咨询

各保险公司采用专线电话为广大客户及社会各界提供全方位的保险服务，确保每天 24 小时无间断受理机动车辆出险报案，提供业务咨询、承保预约、紧急救援等服务。

2. 实施快速查勘

制定快速查勘制度，实行限时查勘、限时理赔、及时委托。机动车辆本地出险，本市范围内 1 小时赶到现场。出险地距离市本级或县市市区 5 千米内，查勘人员 30 分钟赶到现场，5 千米外每增加 1 千米增加 2 分钟。例如车辆在磐安出险，距市区 5 千米内，可由磐安支公司理赔人员在 30 分钟内赶到现场查勘。外地出险一个工作日内办好委托手续或派出人员。

3. 实施"代查勘、代定损"制度

发挥机构网络优势，实施"代查勘、代定损"。凡是承保的机动车辆，无论在何地出险，都可拨打当地服务专线电话。出险地公司无条件接受代查勘、代定损工作。如投保车辆在外地出险，可凭保险卡直接向当地同系统的保险公司报案，由当地同系统的保险公司代为办理现场查勘、损失核定等保险索赔程序。

4. 提供7天24小时保险车辆紧急救援服务

保险车辆在省内出险，可提供紧急施救。外地出险，也可通过服务专线获得救援服务。

5. 提供免费的医疗咨询服务

各公司有专职的医疗专家，若被保险人的车辆发生保险事故涉及人身伤害，保险公司将免费提供医疗咨询，并可协助招标单位前往医院了解伤者治疗情况，以免支付不必要的费用。

6. 尊重客户对车辆维修单位的选择权

不强求客户对出险车辆修理厂的选择。如有出险可在当地政府指定的修理厂范围内选择；或被保险人自行选择修理厂；或接受被保险人委托，选择由保险人提供的资质较高的修理厂。

7. 提供理赔无忧——车险快捷服务

对于出险原因清楚、责任明确，不涉及第三方保险赔偿，本车定损金额在 5 000 元以下的保险事故，可提供 7 日内将车辆修理完毕（修理质量按国家规定保修），通知车主提车或 3 日内通知车主来领取赔款，无需被保险人垫付任何修理费用的全程服务，解决被保险人的后顾之忧。

8. 提供预付赔款

保险车辆出险后，如保户有需求，可依据交警部门《事故责任书》在预计赔款 60% 以内垫付；若已保不计免赔特约险的车辆出险，则可在预计赔款 80% 以内垫付；若属重特大事故可按规定预付赔款。

9. 提供赔案的"无绝对免赔额"服务

对于招标单位的车辆赔案，有的保险公司对每次事故不设绝对赔额，减少了投保人的损失；同时对车上人员的理赔有的公司不设责任免赔。

10. 规定时限内支付赔款

每次事故 20 万元的理赔权限使绝大多数的案件能在保险公司权限范围内得到解决,而无需经过上级公司的再次审核，使赔款能在最短时间内得以支付。保险人对索赔单证齐全、双方达成理赔一致意见的赔案，在以下规定的时限内支付赔款：损失在 5 万元以内, 1 个工作日内赔付；损失在 5 万~10 万元以内, 2 个工作日内赔付；损失在 10 万~20 万元以内, 3 个工作日内赔付；损失在 20 万元或以上, 7 个工作日内赔付。

11. 坚持上门服务

根据被保险单位的通知，及时上门宣传，上门送保单，上门协助防灾，上门送赔款。

12. 提供应急代步车服务

招标单位的车辆发生保险事故，帮助送达指定地点，可免费提供急难用车。

13. 协助处理交通事故

保险车辆出险后，如保户有需求，可接受委托，协助处理交通事故。

14. 设立车友俱乐部，提供配套服务

建有专门的车友俱乐部，由专人为投保车辆提供专业的车辆配件配送服务。同时不定期开展各种类型的车友活动。

15. 提供方便、快捷的免费洗车服务

联合加油站、专门洗车门店或自己开设门店，为投保车辆提供方便、快捷的免费或低成本收费洗车会员服务。

16. 实施重要客户管理办法

对重要客户在承保、理赔方面提供系列化优质服务，实行重点优先政策，建立重要客户定期走访、征询意见制度，定期组织重要客户座谈会、团拜会等联谊活动，优先组织和安排重要客户赴外地参观、学习和交流。

17. 积极开展防灾防损活动

保险公司努力配合被保险单位举办驾驶人员安全教育和表彰活动。另外，保险公司积极参与市政府组织的防灾防损、安全生产检查活动及其他社会公益事业，并尽可能提供必要的资助。

18. 其他相关服务

如客户有需求，可以提供免费新车导购、代办车牌、协助年检、代缴养路费，提供事故的法律援助等其他相关服务。

为进一步促进各财产保险公司强化服务意识，提高服务效率和服务质量，切实保护保险消费者权益。根据保监局的部署，保险行业协会统一协调，各财产保险公司以及各地方保险行业协会结合各自实际，分别制定了更为明确具体的机动车辆保险服务承诺，并通过网站向社会公布。服务内容包括保险咨询服务、承保流程服务、电话回访服务、短信提醒服务、车险查勘服务、快速理赔服务、免费道路救援、免费增值服务等。

19. 北京保险行业车险理赔服务承诺

北京保险行业协会组织在京经营车险的财产保险公司研讨制定，推出《北京保险行业车险理赔服务承诺》（以下简称《服务承诺》），2014年5月1日开始正式实施。《服务承诺》从接报案、查勘定损、索赔处理、信息查询、投诉纠纷等与消费者有密切关系的环节着手，提出了十项承诺。承诺包括接报案提供365天24小时"实时在线"服务；接到报案10分钟内联系客户，指导客户查勘定损事宜，做到"高效反馈"；异地出险时，保险公司及时委托当地分支机构或合作单位查勘

定损；对有重大人员伤亡的案件实现"人伤跟踪"，设置专人全程跟踪，向客户提供理赔处理指导、医疗咨询建议服务；"全面告知"是定损时一次性书面告知客户需提供的单证材料；5000 元以下的小额案件，如事故责任和保险损失确定、不涉及人员伤亡、索赔单证齐全有效、且双方达成赔偿协议，全行业实行"小额快赔"，在接到客户齐全索赔材料之日起 3 个工作日内完成支付赔款；对发生一方全责一方无责的车损险范围内事故，如果全责方无保险或三者险赔偿限额不足，且怠于履行赔偿义务，无责方能提供全责方真实有效联系方式的，可就车损部分直接向自己车损险承保公司索赔，即"代位求偿"；在理赔过程中，要做到"信息公开"，提供网站、电话、柜台等多种车险理赔信息查询途径，方便客户自主查询，保证车险理赔工作全程透明化；对投诉问题在一个工作日内电话回复客户并协商解决方案，做到"投诉快处"；保险合同双方发生纠纷时，在合同双方自愿的前提下，保险合同纠纷调解委员会对合同纠纷类案件提供"纠纷调解"服务。

4.4　我国常见汽车保险险种理赔

4.4.1　交强险事故理赔计算

交强险理算规则及计算公式参照行业交强险理赔实务规程（2009 版），同时重点参考以下法律规定。

《最高人民法院关于审理道路交通事故损害赔偿案件适用法律若干问题的解释》《最高人民法院关于审理人身损害赔偿案件适用法律若干问题的解释》《最高人民法院关于确定民事侵权精神损害赔偿责任若干问题的解释》《中华人民共和国侵权责任法》《中华人民共和国保险法》及司法解释二、《机动车交通事故责任强制保险条例》（2012 年 12 月 17 日《国务院关于修改<机动车交通事故责任强制保险条例>的决定》第二次修订）《中华人民共和国道路交通安全法》和《中华人民共和国道路交通安全法实施条例》。

落实最高人民法院《关于审理道路交通事故损害赔偿案件适用法律若干问题的解释》时，重点关注以下内容。

重点、难点提示

① 交强险中的受害人或者其近亲属请求在交强险项下优先赔偿精神损害的，应予赔付。

② 投保人允许的驾驶人驾驶机动车致使投保人遭受损害，被保险人请求在交强险责任限额范围内予以赔偿的，应予赔付；但投保人为本车上人员的除外。

③ 有下列情形之一导致第三人人身损害，当事人请求在交强险责任限额范围内予以赔偿：驾驶人未取得驾驶资格或者未取得相应驾驶资格的；醉酒、服用国家管制的精神药品或者麻醉药品后驾驶机动车发生交通事故的；驾驶人故意制造交通事故的。赔付后，公司在赔偿范围内向侵权人进行追偿。

④ 受害人因道路交通事故死亡，无近亲属或者近亲属不明，未经法律授权的机关或者有关组织向公司申请赔偿死亡赔偿金的，不予赔付。被保险人以已向未经法律授权的机关或者有关组织支付死亡赔偿金为理由，请求在交强险责任限额范围内予以赔偿的，不予赔付。受害人因道路交通事故死亡，无近亲属或者近亲属不明，支付受害人医疗费、丧葬费等合理费用的单位或者个人，请求在交强险责任限额范围内予以赔偿的，应予赔付。

例 4.2 A、B 两车发生追尾事故，但未发生人员伤亡，仅发生车辆损失。A 车是肇事方负全责，B 车为被追车无责。两辆车都投保交强险，赔偿时，A 车将对 B 车进行有责赔偿，最高赔 2 000 元，不足部分由商业第三者责任险补充。B 车虽无责，但在交通事故中，两辆车互为第三方，被追车也需给 A 车赔偿，但限额最高 100 元。

 重点、难点提示

交通事故中双方都有责任，也先由交强险赔偿，如果 A、B 两车相撞造成车辆损失，两车都需按责在 2 000 元限额内赔偿，两车损失均在 2 000 元内，适用交强险互碰自赔；如 A 车损失超过 2 000 元，超出部分需要 B 车另外支付，可以从商业第三者责任险来补充。

例 4.3 有甲乙两车，甲车为载货汽车，乙车为小型载客汽车，在道路上发生交通事故。双方负事故的同等责任，致使一名骑自行车的人（丙）受伤，并造成路产管理人（丁）遭受损失。

交通事故各参与方的损失分别为：甲车车辆损失 3 000 元，车上货物损失 5 000 元；乙车车辆损失 1 万元，乙车车上人员重伤一名，造成残疾，花费医药费 2 万元，湖北省农村居民残疾赔偿金=农民人均纯收入×5 年×伤残赔偿系数=8 867×5×2=88 670 元；骑自行车人（湖北省农村居民）经抢救无效死亡，医疗费用 3 万元，死亡赔偿金=1.084 9 万元/年×20 年=21.698 0 万元，丧葬费=43 217 元（城镇单位在岗职工年平均工资）/2=21 608.5 元，被扶养人生活费=8 681 元/年×20 年=173 620 元，精神损害抚慰金 2 万元；路产损失 5 000 元。

甲乙两车均承保了交强险，财产损失、医疗费用、死亡伤残各赔偿限额分别为 2 000 元、10 000 元、11 万元；甲乙车都投保了商业机动车保险，甲车投保险别分别为车辆损失险、第三者责任险（50 万元）、车上货物责任险、不计免赔险；乙车投保险别分别为车辆损失险、第三者责任险（30 万元）、车上人员责任险、不计免赔险。

解：

1. 甲车交强险赔偿

（1）财产损失赔偿金额的理算

受损财产核定金额 = 乙车辆损失金额 + 路产损失/2 = 10 000 + 5 000/2 = 12 500 元>2 000 元

保险公司给与甲车的财产损失赔偿金额 = 2 000 元

其中乙车辆得到的赔偿 = 10 000/(10 000 + 2 500) × 2 000 = 1 600 元

路产管理人得到的赔偿 = 2 500/(10 000 + 2 500) × 2 000 = 400 元

说明：路产损失属于非机动车的损失，应由交通事故所有机动车参与方共同分摊，所以本案例甲车分摊到 2 500 元；计算出乙车和路产管理人分别得到的赔偿金额，便于进行后续的商业险理算。（以下计算中相同之处，不再赘述。）

（2）医疗费用赔偿金额的理算

医疗费用核定损失金额 = 20 000 + 30 000/2 = 35 000 元>10 000 元

医疗费用赔偿金额 = 10 000 元

其中乙车人员得到的赔偿 = 20 000/(20 000 + 15 000) × 10 000 = 5 714.3 元

骑自行车人得到的赔偿 = 15 000/(20 000 + 15 000) × 10 000 = 4 285.7 元

（3）死亡伤残赔偿金额的理算

死亡伤残核定损失金额 = (216 980 +21 608.5+173 620+ 20 000)/2 + 88 670 > 110 000 元

死亡伤残赔偿金额 = 110 000 元

其中乙车人员得到的赔偿 = 88 670/(216 104.25+88 670) × 110 000=32 003.03 元

骑自行车人得到的赔偿 = 216 104.25/(216 104.25+88 670) × 110 000=77 996.97 元

2. 乙车交强险赔偿

（1）财产损失赔偿金额的理算

受损财产核定金额 = 甲车辆损失金额 + 路产损失/2 = 3 000 + 5 000/2 = 5 500 元>2 000 元

保险公司给予甲车的财产损失赔偿金额 = 2 000 元

其中甲车辆得到的赔偿 = 3 000/(3 000 + 2 500) × 2 000 = 1 091 元

路产管理人得到的赔偿 = 2 500/(3 000 + 2 500) × 2 000 = 909 元

（2）医疗费用赔偿金额的理算

医疗费用核定损失金额 = 30 000/2 = 15 000 元>10 000 元

医疗费用赔偿金额 = 10 000 元

骑自行车人得到的赔偿 = 10 000 元

（3）死亡伤残赔偿金额

死亡伤残核定损失金额 = (216 980 +21 608.5+173 620+ 20 000)/2 > 110 000 元

死亡伤残赔偿金额 = 110 000 元

骑自行车人得到的赔偿 =110 000 元

之后，保险公司再进行商业车险的理算。

4.4.2 车损险事故理赔计算

1. 机动车损失赔款计算方法

示范条款第十九条规定机动车损失赔款按以下方法计算。

（1）发生全部损失

赔款=（保险金额 − 被保险人已从第三方获得的赔偿金额）×（1− 事故责任免赔率）×（1−绝对免赔率之和）− 绝对免赔额

（2）发生部分损失

被保险机动车发生部分损失，保险人按实际修复费用在保险金额内计算赔偿。

赔款=（实际修复费用 − 被保险人已从第三方获得的赔偿金额）×（1− 事故责任免赔率）×（1−绝对免赔率之和）− 绝对免赔额

（3）施救费

施救的财产中，含有本保险合同未保险的财产，应按本保险合同保险财产的实际价值占总施救财产的实际价值比例分摊施救费用。

2. 向第三方索赔计算方法

示范条款第十八条规定，因第三方对被保险机动车的损害而造成保险事故，被保险人向第三方索赔的，保险人应积极协助；被保险人也可以直接向本保险人索赔，保险人在保险金额内先行赔付被保险人，并在赔偿金额内代位行使被保险人对第三方请求赔偿的权利。

被保险人申请按常规索赔方式（即非代位求偿方式）的赔付按以下方法计算。

（1）被保险机动车发生全部损失时

机动车损失保险赔款＝（车损赔款＋施救费用赔款）－绝对免赔额

车损赔款＝（保险金额－交强险应赔付本车损失金额）×被保险车辆事故责任比例×

（1－事故责任免赔率）×（1－绝对免赔率之和）

施救费赔款＝（核定施救费－交强应赔付本车施救费金额）×被保险车辆事故责任比例×

（1－事故责任免赔率）×（1－绝对免赔率之和）

被保险人已从第三方获得的赔偿金额＝交强险应赔付本车损失金额＋（保险金额－

交强险应赔付本车损失金额）×

（1－被保险车辆事故责任比例）

（2）被保险机动车发生部分损失，保险人按实际修复费用在保险金额内计算赔偿。

机动车损失保险赔款＝（车损赔款＋施救费用赔款）－绝对免赔额

车损赔款＝（实际修复费用－交强险应赔付本车损失金额）×被保险车辆事故责任比例×

（1－事故责任免赔率）×（1－绝对免赔率之和）

施救费赔款＝（核定施救费－交强应赔付本车施救费金额）×被保险车辆事故责任比例×

（1－事故责任免赔率）×（1－绝对免赔率之和）

重点、难点提示

每次事故车损险及其附加险共扣一次绝对免赔额。

"实际修复费用"是指保险人与被保险人共同协商确定的修复费用。

核定施救费＝合理的施救费用×本保险合同保险财产的实际价值/总施救财产的实际价值，最高不超过机动车损失险的保险金额。

因自然灾害引起的不涉及第三者损害赔偿的单纯车损险案件，不扣减事故责任免赔率。

客户选择绝对免赔额，如果车损险赔款计算结果小于0，车损险按0赔付，负数带入附加不计免赔率险计算。

例 4.4 甲、乙两车都在某保险公司投保了汽车损失险，两车均按保险价值投保，保险金额都为 40 000 元。两车在不同事故中出险，且均被承保的保险公司推定全损。甲车投保时为新购车辆，即其实际价值与保险金额相等，残值作价 2 000 元；乙车投保时该车已使用了两年，出险当时实际价值确定为 32 000 元，残值作价 1 000 元。试核定两车的损失。

解： 甲车保险金额≤出险当时的实际价值，按保险金额计算

甲车损失＝保险金额－残值＝40 000－2 000＝38 000（元）

乙车保险金额＞出险时实际价值，按出险时实际价值计算

乙车损失＝实际价值－残值＝32 000－1 000＝31 000（元）

例 4.5 甲、乙两车发生严重碰撞事故，甲车被推定全损，该车在某保险公司投保，车辆损失险保险金额为 8 万元，出险时车辆实际价值被确定为 6.5 万元，残值作价 3 000 元。根据交通事故处理

机关认定甲方负主要责任，承担70%的事故损失。试计算保险公司应支付甲车车辆损失险的赔款。

解： 保险金额>出险时实际价值，按出险时实际价值计算

赔款 = (实际价值 – 残值) × 事故责任比例 × (1 – 免赔率)

= (65 000 – 3 000) × 70% × (1 – 15%) = 62 000 × 70% × 85% = 36 890（元）

例 4.6 一车辆，投保车损险，发生保险事故，新车购置价（含车辆购置税）123 000 元，保险金额为 123 000 元，实际价值 108 240 元，驾驶员承担全部责任，依据条款规定承担 15% 免赔率，同时由于非约定驾驶员驾车肇事，应增加 5% 免赔率，车辆全部损失，残值 430 元，则保险公司应赔付多少？

解： 保险金额>出险时实际价值，按出险时实际价值计算

赔款 = (实际价值 – 残值) × 事故责任比例 × (1 – 免赔率)

= (108 240 – 430) × 100% × [1 – (15% + 5%)] = 86 248（元）

4.4.3 第三者责任险事故理赔计算

1. 当（依合同约定核定的第三者损失金额 – 机动车交通事故责任强制保险的分项赔偿限额）× 事故责任比例 ≥ 每次事故赔偿限额时：

赔款 = 每次事故赔偿限额 × （1 – 事故责任免赔率）× （1 – 绝对免赔率之和）

2. 当（依合同约定核定的第三者损失金额–机动车交通事故责任强制保险的分项赔偿限额）× 事故责任比例 < 每次事故赔偿限额时：

赔款 = （依合同约定核定的第三者损失金额 – 机动车交通事故责任强制保险的分项赔偿限额）× 事故责任比例 × （1 – 事故责任免赔率）× （1 – 绝对免赔率之和）

3. 主挂车赔款计算

（1）主车和挂车连接使用时视为一体，发生保险事故时，由主车保险人和挂车保险人按照保险单上载明的机动车第三者责任保险责任限额的比例，在各自的责任限额内承担赔偿责任，但赔偿金额总和以主车的责任限额为限。

主车应承担的赔款 = 总赔款 × [主车责任限额/（主车责任限额＋挂车责任限额）]

挂车应承担的赔款 = 总赔款 × [挂车责任限额/（主车责任限额＋挂车责任限额）]

挂车未投保商业险的，不参与分摊在商业三者险项下应承担的赔偿金额。挂车未保交强险的，不可拒赔（自 2013 年 3 月 1 日以后）。

（2）挂车未与主车连接时发生保险事故，在挂车的责任限额内承担赔偿责任。

例 4.7 甲车投保了车辆损失险及第三者责任险（限额 5 万元）。在保险有效期内出车时，因雾大路滑，甲车超速且占道行驶，与对面驶来的乙车相撞，造成对方车辆损坏严重，驾驶人受重伤。经交通事故处理机关现场查勘认定，甲车负全部责任。甲车投保的保险公司经对乙车查勘定损核定车辆损失为 40 000 元，乙车驾驶人住院医疗费 15 000 元，其他费用（护理费、营养费、误工费等）按规定核定为 5 000 元。以上两项，交通事故处理机关裁定甲车（即被保险人）应承担赔偿费用为 60 000 元，已超过第三者责任险赔偿限额，试计算甲车保险公司应赔付甲车第三者责

任险的赔款金额。

解： 保险赔款 = 赔偿限额 × (1 − 免赔率) = 50 000 × (1 − 20%) = 40 000（元）

假如甲车造成乙方的损失恰好是 50 000 元，则甲车保险公司应付甲车赔款数为：

保险赔款 = 被保险人应负赔偿金额 × (1 − 免赔率) = 50 000 × (1 − 20%) = 40 000（元）

假如甲车造成乙方的损失应负赔偿金额是 40 000 元，则甲车保险公司应付甲车赔款数为：

保险赔款 = 被保险人应负赔偿金额 × (1 − 免赔率) = 40 000 × (1 − 20%) = 32 000（元）

例 4.8 甲、乙两车在行驶中不慎发生严重碰撞事故。经查证，两车均投保了车损险和第三者责任保险，其中甲车车损险保险金额为 30 000 元，新车购置价为 50 000 元，第三者责任险限额为 50 000 元；乙车车损险保险金额为 80 000 元，保险价值为 80 000 元，第三者责任险限额为 50 000 元。经交通事故处理机关现场查勘分析认定甲车严重违章行驶，是造成本次事故的主要原因，应承担本次碰撞事故的主要责任，负担本次事故损失费用的 70%。乙车措施不当，负本次事故的次要责任，负担本次事故损失费用的 30%。经甲、乙双方保险公司现场查勘定损核定损失如下。

甲车：车损为 20 000 元，驾驶人住院医疗费 10 000 元，按规定核定其他费用（护理费、误工费、营养费等）20 00 元。

乙车：车损为 45 000 元，驾驶人死亡，按规定核定费用为 25 000 元（含死亡补偿费、被抚养人生活费），一乘车人受重伤致残，其住院医疗费为 20 000 元，按规定核定其他费用为 25 000 元（护理费、误工费、营养费、伤残补助费及被抚养人生活费）。以上两车总损失费用为：147 000 元，按交通事故处理机关裁定。

甲车应承担赔偿费用为：147 000 × 70% = 102 900（元）

乙车应承担赔偿费用为：147 000 × 30% = 44 100（元）

试计算双方保险公司按保险责任应支付的保险赔款。

解：（1）甲车承保公司应支付甲车赔款

① 车损险保险赔款 = 车辆核定损失 × 按责任分担的比例 × (保险金额/保险价值) × (1 − 免赔率) = 20 000 × 70% × (30 000/50 000) × (1 − 15%) = 14 000 × (30 000/50 000) × (1 − 15%) = 8 400 × 85% = 7 140（元）

② 第三者责任保险赔款。甲车应承担乙车的赔偿费用为：

$$(45 000 + 25 000 + 20 000 + 25 000) × 70\% = 80 500（元）$$

因其已超过第三者责任保险赔偿限额，所以甲车承保公司应付甲车的第三者责任保险赔款数为：

保险赔款 = 赔偿限额 × (1 − 免赔率) = 50 000 × (1 − 15%) = 42 500（元）

③ 总计应支付甲车赔款为：7 140 + 42 500 = 49 640（元）

（2）乙车承保公司应支付乙车赔款

① 乙车车损险保险赔款 = 45 000 × 30% × (1 − 5%) = 12 825（元）

② 第三者责任险保险赔款。乙车应承担甲车赔偿费用为：

(20 000 + 10 000 + 2 000) × 30% = 9 600（元） 保险赔款 = 9 600 × (1 − 5%) = 9 120（元）

总计应支付乙车赔款为：9 600 + 9 120 = 18 720（元）

4.4.4　部分附加险事故理赔计算

1. 玻璃单独破碎险赔款计算

$$赔款=实际发生的修理费用$$

2. 自燃损失险赔款计算

$$自燃损失险赔款=车损赔款+施救费用赔款$$

（1）车损赔款计算

① 全部损失，在保险金额内计算赔偿：

$$赔款=（保险金额-残值）×（1-20\%）$$

② 部分损失，在保险金额内按实际修理费用计算赔偿：

$$赔款=（实际修理费用-残值）×（1-20\%）$$

（2）施救费用赔款

当实际施救费用×（保险财产价值/实际被施救财产总价值）等于或高于保险金额时：

$$施救费用赔款=保险金额×（1-20\%）$$

当实际施救费用×（保险财产价值/实际被施救财产总价值）小于保险金额时：

$$施救费用赔款=实际施救费用×（保险财产价值/实际被施救财产总价值）×（1-20\%）$$

3. 新增设备损失险赔款计算

本附加险每次赔偿的免赔约定以机动车损失保险条款约定为准。

（1）当新增设备"实际修理费用"等于或高于新增设备损失险保险金额时：

$$赔款=（保险金额-被保险人已从第三方获得的赔偿金额）×（1-事故责任免赔率）×（1-绝对免赔率之和）-绝对免赔额$$

（2）当新增设备"实际修理费用"小于新增设备损失险保险金额时：

$$赔款=（实际修复费用-被保险人已从第三方获得的赔偿金额）×（1-事故责任免赔率）×（1-绝对免赔率之和）-绝对免赔额$$

说　明

新增设备"实际修复费用"是指保险人与被保险人共同协商确定新增设备的修复费用。如涉及施救费，在车损险项下计算赔付。每次事故车损险及其附加险共扣一次绝对免赔额。

4. 车身划痕损失险赔款计算

（1）在保险金额内按实际修理费用计算赔偿。

当"实际修理费用"＜车身划痕损失险的保险金额时：赔款=实际修理费用×（1-15%）

当"实际修理费用"≥车身划痕损失险的保险金额时：赔款=保险金额×（1-15%）

（2）赔偿后，批减本附加险保险合同中协商确定的保险金额。

说　明

在保险期间内，累计赔款金额达到保险金额，本附加险保险责任终止。

5. 发动机涉水损失险赔款计算

在保险金额内按发动机实际修理费用计算赔偿，如涉及施救费，在车损险项下计算赔付。

$$发动机赔款=（发动机实际修理费用 - 残值）×（1 - 15\%）$$

6. 修理期间费用补偿险赔款计算

（1）车辆全部损失：赔款 = 日补偿金额 ×（保险合同中约定的最高补偿天数 - 1）

（2）车辆部分损失：在计算补偿天数时，首先比较约定修理天数和从送修之日起至修复之日止的实际修理天数，两者以短者为准。

① 补偿天数未超过保险合同中约定的最高赔偿天数

赔款 = 日补偿金额 ×（补偿天数 - 1）

② 补偿天数超过保险合同中约定的最高赔偿天数

赔款=日补偿金额 ×（保险合同中约定的最高补偿天数 - 1）

（3）赔付后，批减本附加险保险合同中约定的最高补偿天数。

说　明

在保险期间内，累计赔款金额达到保险单载明的保险金额，本附加险保险责任终止。

7. 车上货物责任险赔款计算

（1）当"（依合同约定核定的车上货物损失金额 - 应由交强险赔偿的车上货物赔款）× 事故责任比例"≥责任限额时：赔款 = 责任限额 ×（1 - 20\%）

（2）当"（依合同约定核定的车上货物损失金额 - 应由交强险赔偿的车上货物赔款）× 事故责任比例"<责任限额时：赔款 =（依合同约定核定的车上货物损失金额 - 应由交强险赔偿的车上货物赔款）× 事故责任比例 ×（1 - 20\%）

说　明

①应由交强险赔偿的车上货物赔款=Σ（除本车外其他肇事车辆交强险财产损失赔偿限额项下对被保险机动车车上货物的赔款）；②意外事故不包含因自然灾害导致的车上货物损失。被保险人索赔时，应提供运单、起运地货物价格证明等相关单据。保险人在责任限额内按起运地价格计算赔偿。

8. 精神损害抚慰金责任险赔款计算

本附加险赔偿金额依据人民法院的判决在保险单载明的赔偿限额内计算赔偿。

（1）法院生效判决的应由被保险人或其允许的驾驶人承担的精神损害赔偿责任，在扣除交强险赔偿的精神损害赔款后，未超过责任限额时：

赔款 =（应由被保险人承担的精神损害赔偿责任 - 交强险对精神损失的赔款）×（1 - 20\%）

（2）应由被保险人或其允许的驾驶人承担的精神损害赔偿责任在扣除交强险赔偿的精神损害赔款后，超过约定的每次事故责任限额或每次事故每人责任限额时：赔款 = 责任限额×（1 - 20\%）

9. 不计免赔率险赔款计算

（1）附加车损险的不计免赔率险赔款（申请常规索赔方式，即非代位求偿方式）

① 被保险机动车发生全部损失时，赔款计算如下。

附加车损险的不计免赔率险赔款 =（车损险保险金额 − 交强险应赔付本车损失金额）× 被保险车辆事故责任比例 × 事故责任免赔率

② 被保险机动车发生部分损失时，赔款计算如下。

如果被保险人申请常规索赔方式（即非代位求偿方式），按以下公式计算：

附加车损险的不计免赔率险赔款 =（实际修复费用 − 交强险应赔付本车损失金额）× 被保险车辆事故责任比例 × 事故责任免赔率

③ 如发生施救费，计算时应一并考虑，计算同上述①②。

（2）附加车损险的不计免赔率险赔款（申请代位求偿索赔方式）

① 被保险机动车发生全部损失时，赔款计算如下：

附加车损险的不计免赔率险赔款 =（车损险保险金额 − 被保险人已从第三方获得的赔偿金额）× 事故责任免赔率

② 被保险机动车发生部分损失时，赔款计算如下。

如果被保险人申请代位求偿索赔方式，按以下公式计算：

附加车损险的不计免赔率险赔款=（实际修复费用 − 被保险人已从第三方获得的赔偿金额）× 事故责任免赔率

③ 如发生施救费，计算时应一并考虑，计算同上述①②。

（3）附加第三者责任险的不计免赔率险赔款

① 当"（依合同约定核定的第三者损失金额 − 机动车交通事故责任强制保险的分项赔偿限额）× 事故责任比例"等于或高于每次事故赔偿限额时：

附加第三者责任险的不计免赔率险赔款 = 每次事故赔偿限额 × 事故责任免赔率

② 当"（依合同约定核定的第三者损失金额 − 机动车交通事故责任强制保险的分项赔偿限额）× 事故责任比例"小于每次事故赔偿限额时：

附加第三者责任险的不计免赔率险赔款 =（依合同约定核定的第三者损失金额 − 机动车交通事故责任强制保险的分项赔偿限额）× 事故责任比例 × 事故责任免赔率

（4）附加车上人员责任险的不计免赔率险

① 当"（依合同约定核定的每座车上人员人身伤亡损失金额 − 应由机动车交通事故责任强制保险赔偿的金额）× 事故责任比例"高于或等于每次事故每座赔偿限额时：

附加车上人员责任险的不计免赔率险赔款 = 每次事故每座赔偿限额 × 事故责任免赔率

② 当"（依合同约定核定的每座车上人员人身伤亡损失金额 − 应由机动车交通事故责任强制保险赔偿的金额）× 事故责任比例"小于每次事故每座赔偿限额时：

附加车上人员责任险的不计免赔率险赔款=（依合同约定核定的每座车上人员人身伤亡损失金额 − 应由机动车交通事故责任强制保险赔偿的金额）× 事故责任比例 × 事故责任免赔率

每次事故赔款金额=每次事故每座受害人赔款之和

（5）附加盗抢险的不计免赔率险赔款=盗抢险的保险金额×20%

（6）附加自燃险的不计免赔率险

① 实际修理费用附加自燃的不计免赔险率险赔款

当"实际修理费用"等于或大于自燃损失险的保险金额时：赔款＝（自燃险保险金额－残值）×20%

当"实际修理费用"小于自燃损失险的保险金额时：赔款＝（实际修理费用－残值）×20%

② 施救费附加自燃险的不计免赔率险赔款

当"核定施救费"等于或大于自燃损失险的保险金额时：赔款＝保险金额×20%

当"核定施救费"等于或大于自燃损失险的保险金额时：赔款＝核定施救费×20%

（7）附加新增设备损失险的不计免赔率险

计算同附加车损险的不计免赔率险赔款。

① 当新增设备"实际修理费用"等于或高于新增设备损失险保险金额时：

附加新增设备损失险的不计免赔率险赔款＝（保险金额－被保险人已从第三方

获得的赔偿金额）×事故责任免赔率

② 当"实际修理费用"小于新增设备损失险保险金额时：

附加新增设备损失险的不计免赔率险赔款＝（实际修理费用－被保险人已从第三方获得的

赔偿金额）×事故责任免赔率

（8）附加车身划痕损失险的不计免赔率险

① 当实际修理费用大于或等于保险金额时：

附加车身划痕损失险的不计免赔率险赔款＝保险金额×15%

② 当实际修理费用小于保险金额时：

附加车身划痕损失险的不计免赔率险赔款＝实际修理费用×15%

（9）附加发动机涉水损失险的不计免赔率险

赔款＝（发动机实际修理费用－残值）×15%

例 4.9 甲厂和乙厂的车在行驶中发生相撞。甲厂车辆损失 5 000 元，车上货物损失 10 000 元，乙厂车辆损失 4 000 元，车上货物损失 5 000 元。交通管理部门裁定甲厂车负主要责任，承担经济损失 70%，为 16 800 元；乙厂车负次要责任，承担经济损失 30%，为 7 200 元。这两辆车都投保了机动车交通事故责任强制保险、车辆损失险（按新车购置价确定保险金额）和第三者责任险。

以人保机动车辆商业保险示范条款为例，其赔款计算如下。

甲厂应承担经济损失＝(甲厂车损＋乙厂车损＋甲厂车上货损＋乙厂车上货损)×70%＝(5 000＋4 000＋10 000＋5 000)×70%＝16 800（元）

乙厂应承担经济损失＝(甲厂车损＋乙厂车损＋甲厂车上货损＋乙厂车上货损)×30%＝(5 000＋4 000＋10 000＋5 000)×30%＝7 200（元）

这两辆车都投保了机动车交通事故责任强制保险、车辆损失险（按新车购置价确定保险金额）和第三者责任险，由于第三者责任险不负责本车上货物的损失，所以，保险人的赔款计算与交通管理部门的赔款计算不一样，其赔款计算如下。

甲厂自负车损＝甲厂车损×70%＝5 000×70%＝3 500（元）

甲厂应赔乙厂＝(乙厂车损＋乙厂车上货损)×70%＝(4 000＋5 000)×70%＝6 300（元）

由于事故中甲、乙车均有责任，且给对方造成的财产损失都超过了机动车交通事故责任强制保险的保险限额，甲、乙厂得到保险公司机动车交通事故责任强制保险的赔款均为2 000元。

保险人负责甲厂车损和第三者责任赔款为

[甲厂自负车损+(甲厂应赔乙厂 – 交强险赔款)] × (1 – 免赔率) = [3 500 + (6 300 – 2 000)] × (1 – 15%) = 6 630（元）

乙厂自负车损 = 乙厂车损 × 30% = 4 000 × 30% = 1 200（元）

乙厂应赔甲厂 = (甲厂车损 + 甲厂车上货损) × 30% = (5 000 + 10 000) × 30% = 4 500（元）

保险人负责乙厂车损和第三者责任赔款为

[乙厂自负车损 + (乙厂应赔甲厂 – 交强险赔款)] × (1 – 免赔率) = [1 200 + （4 500 – 2 000）] × (1 – 5%) = 3 515（元）

这样，此案甲厂应承担经济损失16 800元，得到保险人赔款8 630元；乙厂应承担经济损失7 200元，得到保险人赔款5 515元。这里的差额部分即保险合同规定不赔的部分。

例4.10 一投保机动车辆第三者责任保险(责任限额为10万元)及其附加车上货物责任险(责任限额为5万元)，并就上述两个险种约定不计免赔特约条款的车辆发生事故，分别造成第三者损失5万元，车上货物损失2万元，驾驶人员在事故中负全部责任，免赔率为20%，经交警部门现场查勘，认定其违反装载规定，增加免赔率10%。则

第三者责任赔款 = 5 × [1–(20% + 10%)] = 3.5（万元）

车上货物责任赔款 = 2 × (1–20%) = 1.6（万元）

不计免赔特约条款赔款 = 5 × 20% + 2 × 20% = 1.4（万元）

4.4.5 特殊案件的理赔处理

1. 简易赔案

在实际工作中，很多案件案情简单、出险原因清楚、保险责任明确、事故金额低，可在现场确定损失。为简化手续，方便客户，加快理赔速度，根据实际情况可对这些案件实行简易处理，称为简易赔案。

实行简易赔案处理的理赔案件必须同时具备以下条件。

① 车辆损失险列明：自然灾害和被保险人或允许的合格驾驶员或约定的驾驶员肇事导致的车损险案件。

② 出险原因清楚，保险责任明确，损失容易确定。

③ 车损部分损失可以一次核定，已损失容易确定。

④ 车辆部分损失可以一次核定，已损失金额在5 000元以内。

⑤ 受损零部件可以准确容易地确定金额。

重点、难点提示

简易赔案处理的程序是：接受报案→现场查勘、施救，确定保险责任和初步损失→查勘定损人员定损→填写《简易赔案协议书》→报相关处理中心→办理赔款手续→支付赔款。

2. 救助案件

救助案件是指对投保机动车辆保险附加救助特约责任范围内的出险车辆，实施救助理赔的案件。救助案件处理过程是：接受报案并抄单→通知救助协作单位→救助单位实行救助并反馈，被保险人予以确认→立案→核对并缮制赔案→支付赔款→救助协作单位→财务中心支付预付款。

3. 疑难案件

疑难案件分为争议案件和疑点案件两种情况。

① 争议案件指保险人和被保险人对条款理解有异议或责任认定有争议的案件。在实际操作中应采用集体讨论研究、聘请专家论证和向上级公司请示等方式解决，保证案件圆满处理。

② 疑点案件指赔案要素不完全、定损过程中存在疑点或与客户协商不能达成一致的赔案。

重点、难点提示

疑难案件调查采取的形式如下。在查勘定损过程中发现的有疑点的案件由查勘定损人员进行调查；在赔案制作和审批过程中发现有疑点的案件由各保险公司的专门机构进行调查；骗赔、错赔案件调查由各保险公司的专门机构完成。

4. 注销案件

注销案件指保险车辆发生保险责任范围内的事故，被保险人报立案后未行使保险金请求权致使案件失效注销的案件。它分为超出索赔时效注销和主动声明放弃索赔权利注销两种情况。

对超出索赔时效注销，即自被保险人知道保险事故发生之日起两年内未提出索赔申请的案件，由业务处理中心在两年期满前10天发出《机动车辆保险结案催告、注销通知书》。被保险人仍未索赔的，案件报业务管理处（科）后予以注销处理。

重点、难点提示

对主动声明放弃索赔权利注销的案件，在业务处理中心发出《机动车辆保险结案催告、注销通知书》后，由被保险人在回执栏签署放弃索赔权利意见。案件报业务管理处（科）后予以注销处理。对涉及第三方损害赔偿的案件，被保险人主动声明放弃索赔权利的，要慎重处理。

5. 拒赔案件

拒赔案件的拒赔原则如下。

① 拒赔案件要严格按照《保险法》《机动车辆商业保险示范条款》有关规定处理。拒赔要有确凿的证据和充分的理由，慎重决定。

② 拒赔前应向被保险人明确说明原因，认真听取意见并向被保险人做好解释工作。

6. 代位追偿案件

代位追偿案件的工作程序是：被保险人向造成损失的第三者提出书面索赔申请——被保险人向保险人提出书面索赔申请，签署《权益转让书》——业务处理中心将赔案资料转业务管理部门——业务管理部门组织人员进行代位追偿——业务处理中心整理赔案、归档——财务中心登记、入账。

重点、难点提示

代位追偿案件的实施原则如下。代位追偿必须是发生在保险责任范围内的事故；代位追偿是《保险法》和《机动车辆商业保险示范条款》规定的保险人的权利，根据权利义务对等的原则，代位追偿的金额应在保险金额范围内根据实际情况接受全部或部分权益转让；代位追偿工作必须注意诉讼时效。

|小　结|

1. 投保人、被保险人或者受益人在保险事故发生后，应当及时通知保险人。一般情况下，被保险人应在保险事故发生后 48 小时内通知保险人。

2. 受理报案时，报案记录工作主要包括询问案情、填写报案记录；查询、核对出险车辆承保、理赔信息；生成对应的报案记录；确定案件类型。

3. 事故涉及的损失按"本车车损""本车车上财产损失""本车车上人员伤亡""第三者车辆损失""第三者人员伤亡""第三者车上财产损失""第三者其他财产损失"和"其他"的分类方式进行询问。

4. 被保险人在保险理赔中须履行通知保险事故发生和提供索赔单证两项基本义务。

5. 保险车辆发生事故后，被保险人应当采取合理的保护、施救措施，防止和减少扩大损失。按照保险公司要求进入保险索赔程序。

6. 保险车辆出险后的定损核损的内容有车辆定损、人员伤亡费用的确定、施救费用的确定、其他财产损失的确定和残值处理等。

7. 车辆损失由各维修项目所必须更换的零配件价格、修理材料费和维修工时费用累加而成，而零配件价格的高低和维修工时费用的合理与否是确定车辆损失的关键。

8. 核损是指在授权范围内独立负责理赔工作质量的人员，按照保险条款和保险公司有关规章制度对赔案进行审核的过程。核损的核心是体现权限管理和过程控制。

9. 损失确定的关键是确定赔偿标准，即对于损失按照何种标准进行赔偿。对于机动车保险事故导致的部分损失、全部损失和推定全部损失，其赔偿标准有所不同。

10. 免赔率是指汽车保险每次赔款计算中，应按规定扣除的按责免赔比例。免赔率的高低与被保险人承担的事故责任成正比。

11. 核赔是对整个赔案处理过程进行控制。核赔对理赔质量的控制主要体现在核赔员对赔案的处理过程。一是及时了解保险标的出险原因、损失情况，对重大案件，应参与现场查勘；二是审核、确定保险责任；三是核定损失；四是审核赔款计算。

|习　题|

1. 简述汽车保险理赔的含义及其特点。汽车保险理赔应遵循的原则是什么？

2. 目前我国汽车保险的模式与国际保险发达国家先进模式相比较有哪些不足？

3. 简述汽车保险的索赔程序，被保险人理赔时需要哪些单证？

4. 简述保险公司的汽车保险的理赔程序，对汽车保险理赔工作人员有什么特殊要求？

5. 汽车理赔过程中接受报案的主要工作内容有哪些？

6. 汽车理赔中查勘的主要内容有哪些？

7. 新车购置价（含车辆购置税）为 200 000 元的家用轿车全额投保了中保某公司的汽车损失保险，该车辆在保险期内发生第三起交通事故时，实际价值 70 000 元，驾驶员承担全部责任，依据该公司的规定，承担 20% 的免赔率，同时又由于是第三次出险，应增加 10% 的免赔率。车辆全部损失，残值 5 000 元，试计算保险公司车损险赔款。

8. 某企业为一辆汽车投保了交强险后，按照责任限额 500 000 元投保中国人民保险公司机动车辆第三者责任险，在出险时给第三方造成 150 000 元损失，诉讼仲裁费用为 3 000 元。该车负主要责任，承担 70% 的损失，依据条款规定应承担 15% 的免赔率。试计算保险公司应支付的赔款。

9. 什么叫核赔？核赔的主要工作内容包括哪些？

10. 保险公司汽车理赔的结案工作有哪些规定，未决赔案应如何处理？

11. 保险公司主要的特殊处理案件包括哪些？处理原则和方法怎样？

12. 通过社会实践，对当地保险公司进行实地调查，对搜集的一些案例进行分析。

第 5 章
汽车保险事故理赔实例

【学习目标】

- 分析常见保险事故理赔实例，掌握理赔技巧
- 熟悉典型保险理赔案例中的理赔关键点
- 熟悉常见的骗保手段，具备识别骗保的基本技巧

|5.1 汽车交强险理赔实例|

5.1.1 驾驶员醉酒驾车，保险公司免赔案例

1. 案情介绍

×年×月×日，某汽车队就自己的东风货车向保险公司投保了一年的机动车第三者责任险，约定赔偿限额为 5 万元。双方还约定，驾驶员饮酒、吸毒、被药物麻醉驾车的，保险公司不承担责任等。

同年×月×日，汽车队驾驶员栗某醉酒后驾车超车驶入非机动车道，制动时侧滑驶入车站港湾，将李某等人撞伤。同年×月，法院对李某诉汽车队、车主、栗某道路交通事故人身损害赔偿纠纷案做出判决，该判决已生效。后汽车队就该赔偿金向保险公司索赔，保险公司以属于合同规定的免责情形为由拒赔。后汽车队诉至一审法院，要求保险公司赔偿。法院驳回其诉讼请求。汽车队不服，再次上诉。北京市第二中级人民法院终审判决，驳回汽车队上诉，维持一审法院驳回其诉讼请求的判决。

2. 案例分析

一审法院经审理判决后，汽车队不服，以保险合同中约定驾驶员酒后驾车发生事故的免赔条款系格式条款，且没有法律依据，保险公司应承担保险责任为由上诉到二中院。

二中院经审理认为，驾驶员栗某系醉酒后驾车造成交通事故，该行为所引起的保险责任属于保险公司与汽车队约定的保险条款中免责范围，也属于《机动车交通事故责任强制保险条例》中规定的有权向致害人追偿的情形之一。在李某诉汽车队的已生效法院判决确定车主赔偿责任的情

况下，不应再适用保险公司无责赔付的原则处理，故汽车队要求保险公司承担保险责任，法律依据不足，故对汽车队上诉主张不予支持。

5.1.2   交强险不负责赔付本人案例

1. 案情介绍

驾驶员驾车去天津，在行驶中与超速的汽车发生了剐蹭。驾驶员把头磕破了，驾驶员要求保险公司按交强险赔偿。

2. 案例分析

交强险条款的第五条规定："交强险的受害人是指因保险机动车发生交通事故遭受人身伤亡或者财产损失的人，但不包括被保险机动车本车的车上人员、被保险人。"因此，发生交通事故时，本车驾驶员和车上的乘客并不在交强险的保障范围内。交强险主要是对第三者进行赔偿，而本车驾驶员和车上人员并不在第三者的责任范围内，所以交强险不负责赔偿。不过本案例中考虑到是双方事故，当事人应在事故发生后及时报案，由交警确定事故责任，如果为双方责任或对方责任，可由对方交强险承担赔偿，如果损失不大，可通过"交强险互碰自赔"原则赔偿。

对此，建议消费者购买商业保险。目前新款商业车险中已经将车上人员责任险由以前的附加险改为基本险，消费者可以在购买交强险后单独购买。

5.1.3   交强险不赔案例

1. 案情介绍

小刘开车去西单，在回家时不小心撞坏了一辆出租车的保险杠。在赔偿修车费用的同时，驾驶员提出让小刘通过交强险赔偿几天的停驶费。

2. 案例分析

保险公司表示，交强险不负责赔偿停驶费。交强险条款第 10 条规定受害人故意造成的交通事故损失；被保险人（车主）所有的财产及被保险机动车上的财产遭受的损失；被保险机动车发生交通事故，致使受害人停业、停驶、停电、停水、停气、停产、通信或者网络中断、数据丢失、电压变化等造成的损失以及受害人财产因市场价格变动造成的贬值、修理后因价值降低造成的损失等其他各种间接损失；因交通事故产生的仲裁或者诉讼费用以及其他相关费用，交强险不予赔付。

不过交强险在死亡伤残费赔付中包含误工费，如果事故造成对方受伤应赔偿误工费用。

5.1.4   二手车买卖需办交强险过户

1. 案情介绍

小王有一辆桑塔纳轿车，由于他要在 2016 年年底出国，想在 2016 年将车卖掉。二手车的交强险应该如何办理？

2. 案例分析

交强险有关条款规定："在交强险合同有效期内，被保险机动车所有权发生转移的，投保人应当及时通知保险人，并办理交强险合同变更手续。"在二手车买卖中，由于驾车人不同，因此风险也不同，所以要办理交强险的过户手续。办理时，需车主本人携带身份证原件，到保险公司提出书面申请，进行变更即可。如果不是本人来办理，代办人还需携带委托书，到保险公司办理。

|5.2　汽车损失险理赔实例|

5.2.1　车辆出险后是否修复的理赔案例

1. 案情介绍

陈先生将其一辆宝马车向某保险公司投保车辆损失险 80 余万元，并支付了保险费 1 万余元。半年后，驾驶员因违反交通规则，与一大型客车相撞，造成车毁人亡。陈先生在处理善后过程中，与保险公司在保险车辆的估损和理赔上发生争执。保险公司在未通知陈先生的情况下，委托了一家修理厂对该车辆进行鉴定，鉴定的结论为该宝马车尚可修复，费用 44 万元。陈先生提出异议，并向法院提起了诉讼，认为车辆已经全损，修理也无必要，应当赔款。

2. 案例分析

此案例是机动车辆损失险理赔中的典型案例。保险车辆因发生保险事故，需要确定损坏程度和研究定价方案，习惯上称之为"估损"。机动车辆保险条款对估损有明确要求，即"保险车辆因保险事故受损或致使第三者财产损坏，应当尽量修复。修理前被保险人应会同保险人检验，确定修理项目、方式和费用。否则，保险人有权重新核定或拒绝赔偿。"

根据这个条款，估损中应遵循两个原则：一是尽量修复原则；二是协商定价原则。如果是未经协商或协商不成的话，保险人有核定或拒赔权。因此，与保险人协商进行估损是解决问题的基本方法。

但在理赔实务中，各有关方面由于各自不同的利益、立场，会产生一些争议。修理价高，对保险人当然是损失，而对被保险人同样是损失。即使你投保了附加的"不计免约险"而不需支付15%～20%的免赔额，但到下一年度投保，保险费可能也要增加。修理价格过低，汽车修理厂无利润，车辆也难以恢复到损坏以前的状态和使用性能，这些对保险人而言，也是一个损失，并且又会使被保险人对保险公司的诚信发生怀疑。

不同的修理厂对同一损失的鉴定结论和修理费用会有差异。因此，如果对保险人的估损结果有疑问，可以选定一个专业的、中立的权威鉴定机构仲裁解决。近年来，先后由中国保险监督管理委员会批准设立的专门从事保险标的估损、鉴定等的保险评估机构，以及一些进口车型的特约维修部门，都是可以考虑的鉴定机构。

3. 案例结论

法院受理此案后，指定德国宝马公司在当地的一家特约修理厂对该车进行鉴定。鉴定为，该车虽可修复，但因修理费用在 44 万元以上，该车的修理价值不大。后法院判决，保险公司支付陈先生 76 万元及承担诉讼费、鉴定费等。

5.2.2 定额保险的理赔案例

1. 案情介绍

高某于 2010 年 7 月 6 日与保险公司订立了一份《机动车辆保险合同》。保险标的为奔驰 SL600 轿车，险种为车辆损失险、第三者责任险及车上责任险、玻璃破碎险、盗抢险等附加险，保险金额总计 220 万元，其中车辆损失险为 130 万元。高某向保险公司支付保险费 29 140 元。2011 年 5 月 14 日晚 9 时许，被保险人驾驶承保车辆发生事故，汽车坠入山涧并起火烧毁。高某在返回后报案，保险公司和公安局在次日上午进行了现场勘察。被保险人于 2011 年 8 月 6 日提出索赔，保险公司以 "不属于保险责任" 为理由拒赔。被保险人遂提起诉讼。

被告保险公司认为原告欺诈骗赔，理由如下。

① 原告以 8 万元购买的奔驰轿车却投保 130 万元的车辆损失险，未履行如实告知的义务，故意隐瞒事实。

② 原告没有履行法定程序向公安交通部门和消防部门报案。

③ 被告有所在地的科技咨询中心鉴定结果，结论为 "该车起火不是由于车辆驶出公路沿山体坡道行驶时发生的碰撞引起的"。

法院同意被告的意见，认为原告违反了最大诚信原则，未能及时报案，事后拒绝向被告提供该车的实际价值，原告不能举出汽车起火的直接证据，并根据被告的鉴定，判决原告败诉，被告胜诉。

原告不服上诉。省高法将此案发回重审。

重审时，法院认为：保险合同中约定了承保车辆的可保价值为 130 万元，保险金额也是 130 万元，为 "定额保险"；科技咨询中心的经营和业务范围不包括鉴定职能，其结论不予采用；"被告提出的原告骗保问题" 证据不足。

因此，重审判决原告胜诉，被告败诉。

2. 案例分析

本案涉及如下的法律原则。

① 保险欺诈的标准和证据的确定。保险欺诈和保险欺诈罪不同，保险欺诈属于民事纠纷，保险欺诈罪则属于刑事犯罪。因此，它们适用不同的证据原则。作为民事诉讼的保险欺诈，只要证据占优就可能打赢官司。而确定保险欺诈罪的证据必须确凿，不能存在任何合理的疑问。

本案例中，要想确定被保险人投保骗赔，保险人必须证明被保险人是出于欺诈的动机投保和存在故意造成损失的欺诈行为。诉讼中，保险人恰恰没能证明这两点。首先，被保险人为 8 万元购买的轿车投保 130 万元的车辆损失险确实令人产生疑问，但保险人仅仅以此作为存在欺诈动机的理由显然是不充分的。如果被保险人接受他人馈赠的汽车，是否就不能购买保险呢？其次，保险人提供的鉴定指出 "该车起火不是由于车辆驶出公路沿山体坡道行驶时发生的碰撞引起的"，但该鉴定并未得出汽车起火是由于被保险人纵火造成的结论。

在民事诉讼中，谁主张谁举证。在保险中，火灾是属于结果的承保危险。在发生属于结果的承保危险时，被保险人只需要证明发生了这种结果，而保险人在引用除外责任拒赔时，负有要首先举证的责任。因此，一审认为"原告不能举出汽车起火的直接证据"的理由是不能成立的。只有当保险人证明汽车起火是由于被保险人纵火造成的时候，被保险人才负有证明自己并未纵火的责任。

② 对保险中最大诚信原则的理解。保险合同是最大诚信合同，被保险人和保险人均应履行如实告知的义务，尽管事实上的如实告知的责任主要是落在被保险人一方。由于承保技术的进步和保险公司经济实力的增强，现代各国保险法都不同程度地放宽了被保险人严格履行如实告知的义务。例如，被保险人故意不告知可以成为保险人解除保险合同的理由。不过，保险人负有证明被保险人故意不告知的举证责任。保险人为了加重被保险人的责任，减轻自己的负担，最简便的方法就是增加询问的内容，因为凡是询问的都是重要的事实。在本案例中，被保险人投保时，如果保险人询问了汽车的购买价格，被保险人没有如实回答就可能构成不实陈述，进而成为保险人解除保险合同的理由。相反，如果保险人认为汽车的购买价格属于重要事实，是保险人承保的基础，而保险人不去询问这样的重要事实，就构成了保险人自己的疏忽或错误。以保险人的疏忽或错误作为拒绝赔偿被保险人的理由显然是不公平的。此外，如果保险人认为汽车的购买价格属于重要事实，被保险人的不告知可以作为拒赔的理由，而又有意不去询问，那么，保险人的最大诚信则无从体现。

如前所述，汽车保险合同是不定值合同，保险人的最高赔偿限额之一是承保汽车的实际现金价值。实际现金价值的定义是汽车的重置成本减去折旧。无论新车或旧车，其市场价格是保险人已知或应知的事实，在一般情况下是被保险人无须告知的事实。

3. 案例结论

综上，由于保险公司并不能举证被保险人的保险欺诈的动机，重审的判决是没有错误的。尽管在这个案例中，被保险人在投保和索赔中存在着许多疑点，被保险人有明显的骗赔动机，事故现场又没有明显的意外事故痕迹，但他却打赢了官司。这种情况在目前的汽车保险理赔中不是个别现象。随着保险业的快速发展，保险欺诈有增无减。从保险人的角度看，应该研究相应的对策。

① 必须提高承保技术并科学地订立保险合同。在被保险人投保时，如果保险人询问了投保车辆的购买价格，核实了车辆的实际车况，了解了投保人当时的经济状况，认为投保人有骗赔的可能，则保险人有权决定只接受第三者责任险而拒绝承保车辆损失险。也可以将询问的内容书面记录于投保单中，构成保险合同的一部分。此外，在这个案例中，即使科技咨询中心可以进行某种技术鉴定，其鉴定结果也不一定能够构成法庭所接受的证据。在一般情况下，交通事故的证据应该由国家的交通执法部门提取和保存。

新规中明确以车辆实际价值进行赔付，保险公司在承保时应对车辆实际价值进行评估。

② 理赔必须技术化，诉讼必须重证据。在处理保险赔案中，必须重视科学分析、取证和举证。假如在这个案例中，保险人能够证明车没有翻滚，因车的油箱在尾部，在发生前部碰撞的情况下，油箱不可能起火；或油箱起火是由外部引燃的；或虽然山崖很陡峭，车辆成 90° 角直立，但被保险人毫发无伤，或转向盘和仪表盘无任何血迹等，保险人显然就有了占优势的证据。保险人还应该学会充分利用专家证词。欺诈骗赔通常都是经过了诈骗者精心策划的，但仍然会留下蛛丝马迹。

这就需要刑事侦查方面的专家和各种技术专家提供旁证。有时，旁证和间接证据与直接证据同样重要。保险公司也应该拥有自己的法庭科学专家，或者与法庭科学研究机构或刑事侦查研究单位进行合作。

③ 保险的发展有赖于社会环境的改善。保险公司在对付保险骗赔时，除了加强制度内的研究，还必须注意对制度外问题的研究。例如，地方保护主义、黑社会势力等。

5.2.3　点火照亮引起火灾应否赔偿案例

1. 案情介绍

某市政府于 1999 年购置了一辆公务小客车，一直在当地某保险公司投保，并由驾驶员陈某负责其日常维护保养。由于陈某精心维护，几年来从未出现大的事故。对于车辆经常出现的小故障，陈某凭着对该车情况的熟悉，一般都能自己动手解决。2002 年 5 月，陈某外出时车辆意外抛锚。因当时天色已晚，陈某急于赶路，便下车打开机器盖检查。他隐隐嗅到一股燃油味，但看不清来自何处，遂从兜中摸出打火机照亮。突然，一股火苗从发动机下部蹿起，迅速蔓延到全车。陈某虽奋力抢救，车辆最终仍被全部烧毁。事后经当地消防中队认定，是车辆供油管道渗漏，遇外来火源起火。

2. 案例分析

目前国内行驶的许多车辆的前部机器盖内都没有装置照明设备，给驾驶员在昏暗光线下的检修增添了障碍，尤其是户外发生故障时，检修起来就更加困难。该案中陈某怀疑车辆供油系统渗漏，为防止出现更大事故，急于强行检修。但他忽略了应远避火源的原则，反而用明火照亮，这是引起火灾的主要原因。无疑，陈某对起火负有严重过失责任。但严重过失并不是保险的除外责任。本起事故应属于保险责任中的"火灾"，保险公司应按照保险合同的规定予以赔偿。

在《机动车辆保险条款》中，被保险人及驾驶员的故意行为所导致的保险事故和损失被列为保险人的责任免除。但"故意"行为与被保险人的"过失"是两种完全不同的心理状态。故意是指行为人已预见到自己的行为会造成某种后果，而追求或放任该结果发生；过失则是指行为人能够或应当预见到其行为会造成某种后果，但由于疏忽大意没有预见到或虽已预见到却因过于自信而未能避免。被保险人及驾驶员的故意行为由于存在着极大的道德风险，不属于不可预见的风险，因此绝大多数的险种都将其从承保风险中剔除。而在大多数保险车辆发生的意外事故中，被保险人或驾驶员都或多或少地存在着诸如违章、处理措施不当之类的过失，除某些过失违反被保险人义务或因风险较大而被列为责任免除的情形外，其他状况下由于被保险人或驾驶员的过失而引发的保险事故，保险人均应当依据保险合同的规定予以赔偿。

5.2.4　轿车降价后是否按保险金额赔偿案例

1. 案情介绍

张某 2001 年 8 月新购一辆桑塔纳轿车，市场价为 13 万元，并以此向保险公司投保了车损险，期限一年。2002 年 5 月张某在高速公路上驾车，因跟车过近，不慎撞上前面一辆集装箱货车，造成桑塔纳车全车报废，张某当场死亡。公安交通管理部门鉴定张某负主要责任。张某的继承人持保险合同向保险公司提出索赔。保险公司认定事故属于保险责任，但双方在具体赔偿金额上未达成协议。原因在于桑塔纳轿车的价格于 2002 年的 13 万元降至 11.8 万元。张某家属要求按车损险保险金额 13 万元赔偿。保险公司则坚持按调整后价值 11.8 万元计算赔偿。保险公司应如何赔偿？依据是什么？应该赔偿的金额是多少？

2．案例分析

保险条款中明确规定，机动车辆在全部损失的情况下，按保险金额计算赔偿，但保险金额高于实际价值时，以不超过出险当时的实际价值计算赔偿。根据保险的损失补偿原则，保险人应当在责任范围内对被保险人所受的损失进行补偿，其目的在于通过补偿使保险标的恢复到保险事故发生前的状况，被保险人不能获得多于或少于损失的补偿。本案中保险人按调整后价值 11.8 万元计算赔偿，足以使被保险人的遗属在当时的市场上购买与保险车辆同型号的新车，已经使被保险人的损失得到了充分、有效的补偿，因此保险公司通常是这样处理的。

$$赔偿金额 = 11.8 \times （1 - 15\%） = 10.03（万元）$$
$$或赔偿金额 = （11.8 - 残值）\times （1-15\%）$$

5.2.5　车辆过户未告知，保险公司拒赔案例

1．案情介绍

高某于 2012 年 7 月在北京某保险公司为其购置的捷达轿车投保了车辆损失险、第三者责任险，交纳保险费 17 000 元。同年底，高某经汽车交易市场将捷达车卖给金某，高某未告知保险公司。2013 年 1 月，金某驾车行驶至北京市车公庄路口与同方向王某驾驶的桑塔纳 2000 型轿车相撞，交通队认定金某负全责。金某支付王某修车费 5 800 元。金某在向保险公司索赔时遭到拒赔，金某遂诉至北京西城法院，法院驳回了金某的诉讼请求，并判决诉讼费由金某负担。

2．案例分析

北京西城法院认为，本案争议的焦点是保险合同的标的转让是否应当通知保险人。保险标的是肇事车辆捷达小轿车。投保人是高某。《保险法》第三十四条规定：保险标的的转让应当通知保险人，经保险人同意继续承保后，依法变更合同。因为保险公司只对保险标的具有法律上承认的保险利益的人提供保险保障。高某作为捷达轿车的所有人，可以投保财产保险合同，但其将捷达轿车所有权转移给金某时，则相应的保险利益亦随之转移给金某，高某已没有在该财产保险合同中作为投保人的资格。本案中，由于高某和金某未通知保险公司保险标的的权利已转移，致使保险公司未就投保人和被保险人变更为金某办理变更手续，故金某不能因依法取得的捷达轿车所有权而自然取得保险赔偿请求权。

5.2.6　未缴足保险费赔偿案例

1．案情介绍

某地个体运输户高某，于 2008 年 12 月将一辆 16 座面包车向当地保险公司投保车辆损失险和第

三者责任险。保险金额为 12 万元，应付保费 2 850 元。当保险单填妥向高收费时，高声称钱未带够，因急于出车，要求先将保险单给他，下午再将其余的钱交来。接着在征得经办人同意后，便交了保费 1 000 元，将保险单带走。

但事后高某并未如约补交保险费，保险经办人曾多次催收，并表示如再拖欠不交，出事后就不负责赔偿，均被其敷衍搪塞，一直未收到余款。到 2009 年 4 月，保险车辆在行驶途中翻车，造成 6 万余元的损失，投保人向保险公司提出索赔。

2. 案例分析

本案可以从以下几个方面来分析。

① 保险合同成立并不以是否缴纳了保险费为前提。根据有关法律规定，保险人向投保人出具保险单或保险凭证就意味着保险合同成立。所以，是否交纳保险费不是保险合同成立的必要条件。本案中即使高某没交保险费，其保险合同也是成立的。

② 保险合同成立不等于保险责任开始。保险合同成立并不代表发生保险责任事故就一定能得到赔偿，要看此时保单是否具有效力。保单效力是指被保险人需要严格地遵守和履行保险单的各项规定，是保险公司在所签订的保险单项下承担赔偿责任的先决条件。

③ 缴纳保险费是投保人的义务。投保人支付保险费的方式有两种。

- 若合同没有特别约定时，支付保险费义务的履行，必须在合同成立时进行，其数额为全额。如果在合同成立时不立即支付保险费或只是部分支付保险费，则构成对《保险法》第 14 条关于支付保险费义务规定的违反。

- 若合同有特别约定时，其支付保险费的方式依据该约定履行。保险合同成立后，保险当事人、关系人依据保险合同，既享有一定的权利又负有一定的义务，负有义务的人若不履行该项义务，将承担相应的法律后果。各险种条款中也通常在被保险人义务中写明被保险人或其代表应根据保险单和批单的规定交纳保险费。

④ 违反交纳保险费的义务要承担违约责任。违反支付保险费义务表现为在保险合同期限内完全不支付保险费和在保险合同期限内只支付部分保险费。

从本案来看，高某的行为与第二条相符。保险条款中明确指出投保人或被保险人违反义务，保险人有权拒绝赔偿或解除合同。

⑤ 本案中保险人有过错责任。对于投保人不按约支付保险费，保险人应依法采取催收或终止保险合同等措施。催收应以书面形式为妥，对于催收无效的情况，应及时终止保险合同。本案纠纷的产生与保险人对应收保费的催收措施和管理不到位不无关系。另外，在签订保险合同时，因对保险费的缴付时效没做明确规定而留有隐患。

在现实中，法院可能按混合过错处理，即投保人有未足额支付保险费的过错，保险人有未书面约定分期缴费的过错。因而，由保险人按所收保费占全额保费的比例，承担相应的保险责任，给予被保险人部分经济补偿。

综上所述可知，保险合同为劳务合同，保险人与被保险人既享有权利，又要承担义务，权利与义务是对等的。根据《民法通则》有价有偿的原则，高某交纳了 1 000 元保险费，履行了一定的义务，理所当然要享有一定的保障权利。保险公司应根据高某履行交纳保费义务的比例承担相应的保险赔偿责任。

5.2.7 进口车按国产标准缴费赔偿纠纷案

1. 案情介绍

某建筑公司以一奔驰轿车向江苏省盐城市郊区某保险代办处投保机动车辆保险。承保时，保险代理人误将该车以国产车计收保费，少收保费 482 元。保险公司发现这一情况后，遂通知投保人补缴保费，但遭拒绝。无奈下，保险公司单方面向投保人出具了保险批单，批注："如果出险，我公司按比例赔偿。"合同有效期内，该车不幸出险，投保人向保险公司申请全额赔偿。此案应如何赔偿？

2. 案例分析

如果本着保险价格与保险责任相一致的精神，此案宜按比例赔偿，但依法而论，本案只能按全额赔偿。理由如下。

① 最大诚信原则使然。保险合同是最大诚信合同。如实告知、弃权、禁止反言是保险最大诚信原则的内容。本案投保人以奔驰轿车为标的投保是履行如实告知义务。保险合同是劳务合同，即一方的权利为另一方的义务。在投保人履行合同义务后，保险公司依法必须使其权利得以实现，即依合同规定金额赔偿保险金。保险代理人误以国产车收取保费的责任不在投保人，代理人的行为在法律上应推定为放弃以进口车标准收费的权利即弃权。保险公司单方出具批单的反悔行为是违反禁止反言的，违背了最大诚信原则，不具法律效力。

② 保险公司单方出具保险批单不影响合同的履行。法理上，生效合同只有双方在其中重要问题上均犯有同样错误才影响其法律效力。一方的错误即单方错误不属合同的错误，不影响合同效力。本案中，保险代理人错用费率是单方错误，不影响合同效力。保险公司出具批单是变更合同行为。保险合同是经济合同，一经订立即发生法律效力，双方当事人必须自觉遵守合同条款，严格履行合同义务。除法定原则外，任何一方不得随意变更，否则其行为视为违约。

③ 该合同自始至终具有法律约束力。保险合同依法成立可概括为要约和承诺。本案投保方已向保险方要约，保险方就投保方的要约也做了承诺，该合同依法成立。按《合同法》规定，合同依法成立，即具有法律约束力。因此，本案保险合同自成立起即具有法律约束力。

④ 保险公司不得因代理人承保错误推卸赔偿责任。《民法通则》第六十三条规定："代理人在代理权限内，以被代理人的名义实施民事法律行为，被代理人对代理人的行为承担民事责任。"《保险法》第一百二十八条规定："保险代理人根据保险人的授权代为办理保险业务的行为，由保险人承担责任。"据此，本案应全额赔偿。

3. 案例结论

保险费率是保险代理人在业务操作中所必须准确掌握的，保险代理人具有准确适用费率的义务。法律上，保险公司少收保费的损失应当由负有过错的保险代理人承担，不能因投保人少交保费而按比例赔偿。保险公司在收取补偿保费无结果的情况下，只能按照奔驰进口车的全额给付，而不是按比例赔付。否则，有违民事法律过错责任原则，使责任主体与损失承担主体错位。

5.2.8　保险赔款可否按出资比例分配案例

二人共同拥有的财产投保后，一方未被列为被保险人，一旦风险发生时，还能享有保险赔偿金的请求权吗？共有人对共有财产的保险利益应该如何认定呢？

1．案情介绍

孙某与朋友王某于 2011 年 5 月共同出资购得东风牌大卡车一辆，其中孙某出资 3 万元，王某出资 5 万元。二人约定，孙某负责卡车驾驶而王某负责联系业务，所得利润按双方出资比例分配。赵某（某保险公司的业务员）在得知孙某购车跑运输后，即多次上门推销车辆保险，并表示可以先帮孙某垫付第一年的保险费。在赵某多次劝说下，孙某碍于情面，表示同意投保车损险和第三者责任险，但保险费先由赵某垫付。随后，赵某为孙某填写了投保单并垫付了保险费，某保险公司也向孙某签发了保险单，保险单中孙某被列为投保人和被保险人。2011 年 10 月，孙某驾驶的卡车与他人的车辆发生碰撞，卡车全部毁损，孙某也当场死亡。王某在事故发生后，从赵某处了解到孙某曾向保险公司投保，于是与孙某的家人一起向某保险公司提出索赔。保险公司认为，根据保单记载，孙某是投保人与被保险人，保险公司只能向孙某进行赔付。王某并非保险合同当事人，无权要求保险公司赔偿。并且，因投保车辆属孙某与王某共有，孙某仅对其应得的份额部分有保险利益，所以保险公司不能全额赔付，而只能赔偿孙某应得份额部分价值。王某与孙某的家人均表示不能接受，于是向人民法院起诉。法院经审理认为，由于孙某负责投保车辆的驾驶及实际运营，因此可以认定孙某对投保车辆具有完全的保险利益，保险公司部分赔付的主张不能成立。同时，投保车辆属孙某与王某共有，孙某仅对投保车辆享有部分所有权，因此孙某不能获得全部赔款，而应将保险赔款按出资比例进行分配。

2．案例分析

本案的焦点问题有三个：一是共有人王某未在保单中列明为被保险人，可否享有保险赔偿金请求权？二是共有人对共有财产的保险利益如何认定？三是共有财产受损，共有人如何分配保险赔款？根据我国《保险法》第二十二条的规定，"被保险人是指其财产或者人身受保险合同保障，享有保险金请求权的人"。并且，按照《保险法》第十九条的规定，"保险合同应当包括被保险人的名称和住所"。未载明为被保险人的任何人，不得享有保险金请求权。因此，本案中，王某虽是投保车辆的共有人，但因未在保单中载明为被保险人，不能享有保险金请求权，王某不能成为本案的共同原告，法院应当裁定驳回王某的起诉。应注意的是，在国外的若干保单中，有所谓"额外被保险人"的说法，即除保单中列明的被保险人外，还包括其他在保险财产上有保险利益的人，或其损失亦包括于承保范围内的人。例如在火灾保险中，除保单列明的被保险人外，如有抵押权人条款，则被保险财产之抵押权人，可为额外被保险人。但在我国的保险实践中，则不存在所谓"额外被保险人"的做法，只有保单中列明的被保险人，才可享有保险金请求权。我国《保险法》第十二条还规定，"投保人对保险标的应当具有保险利益"。

5.2.9　事故两天后报案是否为肇事逃逸

1. 案例介绍

保险车辆行驶途中因躲避其他车辆，车辆侧滑后与路中隔离墩相撞，致使车辆受损。事故发生后，驾驶员离开现场，于两天后去交警队报案。

2. 案例分析

驾驶员在没有其他原因的情况下，弃车离开现场的行为是否可以认为"肇事逃逸"？对于该案，保险人应主动予以调查，掌握是否因诸如酒后驾车、肇事时是否可能他人无证驾驶等原因才弃车离开现场的证据。如无道德风险方面的证据，仅根据条款解释，肇事逃逸是为了"逃避法律法规制裁"，那么该案驾驶员于肇事后第三天主动去车管所报案，难以视其为"肇事逃逸"。

新《保险法》规定，事故发生后，在未依法采取措施的情况下驾驶被保险机动车或者遗弃被保险机动车离开事故现场，保险公司不予以赔偿。因此本案不赔偿。

5.2.10　车辆损失险台风损失赔偿案例

1. 案情介绍

某海边地区台风登陆，将停车场内停放的大量摩托车刮倒。张某的两轮摩托车因被刮倒，导致油箱破漏。张某为修复油箱花费数百元。该车已在保险公司投保了车辆损失险，张某就油箱的修复费用向保险公司提出索赔。保险公司以条款规定"两轮及轻便摩托车停放期间翻倒的损失"属责任免除为由表示拒赔。张某不服，认为自己车辆损失的原因是遭遇到台风。双方争执不下，张某遂将该争议诉至法院。

2. 案情分析

本案争议的焦点是保险车辆的损失是属于保险责任"台风"，还是属于责任免除"两轮及轻便摩托车停放期间翻倒的损失"。保险条款将"两轮及轻便摩托车停放期间翻倒的损失"列为责任免除的本意，是由于此类车辆停放的稳定性较差，在没有明显的外力作用的情况下较易翻倒，被保险人以此为损失原因索赔时，含有道德风险的可能性较大，且难以查证。但是，不能将该责任免除绝对化地适用于任何情况，而应视具体情况进行分析。"台风"可能会造成保险车辆各种各样的损失，而摩托车的翻倒只不过是台风造成的一种轻微损失形式。因此，应当根据近因原则认定该损失是由于"台风"这一保险事故造成的，属于保险合同列明的保险责任，保险人应当按照保险合同的规定予以赔偿。

3. 案例结论

损失原因的分析应当遵循近因原则，寻找导致损失的根本原因。如果造成损失的原因属于列明保险责任，保险人就应该给予赔偿；如果造成损失的原因属于未保风险和除外责任，保险人则有充足的理由予以拒赔。故本案保险公司只能按实际损失在保险金额内予以赔偿。

5.2.11　熟人窃车的理赔

1. 案情简介

2014年7月13日，某公司经理文先生购买了一辆奥迪轿车，随即向当地某保险公司投保了机动车辆损失险及附加盗窃险，保险金额为45万元。保险合同生效后的一天晚上，文先生因招待几位客户少量饮酒后欲驾车回家，客户之一的赵某主动提出他有驾驶证，可以为文先生驾车护送其回家。赵某驾驶奥迪轿车送文先生到其住处，不料文先生刚一下车，赵某趁其不备将车开走。文先生猛然悔悟，拦截一辆出租车追赶，但没能追上。当天晚上文先生就向当地派出所报了案。派出所立案审查后，对赵某做出收审决定，并先后两次派警员前往赵某居住地逮捕赵某，但赵某已潜逃外地，收审无法进行。3个月后，公安机关正式出具了机动车丢失证明，证明文先生的奥迪轿车已于3个月前在其住所附近被人抢夺，至今尚未侦破结案。

文先生拿着保险公司的保险单和公安机关出具的丢车证明，要求保险公司赔偿。保险公司做出了拒赔决定，文先生随即向法院起诉要求保险公司赔偿。

2. 案情分析

保险公司做出了拒赔决定的理由是根据当时适用的《机动车辆保险条款》，文先生的车并未全车失窃。全车失窃是指保险车辆在停放过程中被他人偷走或在行驶过程中被盗匪抢走。本案中，被保险人车主文先生是亲自将车钥匙交给赵某后由其开走的，不符合全车失窃规定的要件，因此拒绝赔付。

文先生向法院起诉要求保险公司赔偿的理由是车主作为投保人和被保险人已履行了应尽的义务，公安机关已排除了与抢夺人共同故意行为的可能性，被抢夺的车辆属于保险责任范围内。未经车主本人同意而抢夺车辆也是盗窃的一种方式，也应赔付。

3. 案例结论

法院经一审判决裁定：原告文先生投保的车辆被他人非法占有，车辆已脱离原先控制，应视为车辆全车失窃，判令保险公司赔偿原告全额保险金45万元。保险公司不服，上诉到二审法院，二审法院维持原判。

5.2.12　多车碰撞事故车损险代位求偿计算案例

1. 案情简介

A车在甲保险公司投保了机动车辆损失险、交强险、50万元商业三者险及不计免赔率险；B车在乙保险公司投保了机动车辆损失险、交强险、100万元商业三者险及不计免赔率险；C车在丙保险公司投保了机动车辆损失险、交强险、50万商业三者险及不计免赔率险；三车均未投保车损险附加不计免赔率险。发生多方互碰交通事故。经交警认定，A车70%责任，B车20%责任，C车10%责任；A车损失4 000元，B车损失10 000元，C车损失5 000元，事故中无人受伤，无其他财产损失。A车申请代位求偿，B、C未申请代位求偿，经与B、C协商，A车申请甲保险公司直接将其交强险、商业三者险赔款支付给B、C车。

2. 代位求偿计算

（1）甲保险公司赔付计算

1）赔付 A 车及追偿计算

① 赔付 A 车代位求偿方式下，甲保险公司在车损险项下赔付 A 车金额=4 000 ×(1−15%)=3 400 元

② 各公司交强险赔付计算。

甲保险公司交强险赔付 B 车损失金额=(10 000/2)/(10 000/2+5 000/2)×2 000 = 1 333.33 元

甲保险公司交强险赔付 C 车损失金额=(5 000/2)/(10 000/2+5 000/2)×2 000 = 666.67 元

乙保险公司交强险赔付 A 车损失金额=(4 000/2)/(4 000/2+5 000/2)×2 000 = 888.89 元

乙保险公司交强险赔付 C 车损失金额=(5 000/2)/(4 000/2+5 000/2)×2 000 = 1 111.11 元

丙保险公司交强险赔付 A 车损失金额=(4 000/2)/(4 000/2+10 000/2)×2 000 = 571.43 元

丙保险公司交强险赔付 B 车损失金额=(10 000/2)/(4 000/2+10 000/2)×2 000 = 1 428.57 元

③ 甲保险公司应追偿代位赔款金额。

非代位模式下车损险赔付 A 车赔款计算金额 =(4 000−888.89−571.43)×70%×(1−15%)=1 511.11 元

应追偿代位赔款金额 = 代位模式下车损险赔款 − 非代位模式下车损险赔款 = 3 400 −1 511.11

　　　　　　　　= 1 888.89 元

甲保险公司代位赔付 A 车后，就其代位赔款向 B、C 车承保公司追偿：

甲保险公司应向乙保险公司交强险追偿 888.89 元

甲保险公司应向丙保险公司交强险追偿 571.43 元

甲保险公司应向乙公司商业三者险追偿金额 =(1 888.89 − 888.89 − 571.43)×20%/(20% + 10%)

　　　　　　　　= 285.71 元

甲保险公司应向丙公司商业三者险追偿金额 =(1 888.89 − 888.89 − 571.43)×10%/(20% + 10%)

　　　　　　　　= 142.86 元

2）甲保险公司赔付 B 车计算

① 在交强险项下赔付 B 车损失金额 = 1 333.33 元

② 在商业三者险项下赔付 B 车损失金额 = (10 000 − 1 333.33 − 1 428.57)×70%×(1−15%)

　　　　　　　　= 4 306.67 元

③ 在商业三者险附加不计免赔率项下赔付 B 车损失金额 = (10 000 −1 333.33 − 1 428.57)×

　　　　　　　　70%×15% = 760 元

④ 甲保险公司共赔付 B 车合计金额 = 1 333.33 + 4 306.67 + 760 = 6 400 元。

3）甲保险公司赔付 C 车计算

① 在交强险项下赔付 C 车损失金额 = 666.67 元

② 在商业三者险项下赔付 C 车损失金额 = (5 000 − 666.67 − 1 111.11)×70%×(1 − 15%)

　　　　　　　　= 1 917.22 元

③ 在商业三者险附加不计免赔率项下赔付 C 车损失金额 = (5 000 − 1 333.33 − 1 428.57)×

　　　　　　　　70%×15% = 338.33 元

④ 甲保险公司共赔付 C 车合计金额 = 666.67 + 1 917.22 + 338.33 = 2 922.22 元

4）甲保险公司赔付小计

代位赔付 A 车 3 400 元；赔付后向乙保险公司追偿交强险 888.89 元，追偿商业三者险 285.71 元；

向丙公司追偿交强险 571.43 元，追偿商业三者险 142.86 元。赔付 B 车 6 400 元，赔付 C 车 2 922.22 元。共计赔付 12 722.22 元，应追偿 1 888.89 元。

（2）乙保险公司赔付计算

1）赔付 A 车计算

① 交强险应赔付 A 车 888.89 元，赔付甲保险公司。

② 商业三者险及其附加不计免赔率险应赔付 A 车计算。

商业三者险应赔付 A 车 = (4 000 − 888.89 − 571.43) × 20% × (1 − 5%) = 482.54 元。

商业三者险附加不计免赔率险应赔付 A 车 = (4 000 − 888.89 − 571.43) × 20% × 5% = 25.40 元。

商业三者险及其附加不计免赔率险应赔付 A 车 = 482.54 + 25.40 = 507.94 元；其中赔付甲保险公司追偿款 285.71 元，赔付 A 车 222.22 元。

2）赔付 B 车

在车损险项下赔付 B 车金额 = (10 000 − 1 333.33 − 1 428.57) × 20% × (1 − 5%) = 1 375.24 元。

3）赔付 C 车

① 交强险赔付 C 车 1 111.11 元。

② 商业三者险及其附加不计免赔率险应赔付 C 车计算。

商业三者险应赔付 C 车 = (5 000 − 666.67 − 1 111.11) × 20% × (1 − 5%) = 612.22 元。

商业三者险附加不计免赔率险应赔付 C 车 = (5 000 − 666.67 − 1 111.11) × 20% × 5% = 32.22 元。

商业三者险及其附加不计免赔率险应赔付 C 车 = 612.22 + 32.22 = 644.44 元。

③ 乙保险公司交强险赔付 C 车 1 111.11 + 644.44 = 1 755.55 元。

4）乙保险公司赔付小计

交强险赔付甲保险公司追偿款 888.89 元；商业三者险及其附加不计免赔率险应赔付 A 车损失 507.94 元，其中赔付甲保险公司追偿款 285.71 元，赔付 A 车 222.22 元；合计 1 396.82 元。赔付 B 车 1 375.24 元，赔付 C 车 1 755.55 元。总计赔付 4 527.61 元。

（3）丙保险公司赔付计算

1）赔付 A 车损失

① 交强险赔付 A 车损失 571.43 元。

② 商业三者险及其附加不计免赔率险应赔付 A 车损失计算。

商业三者险应赔付 A 车损失 = (4 000 − 888.89 − 571.43) × 10% × (1 − 5%) = 241.27 元。

商业三者险附加不计免赔率险应赔付 A 车损失 = (4 000 − 888.89 − 571.43) × 20% × 5% = 12.70 元

商业三者险及其附加不计免赔率险应赔付 A 车损失 = 241.27 + 12.70 = 253.97 元；其中赔付甲保险公司追偿款 142.86 元，赔付 A 车 111.11 元。

2）赔付 B 车损失

① 交强险赔付 B 车 1 428.57 元。

② 商业三者险及其附加不计免赔率险应赔付 B 车计算。

商业三者险应赔付 B 车 = (10 000 − 1 333.33 − 1 428.57) × 10% × (1 − 5%) = 687.62 元。

商业三者险附加不计免赔率险应赔付 B 车 = (10 000 − 1 333.33 − 1 428.57) × 10% × 5% = 36.19 元。

商业三者险及其附加不计免赔率险应赔付 B 车 = 687.62 + 36.19 = 723.81 元。

③ 丙保险公司赔付 B 车合计赔款金额 = 1 428.57 + 723.81 = 2 152.38 元。

3）赔付 C 车损失

在车损险项下赔付 C 车金额 =（5 000 − 666.67 − 1 111.11）× 10% ×（1 − 5%）= 306.11 元

4）丙保险公司赔付小计

交强险赔付甲保险公司追偿款 571.43 元；商业三者险及其附加不计免赔率险应赔付损失 A 车损失 253.97 元，其中赔付甲保险公司追偿款 142.86 元，赔付 A 车 111.11 元；合计 825.40 元。赔付 B 车 2 152.38 元，赔付 C 车 306.11 元。总计赔付 3 283.89 元。

3. 案例结论

（1）A 车得到的赔款金额

从甲保险公司得到的赔款 3 400 元，从乙保险公司继续索赔的赔款 222.22 元，从丙保险公司继续索赔的赔款 111.11 元，总计 3 733.33 元。

A 车因未投保车损险附加不计免赔率险，差额 266.67 元自担。

（2）B 车得到的赔款金额

从甲保险公司得到的赔款 6 400 元，从乙保险公司得到的赔款 1 375.24 元，从丙保险公司得到的赔款 2 152.38 元，总计 9 927.62 元。

B 车因未投保车损险附加不计免赔率险，差额 72.38 元自担。

（3）C 车得到的赔款金额

从甲保险公司得到的赔款 2 922.22 元，从乙保险公司得到的赔款 1 755.55 元，从丙保险公司得到的赔款 306.11 元，总计 4 983.88 元。

C 车因未投保车损险附加不计免赔率险，差额 16.12 元自担。

5.3 汽车第三者责任险理赔实例

5.3.1 被盗车辆导致第三者损失的案例

1. 案情介绍

车主王某发现其新购的富康车被盗，当即向公安局和保险公司报案。盗窃者在盗车过程中，违规行车发生交通事故，与一辆摩托车相撞。保险公司就摩托车及其驾驶员的损伤即第三者责任是否履行赔偿责任，产生了两种不同的意见：第一种意见认为对此应该拒赔，理由是盗窃者使用保险车辆致使第三者损伤的，显然不属于赔偿责任范围。第二种意见认为应该先向被保险人赔付，待盗窃者被抓后，再向其追偿。因为《机动车辆保险条款》没有明确规定保险车辆失窃后，盗窃者驾驶时造成的第三者责任应履行赔偿义务，但也没有明确规定其属于除外责任。对于这一合同没有约定事项，根据公平互利的原则，应先向被保险人履行给付赔偿金义务，再进行代位求偿，以维护双方的利益。

2. 案例分析

（1）从保险法律关系角度来看，保险合同中的法律关系主体是被保险人和保险人，而非其他人。因他人造成的事故责任不属于保险合同责任范围。构成保险事故和赔偿责任必须有以下要素：一是行为主体必须是被保险人或其允许的驾驶员使用保险车辆；二是行为主体必须是持有效驾驶证件开车；三是必须是发生意外事故。而本案中盗窃者显然是保险合同关系的第三人，而非合同的行为主体，因其造成的意外事故而致使摩托车及其驾驶员的损伤责任不应属于保险合同的责任范围，保险人理应拒赔。

（2）从保险的本质和经营特征来看，保险职能在于补偿风险事故造成的损失，以风险为经营的对象，但不是所有风险，而是不确定的纯粹风险。对于违反法律和社会公共秩序而引发的风险不予承保。盗窃者偷窃保险车辆是一种犯罪行为，他既不是被保险人，也不是被保险人允许的驾驶人员，即使是被保人或其允许的驾驶人员因违法造成的事故，保险公司也不负保险责任。

3. 案例结论

此案对于被盗车辆的损失，保险公司有义务进行赔偿，而对于造成的第三者损伤不负补偿责任。新规规定被保险机动车被盗抢期间肇事的，保险公司不承担赔偿责任，但保险公司应在保险责任限额范围内垫付抢救费用，并有权向致害人追偿。因此保险公司应先行垫付抢救费用，并有权向致害人追偿。

5.3.2　撞车后毒气伤人损失的理赔案例

1. 案情介绍

某年12月初，驾驶员王某驾驶的大客车载客至天津。行经河北某地段时，因占道行驶与迎面而来的刘某驾驶的载有有毒化工原料的大货车发生碰撞，致使两车驾驶员及各自车上人员多人受伤和两车严重受损的交通事故。两车碰撞后，货车上装有毒气的铁桶和塑料桶破损，顿时毒气四溢，上述受伤人员在撞伤后又因吸入毒气而导致伤势更加严重。

在这次事故中，客车驾驶员王某及其乘客医疗费用总计达3万元，货车驾驶员刘某及其押送员医疗费总计达2万元。根据《道路交通管理条例》第七条的规定，"车辆、行人必须各行其道……"王某驾驶客车违反此规定是造成事故的原因，应负全部责任，赔偿此次事故的全部损失。

王某的客车已经投保了车损险、第三者责任险和车上人员责任险。按照保险合同的有关规定，两车车身损失，车上人员撞车伤害均属保险赔偿范围。现在问题焦点是两车相撞后，由此造成的毒气伤人这部分损失是否属于保险责任范围。

2. 案情分析

对于毒气伤人的损失是否属于保险责任范围的问题，保险公司内部主要有以下三种观点。

① 主张拒赔。该客车发生碰撞的保险责任事故属于赔偿范围，而因碰撞瞬间造成的车损、货损以及人身伤害的扩大损失，不属赔偿责任。因此应对碰撞导致的人员伤害损失进行赔偿，而对毒气伤害的部分损失，不负责赔偿。需要确定的是，如何划分碰撞和毒气伤人这两部分不同原因导致的损失额。

② 主张部分赔付。依据保险的损失赔偿的原则，毒气伤人的损失应该属于保险事故造成的直接损失，而不是保险事故处理后造成的间接损失；直接损失属于保险责任范围，这部分保险公司应该赔付。另外，应该剔除货车驾驶员及其押送员因吸入毒气所致的损害赔偿部分。根据有关规定，作为运送剧毒物资的驾驶员和押送员在执行任务时应具有防护自身安全的措施，如佩戴防毒面具等，这是其工作职责。正是由于他们的失职过错，才导致自身吸入毒气中毒，加剧伤害程度，

这部分损失费用在赔偿时应予剔除。

③ 主张全部赔付。由于王某在保险事故中负全部责任，按照王某已保的险种，刘某及押运员因毒气受伤等医疗费用，王某的保险公司肯定要赔。由于王某所驾驶的车辆并非装载毒气的车辆，依据"车辆所载货物掉落、泄漏造成的人身伤亡或财产损失为除外责任"，保险公司不能就所有吸入毒气的受伤人员所产生的扩大的医疗费用拒赔。

3. 案例结论

保险公司应该负责赔偿本车的车辆损失（车损险）、刘某所驾驶车辆的损失、刘某及押运员的人身伤害补偿费用、刘某所驾驶车上的货物损失（第三者责任）、王某及本车上乘客的人身伤害补偿费用（车上责任）。

5.3.3　开车误撞家人索赔第三者险案例

1. 案情介绍

近日，林先生在将车从车库倒出时，没留意到先行下车的妻子正好从车后面穿过，林先生刹车不及将自己的妻子撞倒。林先生之前已向保险公司投保了保额为 10 万元的第三者责任险，在将妻子送往医院后，就向保险公司报了案。没想到，林先生的索赔申请却遭到了保险公司的拒绝，理由是林先生开车误撞的是自己的家人，不在第三者险责任范围内。

林先生的遭遇是所有的车主、驾驶员们都可能遇到的问题。对于保险公司的拒赔，几乎所有的车主们都感到十分意外，认为保险公司这样做是不合理的。"自己的家人只要不在车上，就属于第三者。开车误撞了，并不是故意行为，保险公司没有理由拒赔"。林先生对此愤愤不平，认为保险公司这一规定纯属"霸王条款"。

2. 案例分析

第三者险的部分除外责任包括以下几条：①驾驶员开车撞了自己家人；②驾驶员开车撞了自家财产；③同一个财务账户下的车辆（如同一单位的车辆）发生碰撞；④车上的一切人员受伤和财产发生损失；⑤车辆所载货物掉落、泄漏、腐蚀造成的损失；⑥保险事故引起的任何有关精神损害赔偿。

第三者责任险的承保范围并不包括车主的家人，这一项也是在第三者责任险的条款中写明的。目前所有的保险公司的保险条款都会将这一项列为除外责任。各保险公司的机动车第三者责任险条款，在"责任免除"一栏中，明确注明"保险车辆造成下列人身伤亡和财产损毁，不论在法律上是否应当由被保险人承担赔偿责任，保险人均不负责赔偿"。所列出的第一条便是"被保险人或其允许的驾驶员及他们的家庭成员，以及他们所有或代管的财产"。第三者责任险保障的是第三方的利益，保险赔款的受益人是第三方，不能自己赔自己。如果是驾驶员驾车撞了自己的家人，那么保险赔款的受益人就是和驾驶员有关的，并不是真正意义上的第三方。家人的保障可以通过购买其他保险产品来获得。

最初中国人民保险公司推出该产品时，条款是非常简单的。驾驶员的家人也在第三者的范围内，但这样很容易引发道德争议。因为有投保人为了获得不当利益，会有意制造事故，而骗取保险金，例如投保人联手家人制造假伤等骗取保险赔款。类似的骗保案件也曾经发生过，保险公司因此也承担了很大的风险。国际上，特别是东南亚国家，在第三者责任险中，一般都会将家庭成员及自有财产损失等列为除外责任。于是，为了防范道德风险，保险界开始将第三者条款进行了修改。保险公司在具体执行上，对是否是家庭成员的界定，一般都按户籍来划分，如同一户籍的成员视为家庭成员，如果发生意外，保险公司不赔偿。但对非同一户籍的人的直系亲属来说，如子女独立成户后，如果误撞了自己的父母，保险公司将根据有关部门的裁定是否属意外事故，再决定是否赔偿。

3. 案例结论

保险公司不承担赔偿责任。

5.3.4　先出险后年检遭拒赔案例

1. 案例简介

2015年7月9日，某建筑公司将一辆桑塔纳普通型轿车向保险公司投保了一年期车辆损失险及第三者责任险，并在签单时一次缴清了保险费。投保后40天，该车在一加油站与一辆长安面包车发生碰撞，致使对方长安车上两人受伤，两车受损。事故发生后，交警支队认定建筑公司的桑塔纳轿车驾驶员负全部责任，保险公司核定损失为4万元。

建筑公司提交索赔申请书后，保险公司在审查该案时发现桑塔纳轿车在投保时和出险时未参加车辆管理机关的年检。不久，建筑公司又提交了一份桑塔纳轿车的行驶证复印件，载明该车在投保和出险时年检合格。经查，该车2013年5月参加了年检，合格期至2014年5月，此后该车两年未参加年检。为了索赔，该建筑公司在2016年5月到车管机关交纳了罚款后对2014年、2015年进行了年检。

保险公司在处理此案时，有如下两种意见。

① 虽然该车在订立保险合同和出险时未参加年检，但出险后经车管机关年检合格，保险公司应该赔偿。

② 既然该车在投保和出险时未参加年检，按照机动车辆保险条款的规定，保险公司应拒绝赔偿，但应退还建筑公司所缴的保险费。

2. 案例分析

保险公司的第二种意见比较合理。机动车辆是一种高风险的运输工具，国家对其实施强制年检制度，就是为了保证车辆安全技术状况良好。车辆按期参加年检及检验合格是车辆行驶的法定条件，但建筑公司自2013年5月参加年检合格至2014年5月后，连续两年不参加年检而继续行驶，是一种严重违反国家法规的行为。保险公司不应为其严重违反国家法规的行为提供保险赔偿。

按照国家法规规定，车辆管理机关对车辆实施强制年检制度，就是为了保证车辆安全技术状况的一种法律制度。既然建筑公司在车辆投保和出险时未按规定到车管机关对桑塔纳轿车进行年检，那么在订立保险合同和出险时车辆的安全技术状况是否符合国家相关规定就无合法依据。建筑公司在该车发生事故经过修复后，于2016年5月才到车管机关交了罚款进行年检并年检合格。这只能证明该车在2016年5月及今后一年内安全技术状况符合国家规定，可以继续行驶一年，不能推定出2016年5月以前该车的技术状况符合国家相关规定。因此仅以行驶证上车管机关于2016年5月补签有"2014、2015年检合格"来认定在订立保险合同和出险时该车属年检合格车辆是错误的。新规规定，发生保险事故时被保险机动车行驶证、号牌被注销的，或未按规定检验或检验不合格，保险公司不予赔偿。

3. 案例结论

由上述案例可以看出，被保险人要确保保险的车辆按期参加年检并检验合格。对于未参加车辆管理机关年检的车辆，发生保险事故时，保险公司将不予赔偿。

> 注　意

　　新规中对行驶证和号牌规定是注销才免责，但对车辆年检未作明确规定，主要是现在车辆出现违章现象影响年检，未有明确证明车辆存在严重安全隐患的，保险公司还应赔偿。

5.3.5　机动车挂车致他人受损理赔案例

1. 案情简介

2015 年 6 月 20 日，吴某驾驶东风牌单轴挂车从家门口倒车，当其倒车到弯路口时，与蒋某驾驶的摩托车发生碰撞。事故造成蒋某重伤及摩托车损坏。交通部门裁定吴某负事故主要责任，蒋某负事故次要责任。吴某为自己的车在某保险公司投保了第三者责任险，保单上注明第三者责任险责任限额为 20 万元，但没有具体说明主车和挂车分别的保险金额。该起事故责任由挂车引起，只根据保单无法确知到底是主车和挂车的三者险保险金额总数为 20 万元，还是分别为 20 万元。因此在保险公司内部出现两种不同的意见。第一种意见认为应以 10 万元为挂车的保险金额；第二种意见认为应以 20 万元为保险金额。

2. 案情分析

第二种意见比较合理。根据《机动车辆保险条款》的规定，"挂车投保后与主车视为一体，发生保险事故时，挂车引起的赔偿责任视同主车引起的赔偿责任。保险人对挂车赔偿责任与主车赔偿责任所负赔偿金额之和，以主车赔偿限额为限。"因此，法院裁定由挂车引起的该起保险事故应给予赔偿，且以 20 万元为保险金额。

3. 案例结论

《保险法》第三十一条规定："对于保险合同的条款，保险人与投保人、被保险人或者受益人有争议时，人民法院或者仲裁机关应当作有利于被保险人和受益人的解释。"根据有利于被保险人的原则，以 20 万元为保险金额。

5.3.6　紧急避险造成第三者损失案例

1. 案情介绍

2014 年 12 月 15 日晨，李某驾驶一辆桑塔纳轿车行驶到一弯路时，由于天冷路滑，李某在借道超车时驶入逆行，与迎面而来的拖拉机相遇。拖拉机驾驶员张某当即向右打轮避让桑塔纳轿车，致使拖拉机侧翻，造成车辆受损、一名乘客重伤及张某轻伤的交通事故。合计损失达1.8万元，李某的车安然无恙。经交警大队调解处理，李某在此次交通事故中负全部责任。

李某驾驶的桑塔纳轿车已投保车损险和第三者责任险，事故处理结案后，李某持其投保的保险单，以"第三者责任损失"为由，向保险公司索赔，遭到拒赔，双方遂引起纠纷。

2. 案例分析

针对两车并未碰撞，赔不赔第三者责任险，存在以下两种相反的观点。

第一种观点主张拒赔，理由如下。

① 根据保险惯例，车损险和第三者责任险一般同时发生并同时赔付。本案中被保险车辆完整无损，如若赔付违背保险实践。

② 《机动车辆保险条款》第二条规定："被保险人允许的合格驾驶员在使用保险车辆过程中发生意外事故，致使第三者遭受人身伤亡或财产的直接损毁，依法应当由被保险人支付的赔偿金额，保险人依照保险合同的规定给予赔偿。"而本案中，被保险车辆并未发生意外事故，不存在给第三者造成损失的前提条件。

③ 即使按第三者责任立案，由于两车未发生碰撞，故第三者的损失也属于间接损毁，而非直接损毁，因此拒赔。

第二种观点主张赔付，理由如下。

① 紧急避险指为了使国家、公共利益、本人或者他人的人身、财产和其他权利免受正在发生的危险，不得已采取的避险行为。由于被保险人李某在道路拐弯处占了对方的路面，在即将发生碰撞危险时，张某不得已而采取向右打轮避让李某，从而致使车辆侧翻，张某的行为属于紧急避险。

② 《民法通则》规定："紧急避险造成损害的，由引起险情发生的人承担民事责任。"张某因紧急避险造成的损失是由引起险情的被保险人李某的行为直接导致，理应由李某承担责任。虽然未发生碰撞，第三者的损失仍可定为直接损毁。

③ 根据以上分析，本案具备《机动车辆保险条款》第二条成立的两个要件：直接损毁，被保险人依法应承担的赔偿金额。因此保险公司应依照合同规定给予赔偿。

3. 案例结论

本案的焦点在于"两车未发生碰撞，对第三者的损失能否认定为直接损毁"。从车险条款来看，是否发生直接接触并非是第三者责任险赔偿的限制条件。因此，李某可以在第三者责任险的保险额度内，从保险公司得到李某应承担张某紧急避险造成的全部损失1.8万元赔偿。

《保险法》作为《民法》中的特别法，当因其简明扼要而不能满足实际工作需要时，可以从《民法》或其他相关法律、法规中寻找依据，来解决实际问题。

5.3.7 变更事项未及时通知保险公司案例

1. 案情介绍

2009年，从事个体运输的顾某将自己购买的一辆黄河牌汽车向保险公司投保了车辆损失险、第三者责任险和车上货物责任险，交纳保险费2 000多元。在投保时，顾某的汽车并没有带挂车，但在后来的运输过程中，顾某又增加了挂车，但并未将此事通知保险公司。

同年，顾某在一次运送货物的过程中，不慎将一位骑自行车的人撞倒造成重伤。虽及时送医院抢救，终因伤势过重而死亡。死者的医疗、安葬费及死亡赔偿金共计 118 500 元。于是，顾某向保险公司提出索赔。

但保险公司拒绝了顾某的索赔要求，理由是该车在投保时未带挂车，保险公司只能对未带挂车的汽车负赔偿责任。但顾某坚持认为，肇事伤人的是保了险的汽车，而不是挂车。同时，《机动车辆保险条款》中并没有规定增加挂车后发生的意外事故的损失为除外责任，保险公司的人在承保时也没有特别讲明。因此，保险公司理应予以赔偿。

2．案例分析

首先，保险合同中载明的保险车辆未带挂车，保险公司只能按未带挂车的车辆收费；其次，汽车加带挂车时增加了新的风险，而这种风险是保险公司承保时未考虑在内的；再者，顾某增加挂车，并未通知保险公司更改保单，也未承担挂车保险的保险费用。《财产保险合同条例》第 14 条规定："保险标的如果变更用途或者增加危险程度，投保方应当及时通知保险方，在需要增加保险费时，应当按规定补交保险费。投保人如果不履行此项义务，由此引起保险事故造成的损失，保险方不负赔偿责任。"

3．案例结论

保险公司因此对顾某的请求不能予以赔偿。

 注　意

> 新规规定主车与挂车为一体，挂车出事依然由主车承担赔偿，如果没有证据证明挂车质量不合格或违反国家规定，保险公司需要赔偿，按规定应由主挂车分担赔偿金额，不过一般法院判决时考虑照顾弱者均实行主挂车一体赔偿。

5.3.8　出示行驶证算不算如实告知案例

1．案情介绍

2014 年 1 月 27 日，个体户徐某将其自有的从事营运的一辆双排客货车向 A 县某保险支公司投保车损险、三者险，保险期限自 2014 年 1 月 28 日零时起至 2015 年 1 月 27 日 24 时止。保险人按吨位收取车损险保费 720 元，第三者责任险（限额 20 万元）保费 1 370 元。

2014 年 3 月 31 日，该车在 B 市境内与一辆摩托车相撞，致使一人死亡，一人重伤，造成车损 1 500 元，人员伤亡总费用 75 000 元。经交警部门认定徐某在车辆有故障不能行驶时，未能将车辆靠路右边停放，且夜晚未设明显标志，违反《道路交通管理条例》第 48 条之规定，应负事故的次要责任，负该起事故 40%的赔偿责任。

2015 年 4 月 12 日，事故处理结束后，保户向 A 县某保险支公司提出索赔。对照《机动车辆保险条款》，该起事故属碰撞责任，在车损险及第三者责任险赔偿范围内。但保险人在审核保险车辆行驶证时发现该双排客货车为 1 吨/6 座，根据车险实务有关规定，双排客货车收费应按"就高不就低"的原则，即按吨位或座位计算，取较高者计费。该车收费时按吨位收取，而非按座位收取，即应收取车损险保费 1 120 元，第三者责任险（限额 20 万元）保费 2 030 元，故投保人实际缴费不足。经向办理该项业务的人员了解，徐某投保时已向其出示行驶证，且投保单背面也附贴有该标的行驶证复印件，是由于其本身业务不精而导致收费不足。

2. 案例分析

此案如何赔付，在保险公司内部形成了两种意见。

① 比例赔付。理由为：尽管由于保险人的失误而导致少收保费，但事实上保险人已承担了过多的风险，违背了权利义务对等的原则。故应根据车险条款、实务的规定，应按实缴保费与应缴保费的比例赔付，从而确保保险合同双方当事人权利义务对等。

车损险应赔付：

1 500 元 × 40% × [720 元(实缴保费)/1 120 元(应缴保费)] × (1 − 5%) = 366.43 元

三者险应赔付：

75 000 元 × 40%[1 370 元(实缴保费)/2 030 元(应缴保费)] × (1 − 5%) = 19 233.99 元

合计本案最终应赔偿 336.43 元 + 19 233.99 元 = 19 600.42 元

② 足额赔付。理由为：投保人徐某（亦是被保险人）在投保时，将行驶证交业务人员查看，且提供行驶证复印件，应视为已将保险标的有关情况（即该双排客货车为 1 吨/6 座）告知了保险人，即投保人主观上无过错。不能将保险人业务不精导致少收保险费的过错归责于投保人，故本案应足额赔付。

车损赔付 1 500 元 × 40% × (1 − 5%) = 570 元

三者险赔付 75 000 元 × 40% × (1 − 5%) = 28 500 元

合计本案最终应赔偿 570 元 + 28 500 元 = 29 070 元

3. 案例结论

《保险法》第十七条明确规定："订立保险合同，保险人应当向投保人说明保险合同的条款内容，并可以就保险标的或者被保险人的有关情况提出询问，投保人应当如实告知。"从上述规定中不难发现，投保人应如实告知仅限于保险人的询问，保险人未询问的，投保人则不必陈述。本案中，投保人徐某向保险人出示保险车辆行驶证并且提供复印件附贴在投保单背面，也就是依《保险法》履行了告知义务。但究竟如何收费，则是保险人的事，不能将由于保险人的过错而导致收费失误的责任归于投保人，所以本案应该足额赔偿，而不能比例赔付，否则就会损害被保险人的合法权益。此案保险人最终按第二种意见做了实事求是的赔付。

5.3.9　推车造成第三者伤害可否赔偿案例

1. 案情介绍

保险车辆发生故障，不能行驶，被保险人下车后，将车推到路边时不慎发生碰撞第三者的事故。经交通队处理，保险车辆负全责。根据车险条款中有关第三者损失赔偿的规定，"保险期间内，被保险人或其允许的合法驾驶人在使用被保险机动车过程中发生意外事故，致使第三者遭受人身伤亡或财产直接损毁，依法应当由被保险人承担的损害赔偿责任，保险人依照本保险合同的约定，对于超过机动车交通事故责任强制保险各分项赔偿限额以上的部分负责赔偿。"条款未阐明使用的具体情况，保险人是否应承担三者险的赔偿责任？

2．案例分析

车损险条款的解释部分对"使用过程"界定为"保险车辆作为一种工具被使用的整个过程，包括行驶和停放"。车辆在行驶中发生故障，为避免影响交通，须推至路边，应视为"车辆停放过程"。在其过程中发生事故，保险人须承担保险责任。

5.3.10　车轮脱落造成第三者伤害是否赔偿案例

1．案情介绍

某公司承保的大拖拉机半挂车在行驶途中右前轮脱落，将路边等公交车的女青年砸死。事后，当地交警认为不属于交通事故。

2．案例分析

（1）车辆车轮脱落致路边人死亡，能否构成车险三者险的保险责任？

机动车辆在行驶过程中，车轮和车辆应视为一体，由车轮突然脱落造成第三者的损失，属意外事故，构成第三者责任。

（2）事后当地车管所对事故车辆进行鉴定，结论为标的车辆制动力和驻车制动力达不到标准，灯光装置不符合规定。是否可认定被保险人违反保险合同规定的义务？

车辆故障具有突发性质。事故后提出因某些不安全因素拒赔，理由较牵强。且该起事故的发生与制动力、驻车制动力和灯光不符合规定无直接关系，因此该案拒赔不妥。

（3）法院根据交警认定，判决此案按照人身损害赔偿标准进行赔付。保险人若赔偿此案，应该按何标准掌握？

被保险人与受害者之间的关系是侵权关系，保险人与被保险人之间的关系是合同关系。保险人应按车险条款的规定执行合同。车险条款第二条和第十六条明确规定了三者险"按《道路交通事故处理办法》和保险合同的规定给予赔偿"，和"按《道路交通事故处理办法》的赔偿范围、项目和标准以及保险合同的规定，在保险单载明的赔偿限额内核定赔偿金额"。如果能确定车轮掉落是由于车辆质量所致，则应向制造商追偿。

5.3.11　责任保险赔偿构成要件案例

1．案情介绍

2011 年 6 月 13 日，成某将其自有的一辆东风货车投保了车损险、第三者责任险、车上人员责任险（3 座，每座限额 5 万元），保险期限自 2011 年 6 月 14 日零时起至 2012 年 6 月 13 日 24时止。

2011 年 11 月 23 日，成某聘用的驾驶员何某在送货回来的途中，由于超车时车速过快，与正常行驶的一辆解放货车发生追尾碰撞，何某当场死亡。经交警部门认定，何某负此起事故的全部责任。被保险人成某以自己损失较大为由未对驾驶员何某亲属做任何赔偿。随后不久成某向保险公司请求赔偿车上人员责任险赔偿金 4 万元，保险公司审核后认为此起事故属于车上人员责任保险责任，随即赔偿被保险人成某车上人员责任险赔偿金 4 万元。这是一起被保险人由于发生保险事故而产生不当得利的责任保险错赔案。

2. 案例分析

我国《保险法》第五十条规定：责任保险是指以被保险人对第三者依法应负的赔偿责任为保险标的的保险。在我国保险市场中，责任险的快速发展已成为财产保险业务一个新的增长亮点。但在责任保险的赔偿工作中，由于多方面的原因，存在诸多错误做法，如本文中所举的案例即是被保险人没有对受害者做出赔偿，保险人却向被保险人赔偿责任险赔偿金，致使被保险人通过保险事故产生不当得利。究其根源，主要是由于理赔工作人员对责任保险赔偿的构成要件理解不清。理解掌握责任保险赔偿的构成要件是做好责任保险理赔工作的基础环节。以下的责任保险赔偿构成要件缺一不可。

① 被保险人发生属于责任保险范围内的保险事故。这是保险人履行赔偿义务的基础条件。如果被保险人发生的事故不属于责任保险范围内，系除外原因、除外费用，即使被保险人因主观过错或者根据法律规定无过错行为而产生法律上的民事损害赔偿责任，保险人也不承担赔偿责任。

② 被保险人对受害者依法应负担损害赔偿责任。这是保险人履行赔偿义务的前提条件。保险人承担的损害赔偿责任产生的原因有两个方面。一是被保险人主观上有过错，即由于被保险人主观过错导致受害者遭受物质上和精神上的损害；二是被保险人根据法律规定的无过错行为产生的损害赔偿责任。此类行为法律有明确的规定，凡属于法律明确规定的无过错行为的，被保险人必须承担赔偿责任。保险人对除此之外原因产生的损害赔偿责任都不予负责。

③ 受害者向致害者（被保险人）提出损害赔偿请求。这是保险人履行赔偿义务的必要条件。由于责任保险的标的是一种无形的民事损害赔偿责任，即被保险人对受害者的损害赔偿责任。如果被保险人有侵权行为，而受害者基于多方面的原因，并没有向致害者提出赔偿请求，根据财产保险补偿原则（有损失有补偿，损失多少补偿多少），被保险人无损失，保险人无须承担赔偿责任。由此可见，缺少这一要件，保险人就可以不承担赔偿责任。本案例就是缺少这一必要条件，致使被保险人产生不当得利。

④ 保险人在责任保险赔偿限额内对被保险人损失予以补偿。这是保险人履行赔偿义务的限制条件。由于责任保险的标的是被保险人在法律上的损害赔偿责任，而不是具体的财产，所以责任保险合同中没有也不可能有保险金额，只规定保险人的赔偿限额。赔偿限额是保险人履行赔偿义务的最高金额，保险人对赔偿限额内的损失予以补偿，对赔偿限额外的损失不予补偿，更不是无论损失多少，一律按赔偿限额予以赔偿。由此可见，被保险人选择赔偿限额的档次直接决定着其能否得到足额补偿。

⑤ 保险人直接向受害者支付赔偿金应符合法律规定。这是保险人直接向受害者履行赔偿义务的法律条件。《保险法》第五十条规定："保险人对责任保险的被保险人给第三者造成的损害，可以依照法律的规定或合同的约定，直接向该第三者赔偿保险金。"本条所指的合同，不仅指保险合同，还包括被保险人与受害的第三者达成的协议，如果保险人同意双方协议约定的赔偿金额，而且赔偿金额在赔偿限额之内的，就可以按协议支付赔偿金；如果双方协议约定的赔偿金额大于保险人赔偿限额的，保险人只需按赔偿限额支付保险赔偿金，其余部分由被保险人自己负责赔偿。

因此在法律有规定或者合同有约定的情况下，保险人才能直接向受害者赔偿保险金，否则保险人没有直接向受害者赔偿保险金的义务。

|5.4　我国汽车其他保险理赔实例|

5.4.1　汽车被盗后，失而复得的案例

1. 案情介绍

2015 年 4 月 24 日，焦先生已投保盗抢险的汽车被盗，他立即向公安机关和保险公司报了案。到了 2015 年 7 月 24 日，汽车仍未找到。焦先生持公安机关开具的盗抢案件立案证明向保险公司的办事处索赔，保险公司的办事处称要向上级公司申报。

2015 年 8 月初，焦先生被盗的汽车被公安机关查获，保险公司将车取回。但这时焦先生不愿收回自己丢失的汽车，而要求保险公司按照保险合同支付 8 万元的保险金及其利息。而保险公司则认为，既然被盗汽车已经被找回，因汽车被盗而引起的保险赔偿金的问题已不存在，因此焦先生应领回自己的汽车，并承担保险公司为索赔该车所花费的开支。双方意见不一致，便上诉至法院。

2. 案例分析

这是一起车辆被盗 3 个月后，保险公司是应该赔付保险金还是还车的案例。被盗车辆被追回，但如果被保险人看到车辆已不值被盗前的价格，一般愿意选择保险公司给付保险金。另外，全车盗抢险第六条规定："保险人赔偿后，如被盗抢的保险车辆找回，应将该车辆归还被保险人，同时收回相应的赔款。如果被保险人不愿意收回原车，则车辆的所有权益归保险人。"也就是说，被保险人具备要车或者要保险金的优先选择权。因此，焦先生要求保险公司按照保险合同支付保险金是合理的。

3. 案例结论

法院审理后认为，焦先生与保险公司订立的保险合同符合法律规定，双方理应遵守。本案中的失窃汽车虽为公安机关查获，但已属于保险合同中约定的"失窃三个月以上"的保险责任范围。故判决焦先生的汽车归保险公司所有，保险公司在判决生效后 10 日之内向焦先生赔偿保险金 $80\,000 \times (1 - 20\%) = 64\,000$（元），并承担本案的诉讼费用。

5.4.2　及时采取措施以免扩大损害的案例

1. 案情介绍

今年 8 月初，陈小姐开车在某国道延伸段的乡村小道上行驶，由于灯光比较暗，汽车底盘碰到路上的铁墩造成发动机底盘、变速箱底盘发生损伤。撞后她并没有及时发现汽车受损而是继续

行驶，导致油漏光，整个发动机报废，此时，她向保险公司报案，但是保险公司拒绝赔偿。

2. 案例分析

保险公司最后认定在事故发生过程中，陈小姐是以 100km/h 左右的速度行驶的，在撞到铁墩后，她并没有停下来采取及时措施而造成油漏光，扩大了汽车损害，所以保险公司拒赔。

车辆出险后，应采取相应的措施或及时修理，否则，由此造成的扩大损失部分，保险公司不予理赔。发现汽车有问题要及时修理，千万别硬撑，如果损失扩大，那只有自己承担。

5.4.3 肇事逃逸或离开是否拒赔的案例

1. 案情介绍

王某是挂靠于某运输公司的个体驾驶员，驾驶中型货车从事长途运输业务。2002 年初，王某向保险公司投保了责任限额为 5 万元的第三者责任险。同年 3 月，王某驾车撞上了停靠于路边的一辆小货车。事故发生后，王某企图驾车逃逸，但驶出不远便被交警截获。交警扣押了王某及事故车辆，并对现场进行了查勘。王某看到要承担责任，便向保险公司报了案，保险公司也派人赶到了现场。两周之后，交警部门做出处理：事故发生后王某驾车逃逸，严重违反了《道路交通事故处理办法》，应承担本案全部责任，承担被撞小货车修理费 20 000 元，并处罚款 1 000 元，吊销驾驶执照。

接到上述处理决定后，王某向保险公司提出索赔，认为本案属于第三者责任险项下的保险事故，保险公司应当补偿自己对被撞车辆所承担的赔款。保险公司认为，王某驾驶过程中由于过失导致撞车事件的发生，并因此承担了一定的赔偿责任，属于保险事故。但是，王某在肇事之后有逃逸行为，"肇事逃逸"构成保单规定的免责事由，保险公司可以免除赔偿责任。因此，本次事故造成的损失应由王某自行承担。经过多次交涉双方未能达成一致，王某向法院提起了诉讼。

法院经审理认为，王某与保险公司之间的保险合同合法有效，双方均应按照合同行使自己的权利，履行自己的义务。王某由于过失导致事故发生，并承担了相应的经济责任，构成第三者责任险项下的保险事故，保险公司应当予以赔偿。第三者责任险保单"责任免除"中笼统地规定了"肇事逃逸"一项，保险公司能否据此免责，不能一概而论，须结合个案做具体分析。就本案而言，王某肇事后有逃逸行为，但未实施完毕即被交警截获，其行为没有造成事故损失的扩大，也没有影响保险公司对现场的勘察或加重保险公司的义务。根据权利义务相平衡的原则，保险公司不能一概拒赔，王某承担的 20 000 元赔偿金，应由保险公司予以补偿。

2. 案例分析

第三者责任险是保险人对被保险人给第三方造成的责任所承担的风险。从形式上看，是由保险公司补偿被保险人对第三者的经济责任。但从这一险种的开办目的上看，保障的却是因被保险人的责任而受到损失的第三人，使其不至于因责任人没有清偿能力而在受到损害之后得不到赔偿。由于这一险种涉及多方利益，法律要求当事人应当遵循诚实信用、公平合理的原则来设定彼此的权利义务。就本案而言，王某肇事逃逸严重违反了道路交通管理方面的法律、法规，应当受到一定的惩罚，但并不丧失自己在保险合同中的权利。王某与保险公司的权利义务仍应依据保单和合同法加以确定。保险公司在保单中笼统地将肇事逃逸列为免责事由，没有申明具体情况，只能解释为当事人的逃逸行为客观上加重了保险人的合同义务时，保险公司才能免责。否则，如果允许保险公司一概拒赔，无形中便扩大了责任免除的范围，违反了合同法权利与义务相平衡的原则。本案中，法院结合案情，对保单条款做出了具体解释，较好地平衡了各方当事人的利益。

3. 案例启示

目前从事高风险职业的人越来越多，责任保险分散了他们的职业风险，稳定了社会秩序。为充分发挥责任保险的社会效用，法律要求保险公司应在保单中合理确定自己的权利义务，不能以笼统的约定扩大责任免除的范围。否则，根据《保险法》解释保险合同的原则，法院将做出不利于保险人的解释。

|5.5　汽车保险欺诈实例|

5.5.1　伪造证明实施汽车保险欺诈案例

1. 案情介绍

2006 年 6 月 7 日，宋某为自己的货车向某保险公司投保了车辆损失险、第三者责任险和车上人员责任险，保险期限为一年。2007 年 5 月 30 日晚，保险公司接到被保险人的电话报案，声称他的车与一辆富康轿车相撞，已向事故发生地天津市的交警队报了案。该保险公司当即决定派人去天津查勘现场。当业务员到达天津时，肇事车辆已被拖至天津市某汽车修理厂修理。经了解，情况如下：2007 年 5 月 30 日，货车正常行驶过程中，迎面驶来一辆富康轿车，为躲避一个横穿马路的骑车人，货车驾驶员向左打方向盘过猛，货车与轿车相撞，轿车弹出撞在路边的大树上，轿车驾驶员和同车的一名乘车人受伤。事故发生属实，但交警队尚未进行责任认定。

一个月后，宋某带着各种证明和资料来这家保险公司办理索赔手续，其中有出事经过、事故责任认定书、损失赔偿调解书、道路交通事故经济赔偿凭证、协议书、医院收据、车辆定损单等证明材料。保险公司内勤人员在审核有关单、证时，发现宋某提供的交警队的交通事故责任认定书、调解书、经济赔偿凭证上所盖公章印模在几个单、证中的字体和颜色不一致，有异常。保险公司决定派人再赴天津调查。业务员首先到达医院，核实住院收据。经过比较，宋某提供的住院收据上的印章与该院住院处的收费印章差别很大。为了查明两名伤者的真实医疗费，通过计算机查得轿车驾驶员的医疗费为 10 500 余元，而不是宋某所提供的收据上所记载的 19 543.8 元；另一名乘坐人的医疗费则没有查到，宋某所提供的收据票面总金额为 36 276.9 元。最后，该院出具了没有开出宋某所提供的两张收据的证明。随后，公司的业务员又来到交警队，对有关证明、凭据的真实性做进一步的调查。交警队事故承办人否认凭证内容是他书写的。他还回忆说，这起事故是由双方自行协商解决的，交警队没有进行调解，并找出存档的事故原始材料。道路交通事故责任认定书是 2007 年 7 月 17 日开出的，其内容是富康轿车违章超车，违反交通管理条例的有关规定，负主要责任；货车驾驶员驾驶车辆采取措施不当，负事故的次要责任。这与索赔材料中那份责任认定书正好相反。存档时事故损害赔偿调解书中的"调解内容"一项为空白，而宋某所提供的调解书内容丰富，货车车主要负担轿车方的损失为 54 872.4 元。交警队也出具了宋某所提供的事故责任认定书、调解书和经赔偿凭证均为伪造的证明。

2. 案例分析

① 从一般的常识来分析，保险公司有权对虚报的损失部分予以拒赔。《保险法》第二十七条第三和第四款从法律的角度给出了依据，该条款规定："保险事故发生后，投保人、被保险人或者受益人以伪造、变造的有关证明、资料或者其他证据，编造虚假的事故原因或者夸大损失程度的，保险人对其虚报的部分不承担赔偿或者给付保险金的责任……致使保险支付保险金或者支出费用的，应当退回或者赔偿。"

② 该案例构成了保险法所认定保险诈骗的一种，《保险法》第一百三十一条规定："……伪造、变造与保险事故有关的证明、资料和其他证据，或者指使、唆使、收买他人提供虚假证明、资料或者其他证据，编造虚假的事故原因或者夸大损失程度，骗取保险金的……情节轻微，不构成犯罪的，依照国家有关规定给予行政处罚。"

③《刑法》第一百九十八条规定："……保险事故的鉴定人、证明人、财产评估人故意提供虚假的证明文件，为他人诈骗提供条件的，以保险诈骗的共犯论处。"由此可以看出，伪造、涂改有关理赔证明不但会遭到保险公司的拒赔，还有可能因此触犯行政法，甚至刑法，构成保险诈骗罪。

3. 案例结论

保险公司根据内查外调的情况，依法做出了对虚报的损失部分拒绝赔偿的处理决定。

5.5.2 内外勾结的骗保案例

1. 案情介绍

2011 年 1 月 8 日，无为县某运输公司的一台扬州亚星卧铺客车在某保险公司投保，车损险保额为 18 万元、第三者责任险赔偿限额为 20 万元，附加险均未投保，保险期限为 2011 年 1 月 9 日 0 时起至 2012 年 1 月 8 日 24 时止。

2011 年 10 月 7 日 10 时许，该运输公司通过电话向保险公司报案。2011 年 10 月 6 日 17 时许，标的车由无为县开往武汉，行至无为县境内长江大堤路段时，遇路右前方唐某招手拦车。驾驶员俞某采取措施不当，将唐某撞伤，立即向无为县公安交警部门报案。伤者送往安徽省立医院骨科治疗，车辆无损失。保险公司接到报案后，查勘人员先后前往无为县公安交警部门和伤者就治医院了解得知，案件笔录与报案情况一致，伤者唐某诊断为胸十二椎骨压缩性骨折伴脊髓损伤，伤势较为严重。查勘人员前往医院时，因伤者刚做手术，未与伤者接触，仅向医生了解伤情。2011 年 10 月 18 日，无为县公安交警部门认定驾驶员俞某超速行驶，碰撞行人，负该起事故的全部责任。该伤者治疗结束后，经鉴定为高位截瘫，评定为一级伤残。无为县公安交警部门于 2012 年 4 月 1 日对该起事故损失赔偿进行调解，标的方共承担赔偿金额为 193 467.80 元。该运输公司于 2012 年 4 月 6 日将所有材料提交保险公司请求索赔。

2. 案例分析

保险公司核赔人员在审核案件材料时发现以下疑点：第一，出险当天在巢湖市庐江县人民医院有部分医药费用，庐江县是无为县前往武汉的必经之路，但并非离出险地的最近医院，为何在该院抢救？第二，所有病历记载唐某仅造成胸背部脊椎严重损伤，其他部位均无外伤记录，于碰撞不尽相符。于是，核赔人员通过电话向该运输公司询问，该运输公司答复说，碰撞后，伤者尚能站立，认为无大碍。伤者上车准备前往武汉打工，但车辆行驶至庐江县境内，伤者病情加重，送往庐江县医院急救，于当晚转入安徽省立医院治疗。为了进一步了解事故情况，保险公司查勘人员于 2012 年 4 月 9 日秘密前往伤者家中，在与伤者唐某的攀谈中，得知唐某于 2011 年 10 月 6 日下午和本村多名村民一道搭乘标的车，前往武汉打工，晚九时许，当车行至庐江县城外 20 公里出，由于路面不平，车子颠簸，将车内后排双层卧铺外沿钢管支架颠落，砸中位于下铺的唐某胸背部。出险后，交警未对唐某进行任何问话，但唐某签过字，按过手印。2012 年 4 月 10 日，保险公司立即委托检察机关对该案调查取证，当再次前往伤者唐某家中做笔录时，唐某否认前一天所讲的一切内容。当天前往伤者就治的所有医院调阅病案，也无任何收获。最后，经多方努力得知当日同车的几名本村村民均在武汉打工，故连夜前往武汉。经三昼夜的艰苦工作，终于取得了唐某系在车内受伤的有力证据。在证据面前，被保险人放弃了对该案的索赔。

3. 案例经验总结

① 查勘人员仅对被保险人、交警部门及伤者就治医院进行了解，未及时向伤者了解相关情况，导致该案发现疑点时，距发案时间较长，取证工作难度大，故查勘人员应特别注重对第三方的及时调查了解。

② 医疗核损人员要对伤情和事故经过进行分析，判断是否吻合。

③ 核赔人员审核案件，发现疑点后，不要急于向被保险人询问，以免打草惊蛇，为调查取证造成障碍。

④ 对死者应调查死亡原因、死者的个人情况及家庭基本情况。

⑤ 对所有本次事故所致伤、亡的人员均应逐一拍照。

5.5.3 车辆多次投保骗赔案例

2003 年 6 月初，合肥市检察院受理了一起跨省诈骗案，折射出保险公司在业务上的漏洞。

犯罪嫌疑人谢某是沈阳市人，2002 年 4 月购买了一辆别克商用车，分别在沈阳、长春、济南、合肥、南京等地的 19 家保险公司为这辆车投保。警方查明，2002 年 6 月起，谢某驾驶这辆别克车多次在辽宁、吉林、江苏、安徽、浙江、云南等地"不断出事"，通过提供虚假事故证明材料、汽车维修发票等，向投保的 19 家保险公司全额索赔。谢某共作案 48 起，其中两起未遂，实际骗取保险费计 49.7 万余元。

谢某交代说，他正是利用保险公司在业务上的漏洞来实施这个发财计划的。据了解，目前保险公司虽然在接受车辆投保时会向投保人申明"一辆车只能在一家保险公司投保"，但并没有有效的硬性措施来保障这一条款真正实施。谢某正是利用这一点，才能在各地甚至同一城市的两三家保险公司成功投保。加上投保车在外地发生事故时，保险公司一般不会派人前往调查取证，更多依靠一些相关部门的文字材料和维修票据来进行理赔。谢某正是利用这一漏洞，在合肥出事找沈阳赔，江苏出事找吉林要钱。

5.5.4 火烧"奔驰"骗保案例

一辆奔驰 500 型小轿车的车主为了骗取高额保险金，竟设计火烧"奔驰"的闹剧：让车先撞防护栏，然后引火烧车，从而制造一起"交通事故"。火烧"奔驰"的当天，车主分别向投保的两家保险公司报案，要求理赔。交警部门不被假象迷惑，经过深入调查取证，终于揭开了这起精心蓄谋的特大诈骗保险案件。

1. 火烧"奔驰"疑点重重

2003 年 2 月 21 日凌晨 5 时 01 分，福建省泉州市高速公路交警大队"122"值班室灯火通明。"铃铃……"电话骤然响起："泉厦高速公路距离朴里服务区 1 千米处，一辆奔驰小轿车冲撞防护栏着火自燃。"

案情就是命令，交警驱车迅速赶赴现场，与此同时，晋江、南安消防及高速公路路政部门的人员相继赶到。然而，猛烈的火很快将一辆奔驰 500 型的粤 N/E2×× 小轿车烧得面目全非，剩下一堆"骷髅"废铁。

"有没有人伤亡？"交警陈某关切地问站在肇事现场附近一处防护栏外的车主谢某，谢某说车上没有人受伤。陈某接着问谢某："你是什么时间报警的？""5 时 01 分。"

交警们对现场进行细致勘察，发现在碰撞中央防护栏前的路面上没有车辆制动痕迹和拖印现象；肇事车的车身左侧与中央防护栏剐撞处，其漆痕显得细小均匀，防护栏没有丝毫扭曲变形。按常理说，机动车发生碰剐后，冲击力一定很大，驾驶员本能会打转向盘避让，同时踩刹车减速，但种种迹象表明，现场没有刹车痕迹，驾驶员根本没有踩刹车。正常情况下，从接警到出警，一辆小轿车在短时间内也不会烧到面目全非的程度。

交警陈某觉得此案有些蹊跷，该案好像不是一起简单的"交通事故"。他将自己的分析和看法向大队长和分管事故处理的副大队长汇报案情，大队领导对陈某提的看法高度重视，指示民警对此案必须慎重地深入调查。

当日上午，该大队成立"2.21"专案组，针对此案重重的疑点展开全面调查。当时，该车乘坐着车主谢某及一名修车电工王某，由谢某驾车。谢某自称，他是疲劳开车导致车辆撞上中央防护栏的，车辆碰撞后，没有熄火，大灯依然亮着。随后，他到高速公路服务区求助；王某跨越高速公路的铁丝网到村庄去找人帮忙，不巧被当地村民误认为小偷抓住。

2. 警方调查发现破绽

专案组交警觉得谢某的话值得怀疑，一辆奔驰小轿车在高速公路发生"车祸"，在这种情况下，他们应该打电话报警求救，可是他们却分头离开现场向群众求救；而且，当时有一名修车电工王某在场，遇车辆发生碰撞后，应该会懂得要求驾驶员熄火，关闭车辆大灯。

于是，专案组交警到高速公路服务区加油站进行调查，服务员说，当天凌晨 4 时 40 分许，车主谢某曾到加油站向服务员说小轿车碰撞防护栏，出车祸了，要借灭火器。这说明事发时间是在凌晨 4 时 40 分之前，然而，交警接到报警是 5 时 01 分，在这长达 20 分钟的时间，为什么没有接到车主谢某的报案呢？距离事故地点约 40 米的道路右防护栏处有一紧急报警电话亭，此电话亭处于正常工作状态，况且，事发时谢某和王某两人均持有手机，他们为什么不直接向警方求助？

"诈骗？"专案组交警陈某说，"会不会涉嫌保险诈骗案件呢？"因为曾有过案例，有的车主为了获得巨额的保险索赔，特意制造交通事故骗保。大队长指示专案组民警调阅该车的投保资料。

3．一车两投高额保险

调查结果如下：2002 年 6 月 16 日，车主谢某在漳州某保险公司签订机动车辆保险合同，对该车投保 143 万元；2002 年 12 月底，谢某又在三明某保险公司签订机动车辆保险合同，对该车投保 143 万元。

于是，专案组民警分赴三明、漳州进行调查，得到一条重要消息。事故发生的当天，谢某就打电话分别向三明、漳州两地保险公司报案，并办理相应的索赔手续，等待着最后一道证明。

如果泉州高速公路交警大队对此交通事故作出责任认定后，谢某即可向保险公司索赔 200 余万元人民币的高额保险费。

4．自制装置　引燃"奔驰"

3 月 21 日，犯罪嫌疑人之一王某被"请"进了公安局。"我愿将整个过程全盘托出……"王某说。接着，他交代了制造本起交通事故背后的经过。

2 月上旬的一天，车主谢某驾驶粤 N/E2×× 轿车来到漳州某汽车维修公司找到电工王某说："有什么办法能使整辆车着火。"王某听了很惊讶，问为什么？谢某说："这样就可以向保险公司索赔了。"经密谋，王某将自制的点火装置安装在粤 N/E2×× 轿车的车后油箱软管处，并将油箱到油泵的软管拆卸，使其处于半脱落状态，然后在油泵处缠着一条电线，只要将电线用力一拉，汽油就会自动漏出。

2 月 18 日晚，谢某将王某接到泉州。2 月 20 日下午，谢某独自驾车在高速公路上寻找作案地点。预谋如何让交警、消防人员不能在短时间内赶到？他最后决定将作案地点放在高速公路距离朴路里服务区 1～2 千米地段。

2 月 21 日凌晨 4 时左右，谢某和王某将车开到一个加油站将汽油加满，立即提速行驶在超车道上，故意将车方向朝左侧稍微一打，让车身的左侧与中央防护栏轻微刮擦。紧接着，他又向右打方向，致车辆冲向路右，车的右前角碰撞路右防护栏。然后王某在已被汽油浸湿的地面上点燃火，一会儿，车辆的右侧中部开始着火，并迅速地蔓延开来。

至此，整个案情"水落石出"，原来这既是一起人为制造的交通事故，又是一起精心预谋的特大诈骗案件。

5.5.5　空气过滤器进水诈骗案例

1．案情介绍

2005 年 4 月 26 日早上 7 时，保险公司接到客户贺某报案电话，称其被保险车辆于 4 月 25 日晚在萍乡市芦溪县宣风镇银河乡地段，由于暴雨路面积水，操作不当，造成空气过滤器浸水，致使发动机损坏。车辆已拖到修理厂，要求保险公司前来定损。保险公司查勘人员两人前往修理厂对标的车受损原因进行勘查核实。在对车辆进行勘察时，怀疑汽修厂和车主有共同做假的嫌疑。保户将水倒入空气过滤器中，造成过滤器浸水的假象，保险公司查勘人员进一步进行检查，拆开进气管路发现没有一点进水的痕迹，便当即要求对发动机进行解体检查，解体后发现连杆瓦及曲轴严重烧坏，曲轴抱死。至此，确认是保户与修理厂合伙诈骗保险赔款案。

2. 案例分析

根据《商用汽车损失险条款》，第一条"责任免除"第三项第十二款规定，被保险人隐瞒事实、伪造单证、制造假案等欺诈行为，保险人不承担赔偿责任。据此保险公司认为该保险事故不在保险责任范围内，对该案做出拒赔处理。保险公司人员从空滤器浸水引起警觉，凭着多年的工作经验对事故原因进行追查，找出真正事故原因，从而挽回损失 4 000 余元。

┃习　　题┃

1. 如何处理机动车交通事故责任强制保险案例？
2. 怎样分析车辆损失险理赔案例？
3. 第三者责任险案例有哪些？怎样去分析它们？
4. 其他保险理赔案例有哪些？怎样去分析它们？

［1］付铁军，杨学坤．汽车保险与理赔[M]．北京：北京理工大学出版社，2008．

［2］张勇等．汽车保险与理赔[M]．重庆：重庆大学出版社，2006．

［3］李景芝，赵长利．汽车保险与理赔[M]．北京：机械工业出版社，2009．

［4］机动车交通事故责任强制保险条例相关法规汇编[M]．北京：中国法制出版社，2006．

［5］王永盛．车险理赔勘查与定损[M]．北京：机械工业出版社，2008．

［6］赵新民．机动车辆保险与理赔实务[M]．北京：电子工业出版社，2009．

［7］梁军．汽车保险与理赔[M]．北京：人民交通出版社，2007．

［8］郭玉涛．机动车保险法律实务[M]．北京：法律出版社，2007．

［9］杨磊．汽车保险与理赔操作指南[M]．北京：法律出版社．2007．

［10］许谨良．保险学[M]．北京：高等教育出版社，2004．

［11］李健．中华人民共和国道路交通安全法实施条例释解[M]．北京：中国市场出版社，2004．

［12］谷正气．道路交通事故技术鉴定与理赔[M]．北京：人民交通出版社，2003．

［13］刘海东等．道路交通事故处理与赔偿（修订本）[M]．北京：法律出版社，2002．

［14］乔林，王绪瑾．财产保险[M]．北京：中国人民大学出版社，2003．

［15］王绪瑾．财产保险索赔与理赔[M]．北京：人民法院出版社，2003．

［16］马彦云等．机动车辆保险与事故车辆损失鉴定[M]．北京：金盾出版社，2004．

［17］魏巧琴．保险企业风险管理[M]．上海：上海财经大学出版社，2002．